왕과 나

왕을 만든 사람들,
그들을 읽는
열한 가지 코드

왕과 나

이덕일 지음

역사의아침

세상을 움직이는
본질을 꿰뚫은 사람들,
킹메이커

항우項羽는 범증范增(서기전 278~서기전 204)을 아보亞父라고 불렀다. 아버지에 버금가는 존재란 뜻이다. 항우가 범증을 좀 더 잘 활용했으면 《초한지楚漢志》의 결말이 뒤바뀌었을 가능성이 높다. 항우는 개인적인 역량과 집안 배경, 군사적인 능력 그 모든 면에서 유방劉邦보다 앞섰다. 항우의 군사가 40만 명일 때 유방의 군사는 10만 명에 불과했다. 바로 그때 범증은 유방을 제거해야 한다고 진언했다. 100명의 기병들만 이끌고 홍문연鴻門宴에 온 유방의 운명은 그날이 마지막이었다. 위기에 빠진 유방은 장량張良의 계책에 따라 항우의 숙부 항백項伯을 끌어들였다. 항우는 눈치를 보느라 범증의 재촉에도 유방을 제거하지 못했다. 범증은 항우의 종제 항장項莊에게 검무를 추는 척하다가 유방을 죽이라고 다시 지시했으나 이마저도 항백의 방해로 실패했다. 끝내 유방이 도주하자 범증은 유방이 준 옥두玉斗를 부수면

4

서 말했다.

"오호라! 어린아이와는 일을 도모할 수 없구나. 항왕項王(항우)의 천하를 빼앗을 자는 반드시 패공沛公(유방)일 것이다. 우리 족속은 지금부터 패공의 포로가 될 것이다."

초한대전楚漢大戰은 범증의 예견대로 흘러가기 시작했다. 범증을 제거해야 천하를 가질 수 있다고 판단한 유방은 진평陳平의 계책에 따른 반간계反間計로 항우와 범증을 갈라놓았다. 사면초가四面楚歌에 빠진 항우는 "힘은 산을 뽑고, 기개는 세상을 덮건만 …… 우虞여! 우여! 그대를 어찌할 것인가!"라는 유명한 시를 읊조리다 죽어가야 했다.

유방이 항우보다 뛰어났던 것은 참모 영입과 그 활용 능력 하나라고 해도 과언이 아니었다. 그러나 이 하나의 차이가 천하의 패자가 뒤바뀌는 결과를 낳았다. 그만큼 참모의 역할은 절대적이다.

중국사는 일종의 참모사다. 그런데 이런 참모사의 주역들은 보통 참모들이 아니었다. 항우조차도 한때 범증을 아보로 높인 것처럼 '스승 사師' 자가 붙는 왕사王師이고 '나라 국國' 자가 붙는 국사國師들이다. 그래서 중국사는 왕사사王師史 또는 국사사國師史다.

한국사와 중국사의 다른 점 중 하나는 참모사와 군주사다. 중국사는 참모사인데 비해 한국사는 장사長史, 즉 군주사라는 말이다. 장사는 수직으로 정상까지 올라갔다가 급전 낙하하기 일쑤다. 가까운 현대사만 보더라도 정상 부근까지 날아갔다가 추락한 예가 수도 없이 많다. 그 원인은 여럿이겠지만 이런 인물들에게는 '스승 사' 자로 높이는 참모가 없었다는 공통점이 있다. 장長 혼자서 생각하고 판단하고 결정하고 실행한다. 그러니 자신의 날개가 밀랍으로 붙인 깃털인지도 모르고 태양 가까이 날다가 밀랍이 녹아 떨어져 죽는 이카로스의 사례가 반복되는 것이다.

그럼 왜 한국사의 장들은 참모들을 활용하지 못할까? 먼저 자신이 최고라는 자만심에 빠져 있기 때문이다. 또한 참모들이 자신의 지위를 빼앗을까 하는 두려움도 있기 때문이다. 참모가 군주보다 뛰어난 경우는 많다. 그러나 하늘은 참모보다 부족한 장에게 천명을 내린다. 그래서 장은 장이고 참모는 참모가 되는 것이다.

참모는 군주를 통해 자신의 이상을 실현하는 존재다. 장이 자신보다 부족한 듯 여겨서 그 자신이 장이 되려고 하는 순간 비극은 발생한다. 한국사에서 이런 이치를 정확하게 깨달은 인물이 정도전鄭道傳이었다. 정도전은 취중에 종종 "한漢 고조高祖(유방)가 장자방張子房(장량)을 쓴 것이 아니라, 장자방이 곧 한 고조를 쓴 것이다"라고 말했다고 《태조실록太祖實錄》은 전한다.

정도전은 이성계李成桂를 천명 받은 존재로 만들 능력을 갖고 있었다. 그러나 정작 자신은 제 한 몸 건사하기 힘들었던 존재였다. 그는 자신이 아니라 이성계를 개국 군주로 만드는 것이 자신의 역할이란 사실을 정확하게 알고 있었다. 이성계 또한 정도전의 머리를 빌려야 자신이 개국 군주가 될 수 있다는 사실을 정확하게 알 수 있었다. 그래서 이성계와 정도전은 한국사에서 그리 흔치 않게 보이는 군주와 참모의 전형이다.

참모가 가장 경계해야 할 일 가운데 하나는 후계과정에 과도하게 개입하는 것이다. 정도전도 이 문제를 잘못 다룬 결과 비참한 죽음을 당했다. 하지만 장량은 달랐다. 고조 유방이 태자를 갈아치우려는 마음을 갖고 있는 것을 안 황후 여후呂后는 장량에게 도움을 요청했다. 그러나 장량은 자신 역량 밖의 일이라면서 대신 태자 곁에 동원공東園公 등 네 명의 은자隱者를 두라고 권고했다. 그 결과 태자는 위기를 극복하고 혜제惠帝로 즉위했고, 장량도 고종명할 수 있었다.

왕사나 국사는 단순한 책사策士가 가질 수 있는 칭호가 아니다. 진평이 유방을 구한 횟수는 장량보다 훨씬 많지만 장량을 왕사로 치는 것은 이유가 있다. 장량이 노선을 갖고 있던 왕사라면, 진평은 눈 앞 현실의 어려움을 타개하는 책사策士이기 때문이다.

참모사의 관점으로 한국사를 서술해보려는 생각은 꽤 오래되었다. 한국사를 이런 관점으로 볼 때 몇 가지 유형으로 나눌 수 있다. 크게 킹메이커와 왕을 보좌한 참모들로 나눌 수 있다. 킹메이커는 자신이 선택한 인물을 통해 역사의 물줄기를 바꾸려고 시도하는 사람들이다. 이런 꿈을 꾸는 사람들은 지금도 많지만 실현시키는 것은 쉽지 않다. 정도전처럼 세상을 움직이는 본질에 능통해야 하기 때문이다.

홍미로운 점은 역사를 바꾼 대부분의 사람들이 비주류였다는 사실이다. 사실상 모든 역사는 비주류가 바꾸었다고 해도 과언이 아니다. 정도전은 물론 삼국통일의 주역인 신라의 김유신金庾信과 김춘추金春秋도 당대에는 비주류였다. 유비劉備가 일개 농사꾼에 불과했던 제갈량諸葛亮의 초옥草屋을 세 번이나 찾아갔던 것 역시 그가 비주류였기 때문이다. 삼고초려三顧草廬가 없었던들 유비는 천하 제패는 물론 촉왕蜀王도 되지 못했을 것이다. 제갈량이 천하를 셋으로 나눈 후 척박한 촉의 땅이라도 차지해서 왕 노릇하자는 '천하삼분지계天下三分之計'를 내놓는 덕분에 유비는 촉왕이라도 될 수 있었다. 유비와 제갈량에게 부여한 시대의 역할은 그 정도였다.

그러나 이따금 비주류들은 역사를 바꾼다. 때로는 김유신처럼 무력으로, 때로는 정도전처럼 사상으로, 때로는 소서노召西奴나 천추태후千秋太后처럼 노선으로 역사를 바꾼다. 인수대비仁粹大妃처럼 자신과 가문을 위해 킹메이커로 나섰다가 불행해지는 경우도 없지 않다.

천하의 향배가 정해졌다고 참모의 역할이 축소되는 것은 아니다. 수성守成도 창업 못지않게 어렵고도 중요하기 때문이다. 수성기의 군주들은 체제에 안주하기 쉽다. 그래서 평범한 군주들은 인재 발탁을 게을리한다. 자신의 귀에 쓴 소리를 하는 충신은 멀리하고 단 소리만 하는 아첨꾼을 중용한다. 조선 전기의 태종太宗과 세종世宗이나 후기의 정조正祖가 성공한 임금이 될 수 있었던 주요인은 인재 발탁에 전력을 기울였기 때문이다. 황희黃喜는 뛰어난 군주 밑에서 자신의 역량을 마음껏 발휘할 수 있었던 행운의 사람이었다. 김종서金宗瑞도 뛰어난 군주 덕에 문신으로 출발해 장군의 역할까지 했던 인물인데, 이미

《김종서와 조선의 눈물》(옥당, 2010)에서 다루었기 때문에 이 책에서는 생략했다.

가장 처신이 어려운 경우가 암군暗君, 즉 혼군昏君을 만났을 때다. 이런 혼군 밑에서도 시대를 버릴 수 없는 것은 임금보다 나라와 백성들을 버릴 수 없기 때문이다. 최악의 군주 밑에서 최선의 성과를 거두었던 인물이 유성룡柳成龍인데, 이 역시 《난세의 혁신리더 유성룡》(역사의아침, 2012)에서 이미 다루었기에 포함하지 않았다.

그다음으로는 보통의 군주 밑에서 뛰어난 성과를 거둔 참모들이 있다. 김육金堉이 이런 경우인데 특이한 것은 대동법이란 정책으로 군주를 보좌했다는 점이다. 효종孝宗이 재위 7년(1656), "김육의 고집스러운 병통은 죽은 후에야 그칠 것이므로 (대동법에 대해서) 흔들릴 리가 없을 것이다《효종실록孝宗實錄》7년 9월 25일)"라고 고개를 흔들 정도 그는 대동법 시행에 정치 생명을 걸었던 재상이었다. 김육의 그런 고집이 있었기에 사후 현종 11~12년(1670~1671)에 있었던 경신庚辛대기근 때 나라가 망하지 않을 수 있었다는 평가를 받을 수 있었다.

때로 참모는 악역을 마다하지 않아야 한다. 진정한 참모는 독배毒杯도 기꺼이 들이마시는 인물이다. 숭명반청崇明反淸의 이데올로기가 압도하던 시절 악역을 감내했던 인물이 강홍립姜弘立이다. 조명군助明軍을 이끌고 압록강을 건넜던 강홍립은 명나라가 이미 청나라의 상대가 되지 않는다는 사실을 간파하고 현실적인 선택을 했다. 그 후 진행된 역사는 강홍립의 판단이 맞았음을 말해주지만 숭명반청이 지배하던 현실은 그를 매도해왔다. 이런 강홍립의 행적을 이제는 재평가할 때가 되었다.

조선 전기가 역동적이었던 것은 이념형 참모 못지않게 실무형 참모, 즉 기술 참모도 중용되었다는 사실에서도 알 수 있다. 한미한 출신으로 고위직, 심지어 판서까지 올라간 참모들이 있었다. 장영실蔣英實과 박자청朴子靑이 그런 경우인데 장영실은 그간 많이 다루어졌기에 이 책에서는 박자청을 다루었다. 정도전이 한양 도읍의 설계자라면 박자청은 그 건축가라고 해도 과언이 아니다. 우리 역사 유적 곳곳에는 아직도 박자청의 손때가 묻어 있건만 그간 소홀히 다루어졌던 것 또한 그가 한미한 가문 출신이기 때문일 것이다.

홍국영洪國榮은 정조의 즉위에 큰 공을 세웠지만 자신의 역할을 과대평가했다. 그래서 정조시대의 방향키를 그릇 잡았고 왕위계승문제에도 과도하게 개입했다. 그런 이유로 결국 자신의 몸도 불행해지고 역사에서도 버려졌다. 역린逆鱗은 군주가 잘못된 방향으로 나아갈 때만 건드려야 하는 법이다.

이 책에 수록된 인물들 중에는 이전에 다른 책이나 잡지 등에 일부 언급했던 인물들도 있다. 이런 인물들도 모두 다시 쓰거나 사료를 대조해 새로운 내용들을 보충하려고 노력했다.

역사를 공부하는 장점, 즉 후대인이 전대인을 바라보는 장점은 일의 시작과 과정, 결말까지 모두 알 수 있다는 점이다. 그렇게 역사는 현재를 비춰보는 거울이 되기에 《자치통감資治通鑑》이나 《동국통감東國通鑑》처럼 역사서에는 '거울 감鑑' 자를 자주 쓴다. 앞선 수레바퀴라는 뜻의 전철前轍이 역사의 이칭異稱으로 사용되는 것도 마찬가지 이유다. 그러나 앞의 수레가 잘못된 길을 가다가 거꾸러지는 것을 보고도 다시 그 길로 가는 오류를 반복하는 것이 인간의 역사다. 왜 그럴까? 아마도 욕심이나 오만이 인간의 눈을 가렸기 때문일 것이다. 그래서 역사는 겸손해야 한다는 것을 가르쳐준다. 자신은 물론 세상에 대해서도!

   세상을 바꾸고 싶어 하는 사람들은 더욱 역사 앞에서 겸허해야 한다. 겸허하게 성찰하는 자에게만 역사는 미래의 문을 살짝 열어주기 때문이다. 역사서는 다른 측면에서 보면 날고 기는 사람들이 거꾸러진 사례를 나열해놓은 책이기도 하다. 책을 쓸 때 나 자신의 해석은 비교적 자제하는 편이지만 이 책에서는 일부 해석을 사족으로 달았다. 현재 사회의 바람직한 미래를 고민하는 사람들에게 고민의 소개가 되기를 바라는 마음이 없지 않았기 때문이다.

2013년 7월

천고遷固 이덕일 기記

차례

1

어젠다

비주류, 주류사회를
바꾸다

김유신

세상을 바꾸고 싶어 하는 사람들은 비주류들이다. 하지만 비주류들이 세상을 바꾸기는 쉽지 않다. 주류는 강고할 뿐만 아니라 모든 사회 시스템을 장악하고 있기 때문이다. 그러나 주류가 실력이나 노블레스 오블리주noblesse oblige가 아니라 카르텔Kartell로 자신들의 기득권을 유지하려 하는 그 지점에서 변화가 시작된다. 비주류가 바꾼 세상은 두 종류로 귀착된다. 하나는 단순히 주류가 비주류로 교체되는 경우다. 비주류는 자신들의 인생은 바꾸는 데 성공하지만 세상은 그대로다. 다른 하나는 주류도 교체하고 세상도 바꾸는 경우다. 김유신과 김춘추가 그런 경우였다. 신라 진골사회의 비주류였던 두 사람이 결합해 자신들의 인생을 바꾸고 신라의 운명도 바꾸었다.

계급의 굴레에서 좌절 대신 품은 야망

김유신은 삼국통일 5년 후인 673년 세상을 떠났다. 만으로 78세였으니 당시로서는 장수한 셈이다. 그때는 문무왕文武王 13년(673)이었는데, 문무왕은 자신의 여동생 문희文姬가 낳은 조카였다. 지금도 김유신의 어떤 후손들은 김유신을 장군이라고 칭하면 화를 내는 경우가 있다. 김유신은 사망 162년이 지난 흥덕왕興德王 재위 10년(835) 흥무대왕興武大王으로 추존되었기 때문에 '흥무대왕 김유신'이라고 칭해야 한다는 이야기다. 진성여왕眞聖女王이 각간 위홍魏弘을 혜성惠成대왕으로 추시한 경우는 있지만, 왕의 부친이 아닌 인신人臣으로서 대왕에 추존된 특이한 사례다.

김유신은 왕이 아니라 킹메이커였다. 그러나 단순한 킹메이커가 아니라 나라까지 바꾸고 역사까지 바꾼 인물이었다. 어찌 보면 그가 자신의 야망을 실현하는 과정이 신라를 새롭게 변화시킨 과정이자 결과였다.

왕 이상의 능력을 가졌으면서도 왕이 아니라 킹메이커로 자신의 역할을 한정지었던 김유신. 사실 그는 왕은커녕 왕의 사돈도 될 수 없었다. 그 이유를 아래와 같이 말하고 있다.

> (김유신은) 스스로 소호김천少昊金天씨의 후손이라고 해서 성을 김 씨로 삼았는데, 김유신의 비문에도 "헌원軒轅의 후예이자 소호의 자손"이라고 했다. 곧 남가야南加耶(금관가야) 시조 수로는 신라와 같은 성씨이다.
>
> ─《삼국사기三國史記》〈김유신 열전列傳〉

김유신의 출신 문제는 아직도 수수께끼다. '소호김천', '헌원' 등의 후예라는 내용 때문이다. 간단한 문제는 아니다. 사마천司馬遷은 《사기史記》에서 소호김천씨를 중국 한족漢族들이 시조로 여기는 황제黃帝의 아들이라고 기술했다. 그러나 이는 실제로 소호김천씨가 황제의 아들이라는 뜻이 아니라 모든 겨레의 시조를 중국인으로 포장하려는 중화사관의 산물이다. 먼저 소호는 공자孔子의 고향인 산동성山東省 곡부曲阜 북쪽 궁상窮桑에서 태어났는데, 이 무렵 산동성은 동이족의 거주지였다. 또한 소호는 동이족 국가인 은殷(상)나라 시조 제곡帝嚳의 부친으로서 동이족이었다. 그러니 김유신의 조상은 설혹 중국에서 왔다고 해도 그 뿌리는 동이족인 셈이다.

김유신의 출자出自에 좀 더 의미 있는 것은 금관가야 시조 수로왕首露王의 12대손이라는 점이다. 그의 증조부 김구해金仇亥가 법흥왕法興王 19년(532) 신라에게 항복하는 바람에 신라인으로 편입되었던 것이다.《삼국사기》법흥왕 19년(532) 조는 "금관국 임금 김구해가 왕비와 세 아들과 나라의 보물을 가지고 신라에 항복했다"고 설명하고 있는데, 세 아들 중 막내 김무력金武力이 김유신의 할아버지다.《삼국유사三國遺事》〈가락국기駕洛國記〉는 가야는 수로왕이 서기 42년에 건국했다고 설명하고 있으니 532년에 멸망했다면 무려 490년간 존속했던 왕조였다. 법흥왕은 500년 왕조의 마지막 임금이었던 구해왕仇亥王에게 상대등上大等의 지위를 주고 본국 가야를 식읍食邑으로 주었다. 상대등은 귀족회의 주재자로서 신라의 최고 관직이었다.

그러나 구해왕에게 상대등은 명예직이었을 것이다. 망국 군주가 신라 귀족회의를 주재할 수는 없었을 것이기 때문이다. 법흥왕은 또 김구해金仇亥 일가를 신라의 진골 계급으로 편입시켰다. 일제가 대한제국의 고종高宗과 순종純宗을 이왕李王으로 삼은 것과 마찬가지 경우다. 일본의 왕족과 귀족들은 속으로는 고종과 순종을 업신여겼다. 마찬가지로 경주 진골들도 속으로는 김구해와 그 후손들을 업신여겼을 것이다. 진골은 진골이되 망국 출신의 2류 진골이었던 것이다.

김유신의 골품이 2류 진골이라는 사실은 부친 김서현金舒玄과 모친 만명萬明의 혼인과정을 봐도 알 수 있다.《삼국사기》는 유신의 부친과 모친의 혼인을 '야합野合'이라고 적고 있다. 부모의 허락을 받지 않은 혼인이란 뜻인데, 김서현 가문이 신라의 정통 진골이라면 허락하지 않았을 리 없다. 또한 두 남녀도 부모의 허락을 받지 않고 몰래 정을 통했을 리 없다.

김유신의 모친 만명은 갈문왕葛文王 입종立宗의 아들인 숙흘종肅訖宗의 딸이었다. 김서현과 만명은 길에서 보고 서로 좋아서 정을 통했는데, 부모에게는 비밀에 부쳤다. 김서현이 만노군萬弩郡(충북 진천) 태수로 가면서 혼자 갈 수 없다는 생각에 데리고 떠나려 할 때에야 숙흘종은 비로소 두 사람의 교제 사실을 알게 되었다. 화가 난 숙흘종은 만명을 별제別第(별장)에 가두고 사람을 시켜 지키게 했다. 《삼국사기》는 홀연히 벼락이 별제의 문을 쳐서 지키던 자가 놀라 우왕좌왕하는 사이 만명이 뚫린 구멍으로 빠져나와 함께 만노군으로 갔다고 전해주고 있다. 김유신이 경주가 아니라 만노군, 즉 충북 진천에서 태어난 것은 이 때문이다.

숙흘종이 화가 났던 것에 대해 《삼국사기》는 둘이 중매를 기다리지 않고 정을 통했기 때문이라고 설명하고 있지만, 그보다는 망한 가야계 출신과 사돈이 될 수 없다고 여겼기 때문일 것이다. 갈문왕 입종은 진흥왕眞興王의 동생이니 성골이었을 것이고, 그 딸도 성골에 가까운 신분이었을 것이다. 그러므로 경주 진골과 혼인해야 하는데 가야계 출신과 통정했으니 별제에 가두어 둘 사이를 끊으려고 했던 것이다.

그러나 김서현과 만명은 만노군으로 도망가서 유신을 낳음으로써 역사에 이름을 남기게 된다. 《삼국사기》는 김서현과 만명이 동시에 태몽을 꾸었다고 전하고 있다.

> 서현은 경진庚辰일 밤에 형혹성熒惑星과 진성鎭星 두 별이 자기에게 떨어지는 꿈을 꾸었다.
>
> −《삼국사기》〈김유신 열전〉

형혹성은 화성인데 전쟁을 가리키니 유신의 운명은 검과 밀접했다. 토성인 진성은 신성信星이라고도 불리는데, 《한서漢書》〈예악지禮樂志〉

■ 김유신의 아버지 김서현(왼쪽)과 어머니 만명(오른쪽) 가야계 출신의 김서현과 숙흘종의 딸 만명은 결혼을 반대하는 숙흘종의 눈을 피해 교제하다 만노군으로 도망친 후 김유신을 낳았다.

는 진성이 나라에 머물면 이익이 된다고 설명하고 있다. 전쟁을 가리키는데 나라에 머물면 이익이 된다는 것은 전신戰神이란 뜻이다. 서현은 자신이 꿈꾼 경진일의 '경庚' 자가 '유庾' 자와 비슷하며, '진辰' 자가 '신信'과 음이 비슷하다면서 유신이라고 이름을 지었다고 전한다. 《삼국사기》〈김유신 열전〉은 만명부인도 "신축辛丑일 밤 꿈에 금으로 만든 갑옷〔金甲〕을 입은 동자가 구름을 타고 집 안으로 들어오는" 태몽을 꾸었다고 전하고 있다. 김유신의 부모가 각각 꾼 태몽의 공통점은 전쟁이었다.

부모의 태몽대로 김유신은 어린 시절부터 장군의 꿈을 갖고 있었다. 김유신은 17세 때인 진평왕眞平王 33년(611)에 고구려·백제·말갈이 신라를 공격하자 중악中嶽 석굴로 들어가 이렇게 기도했다.

"저는 한낱 미미한 신하로서 역량과 재주는 부족하지만 재앙과 난리를 없애려고 마음먹었습니다. 아! 하늘이시여 이를 살펴셔서 내게 손을 빌려주소서."

17세 청년 김유신은 신라에 대한 애국심과 충성심이 강했다. 그러나 점차 성장하면서 가문의 한계를 알게 되었다. 신라사회가 가야계에 갖고 있는 유리 천장을 실감하게 된 것이다. 할아버지 김무력은 진흥왕 15년(544) 관산성 전투에서 백제 성왕聖王을 전사시키는 대공을 세워서 관등이 각간角干에 이르렀다. 그러나 경주 출신 진골들과는 차이가 있었다. 가야계는 그저 전쟁이 있을 때만 필요한 존재였다. 경주 진골들은 가야 왕족의 후예들을 전쟁터로 내모는 데 관심이 있을 뿐 신라사회의 진정한 주류로 편입시킬 생각은 없었다.

자존심이 강했던 유신은 유리 천장을 인정할 수 없었다. 그렇다고 신라 자체를 적대시할 수도 없었다. 어쨌든 자신도 진골 출신이었던 것이다. 김유신은 자신이 스스로 신라사회의 주류로 성장하는 길을 선택했다. 그러기 위해서는 혈통은 괜찮지만 일정한 하자가 있는 왕족이 필요했다. 그에 맞는 인물이 김춘추였다.

김유신의 냉혹한 승부, 김춘추의 대오각성

권력은 시장과 같아서 늘 사람들로 북적인다. 권력자 주변엔 늘 사람들로 차고 넘친다. 진짜 실력과 충심이 있다기보다는 사교성 뛰어난 인물들이 그 주위를 차지하게 마련이다. 김유신처럼 실력 있는 인물들은 사교성 뛰어난 인물들과 총애 경쟁을 할 수 없다. 김유신은 자신의 실력으로 임금을 만드는 길을 택했다. 그래서 하자 있는 왕족 김춘추를 역전의 카드로 선택한 것이다.

　김춘추는 왕족이었지만 조부 진지왕眞智王이 나라 사람들에게 폐위된 임금이었다. 《삼국유사》〈도화녀桃花女와 비형랑鼻荊郞 조〉는 제25대 진지왕이 "나라를 다스린 지 4년 만에 정사가 어지럽고 소행이 음란하므로 나라 사람들이 폐위시켰다"고 적고 있다. 《삼국유사》는 진지왕이 미녀 도화녀에게 수청을 들게 하려 했지만, 도화녀는 남편이 있다는 이유로 거절했다고 전한다. 대신 남편이 죽으면 허락하겠다고 약속했다는 것이다. 진지왕이 쫓겨나서 죽고 도화녀의 남편도 죽었는데, 진지왕의 혼이 나타나 도화녀와 정을 통해 비형랑을 낳았다는 이야기다. 《삼국유사》는 진지왕의 혼과 도화녀가 관계해 비형랑을 낳았다고 전하는데, 《화랑세기花郞世記》는 비형랑을 진지왕의 아들 용춘龍春의 서제庶弟라고 기록하고 있다. 진지왕이 도화녀라는 여인에게서 서자 비형랑을 낳았다는 《삼국유사》 기록이 근거가 있다는 뜻이자 여러 여인들을 거느렸다는 이야기다. 《화랑세기》는 "진지대왕은 미실美室 때문에 왕위에 올랐는데 색을 밝혀 방탕하였다. 사도태후思道皇后가 걱정을 하다가 이에 미실과 폐위할 것을 의논하였다"라고 전하고 있다. 미실이 왕위에 올려주었지만 즉위 후 미실을 총애하지 않고 다른 여인을 가까이하자 미실이 폐위시키려 했다는 것이다.

　　(진지왕이) 세상의 여론으로 미실을 황후로 봉하지 못하고, 다른 여성에게 빠져 미실을 총애하지 않았다. 미실은 그 약속을 어긴 것에 노해 사도태후와 함께 낭도를 일으켜 진지왕을 폐하고 동태자의 아들 백정공白淨公을 즉위시키니 그가 바로 진평대제이다.

　　　　　　　　　　　　　　　　　　　　　　　－《화랑세기》〈6세 세종 조〉

진지왕은 이렇게 미실과 사도태후에 의해 쫓겨났다. 쫓겨난 전 임금의 자식들은 성골의 골품도 잃는 것처럼 보이는데, 김춘추가 진골인 것은 이 때문일 것이다. 그래서 진지왕의 손자 김춘추는 왕족이지만 왕위에 오를 꿈을 못 꾸고 있었다. 역설적으로 김유신은 그런 이유로 김춘추를 선택했던 것이다. 하자가 있는 왕족을 국왕으로 만들어 신라사회의 진정한 주류로 발돋움하고 사회를 장악하려고 한 것이다. 그래서 김유신은 김춘추를 일부러 끌어들였다.

> 열흘 뒤에 유신이 춘추공과 함께 정월 오기일에 유신의 집 앞에서 축국
> 蹴鞠을 하다가 일부러 춘추의 옷자락을 밟아 옷끈을 떨어뜨리게 하고 "내
> 집에 들어가서 옷끈을 달도록 합시다"라고 말하자 춘추가 따랐다. 유신이
> 아해(보희寶姬)에게 옷을 꿰매드리라고 하니 "어찌 그런 사소한 일로 가벼
> 이 귀공자를 가까이한단 말입니까?"라고 사양했다. 이에 유신은 아지(문
> 희)에게 이를 명했다. 춘추공은 유신의 뜻을 알고 아지와 관계하고 이로부
> 터 자주 왕래했다.
>
> ─《삼국유사》 〈태종무열왕 조〉

《화랑세기》는 "(문희가) 나아가 바느질을 해드렸다. 김유신은 피하고 보지 않았다. 공이 이에 사랑(幸)을 했다"라고 더 구체적으로 전해주고 있다. 김춘추는 이미 혼인한 상태였다. 김유신도 이를 알고 있었다. 물론 자신의 여동생을 정실로 들이면 더 좋겠지만 가야계로서 이는 언감생심이었다. 그는 여동생을 김춘추의 첩실로라도 들이면 기회가 있을 것으로 보았다. 과연 언니 보희에게서 "서라벌을 오줌으로 가득 채우는 꿈"을 비단 한 필을 주고 산 문희는 유신의 계산대로 임신

■ 김유신 정통 진골 출신이 아니란 이유로 신라사회에서 배척되었던 그는 기존의 주류사회에 편입되려고 노력하기보다 야망을 품고 비주류 인물이었던 김춘추를 왕으로 만드는 길을 선택했다.

에 성공했다. 드디어 서라벌을 오줌으로 가득 채울 남편과 태아를 갖게 된 것이다.

　그러나 상황은 김유신의 계산과는 다른 방향으로 흘러갔다. 김춘추가 임신한 문희를 외면했던 것이다. 《화랑세기》는 그 이유를 이렇게 설명하고 있다.

　　그때 공(김춘추)의 정궁부인正宮夫人 보라궁주宝羅宮主는 보종공寶宗公의 딸이었다. 보라궁주는 아름다웠으며 공과 아주 잘 지냈는데, 딸 고타소古陀炤를 낳아 몹시 사랑했다. 감히 문희를 받아들이지 못하고 비밀로 삼왔다. 유신은 뜰에 장작을 마당에 쌓아놓고 막 누이를 불태우려 하면서 아이 아버지가 누구인지 물었다. 연기가 연달아 하늘로 올라갔다. 그때 공은 선덕善德공주를 따라 남산에서 놀고 있었다. 공주가 연기에 대하여 물으니, 좌우에서 고하였다. 공이 듣고 얼굴색이 변했다. 공주가 "네가 한 일인데 어찌 가서 구하지 않느냐?"라고 말했다.

-《화랑세기》〈18세 춘추공 조〉

이 화형식에 대해 《삼국유사》는 "어느 날 선덕왕이 남산에 거동한 틈을 타서 마당 가운데 나무를 쌓아놓고 불을 질렀다"라고 묘사하고 있다. 남산에 거동한 선덕왕의 눈길을 끌기 위한 시위성 행위이자 연극이라는 것이었다. 반면 《화랑세기》는 "막 누이를 불태우려 하면서 아이 아버지가 누구인지 물었다"라고 실제상황으로 묘사하고 있다. 또한 《삼국유사》는 선덕왕 때의 일이라고 하는데 《화랑세기》는 선덕공주 때의 일이라고 묘사하고 있다. 또한 《화랑세기》는 "얼마 안 있어 보라궁주가 아이를 낳다가 죽자 문희가 뒤를 이어 정궁이 되었고, 이에 이르러 아들(문무왕 법민法敏)을 낳았다"고 기록하고 있다. 문무왕의 나이를 계산하면 선덕공주 때의 일이 맞을 것이다. 《화랑세기》의 내용이 더 정확하다는 뜻이다. 김유신의 누이 화형식은 연극이 아니라 실제상황이었던 것이다.

시위성 행위는 강자가 택할 때 효과가 있는 것이지 김유신 같은 약자가 택했을 때는 효과가 없게 마련이다. 누이를 장작에 올려놓고 불을 질렀는데 춘추가 나타나지 않으면 "그만 불 끄고 내려오라"고 할 것인가? 김유신같이 자존심 강한 인물이 이후 경주 진골들의 조롱을 어떻게 감내할 것인가? 김유신은 죽으면 죽었지 그런 조롱을 감내할 수 있는 인물은 아니었다. 김유신은 항상 진검승부였다. 그래서 그는 역사를 바꿀 수 있었던 것이다.

누이 화형식이 시위성 행위가 아니라는 것은 《삼국사기》〈김유신 열전〉을 면밀히 분석해보면 알 수 있다. 웬만한 국왕의 본기보다 몇 십 배는 더 자세한 〈김유신 열전〉에는 의문의 공백기간이 있다. 진평왕 51년(629)의 낭비성 전투 때부터 김춘추의 딸 고타소 부부가 전사하는 선덕여왕 11년(642)의 대야성 전투까지 김유신의 행적이 비어 있는 것이다.

629년에서 642년까지는 그의 나이 35세에서 48세까지로 인생의 황금기다. 조카 법민이 탄생(626)하고 3년 후에 있었던 낭비성 전투도 신라를 위해서가 아니라 대인大囙으로 참전한 아버지 서현을 위해서 싸웠던 전투다. 이때 "평생 충효에 살겠다고 기약했으니 전쟁에 임해 용감하지 않을 수 없다"면서 싸움에 뛰어든 김유신의 분전으로 신라군은 불리한 전세를 뒤엎고 대승을 거두었다.

김유신은 이 전투를 마지막으로 신라사회에서 사라졌다. 그 사이 신라는 백제와 고구려의 거듭된 공격으로 위기에 빠져 있었다. 선덕여왕 즉위년(632)과 재위 2년(633), 5년(636) 백제가 공격하고, 재위 7년(638)에는 고구려의 공격으로 신라가 위기에 빠졌지만 출전하지 않았다. 이 빈 공간이 의미하는 것은 무엇일까? 그것은 김춘추의 행위에 실망한 김유신이 김춘추는 물론 신라 자체를 버린 시기였다.

능력 있는 사람들이 신분이나 카르텔, 학력 따위의 여러 외적인 요소 때문에 중용되지 못할 때 체제 변혁의 싹이 트는 법이다. 김유신은 이런 신라사회를 버렸다. 자신의 가문을 2등 진골로 취급하는 신라사회를 위해서 목숨을 던질 필요가 없다고 생각했다. 신분을 능력보다 중시하는 신라사회는 망해도 좋다고 생각했다. 실제로 능력보다 카르텔을 중시하던 신라는 백제와 고구려의 공격으로 극도의 위기를 맞고 있었고, 급기야 선덕왕 11년(642)의 대야성 전투를 겪게 된다.

의자왕義慈王은 재위 이듬해였던 이해, 먼저 신라의 서쪽지역을 공격해 40여 성을 빼앗았다. 뿐만 아니라 신라가 당나라로 사신을 보내는 항구였던 서해의 당항성黨項城을 공격했다. 신라로서는 당나라와의 연결로 확보가 생명줄 같았으므로 당항성 사수에 전력을 쏟지 않을 수 없었다. 그 사이 백제 장군 윤충允忠은 김춘추의 사위 김품석金品釋이 성주로 있는 대야성을 공격했다. 그의 부인은 김춘추가 몹시 사랑했다는 딸 고타소였다. 김품석은 수하였던 검일黔日의 미모의 아내를 빼앗았는데, 이에 원한을 품은 검일이 창고에 불을 지르는 바람에 변변히 싸워보지도 못하고 패장이 되었다. 김품석은 성이 함락되려 하자 처자를 먼저 죽이고 자신도 자결했다.

딸 부부의 전사 소식에 김춘추는 큰 충격을 받았다. 왕족의 후예가 성주인 성마저 유린당하고 성주와 그 처자들이 자결해야 하는 상황이 비로소 자신의 일로 다가온 것이었다. 소수 사람들의 대오각성으로 역사가 뒤바뀌는 경우는 드물지 않다. 특히 유력한 사람들 몇 명이 대오각성하면 그 조직이나 사회는 큰 변화를 맞게 되어 있다. 《삼국사기》는 딸 부부의 전사 소식을 들은 김춘추에 대해, "그 소식을 듣고 기둥에 의지해 서서 종일토록 눈도 깜짝이지 않고 사람이나 물건이 지나가도 알지 못하더니 얼마 후 '슬프다, 대장부가 되어 어찌 백제를 멸하지 못하랴'라고 한탄했다"고 적고 있다.

신라가 삼국통일 전쟁에 돌입하게 된 시초가 여기에 있었다. 당초부터 대제국 운운하는 '대의大義'로 시작한 삼국통일 전쟁은 아니었다. 그 발단은 김품석 부부의 전사에 있었고, 김춘추가 딸 부부의 복수를 결심한 데 있었다. 신라의 삼국통일이라는 드라마가 훗날까지 두고두고 시빗거리가 된 요인이 이 사적인 출발에 있었다.

■

삽혈동맹과 삼국통일의 결의

김춘추는 이제 더 이상 남의 여동생을 임신시키고도 모른 체하던 무책임한 왕족이 아니었다. 그는 "대장부가 되어 어찌 백제를 멸하지 못하랴"라는 말을 실천에 옮기기 위해 무슨 일이든지 하기로 결심했다. 그야말로 어제까지의 김춘추를 버리고 새로운 김춘추로 재탄생한 것이었다. 그러려면 먼저 발상을 전환해야 했다. 그 자신은 물론 신라 사회도 철저하게 변화해야 했다. 왕족까지 허무하게 전사하는 지금의 위기는 과거의 패러다임으로는 극복하지 못할 위기였다. 대오각성한 김춘추는 발상을 전환해서 고구려에 군사 지원을 요청하기로 했다. 그러나 바로 그해의 일을 기록한 《삼국사기》〈선덕왕 본기本紀〉는 고구려의 군사를 빌린다는 것이 불가능한 꿈이라는 사실을 말해주고 있다.

> 8월, 백제는 고구려와 더불어 당항성을 공격해 빼앗아서 당나라로 가는 길을 끊으려고 했다. 선덕왕이 급하게 사신을 당 태종에게 보내서 이를 알렸다. 이달 백제 장군 윤충이 대야성을 공격해 도독 이찬 품석, 사지 죽죽竹竹과 용석龍石 등이 다 죽었다.
>
> ―《삼국사기》〈선덕왕 11년 조〉

백제는 고구려군과 합동 군사작전으로 당항성을 공격했으며, 바로 그달 김춘추의 딸 부부와 외손들이 죽었던 것이다. 이런 상황에서 고구려에 청병請兵한다는 것은 불가능한 일이었다. 김춘추도 물론 이런 사실을 잘 알고 있었다. 그래서 김춘추는 고구려로 떠나기 전 김유신을 만난다.

> (춘추가) 장차 떠나려 하면서 김유신을 찾아가 "나는 공과 일신동체로 나라의 고굉股肱(팔다리)이 되었다. 지금 내가 만일 저곳에 들어가 해를 당한다면, 공은 무심할 것인가"라고 물으니, 유신이 "공이 만일 가서 돌아오지 않으면 나의 말발굽이 반드시 고구려·백제 두 임금의 뜰을 짓밟을 것이다. 만일 그렇게 하지 못한다면 장차 무슨 면목으로 국인들을 대할 것인가?"라고 답했다. 춘추가 감격하고 기뻐하며 공과 더불어 손가락을 깨물어 피로써 맹세했다.
>
> ─《삼국사기》〈김유신 열전〉

이를 계기로 김유신의 이름이 다시 역사에 등장한다. 정상적인 처남과 매부 사이였다면 "내가 만일 저곳에 들어가 해를 당한다면, 공은 무심할 것인가"라고 묻지 않았을 것이다. 또한 김유신도 "되지도 않을 일을 하려고 애쓰지 말라"고 냉소했을 것이다.

김춘추가 김유신을 찾아가 만난 것은 과거사에 대한 진정한 사과였다. 진정한 사과가 과거를 잊고 미래를 지향하게 만든 것이었다. 이 시기 객관적인 신라의 국력으로는 김춘추가 "대장부가 되어 어찌 백제를 멸하지 못하랴"라고 다짐한 것이나 김유신이 "나의 말발굽이 반드시 고구려와 백제 두 임금의 뜰을 짓밟을 것이다"라는 말은 허언虛言

■ 대야성(지금의 경남 합천군) 선덕왕 11년(642), 신라는 백제와 고구려의 공격으로 대야성 전투를 겪게 된다. 백제 장군 윤충은 대야성을 공격해 김춘추의 사위 김품석과 딸 고타소를 전사하게 했다.

에 불과했다.

그러나 김춘추는 백제 멸망에 남은 인생을 걸었고, 김유신은 여기에 고구려까지 추가시켰다. 두 사람의 결합으로 비로소 신라는 삼국통일이란 새로운 어젠다Agenda를 갖게 되었던 것이다. 비록 사적인 원한에서 시작한 전쟁이기에 통일 후의 대업에 대한 비전까지 갖고 있지는 못했지만 신라사회는 과거에 꿈꾸기 어려웠던 삼국통일이란 어젠다를 갖게 되었다.

"대장부가 되어 어찌 백제를 멸하지 못하랴"라는 결심이 김유신이 당초에 간파했던 김춘추의 내면에 들어 있던 유전자였다. 그래서 두 사람은 과거사를 잊고 "손가락을 깨물어 피로써 맹세"하는 '삽혈동맹歃血同盟'을 맺었다.

양자의 결합은 단순히 처남, 매제 사이의 화해라는 가족사 차원이 아니었다. 김춘추가 갖고 있는 신라 왕실의 혈통과 김유신이 갖고 있는 한 맺힌 가야계 군사 능력의 결합이었다. 김유신은 드디어 계획대로 임금으로 추대할 매제를 갖게 되었다. 또한 그 왕위를 이을 수 있는 조카는 이미 갖고 있었다.

이때가 서기 642년이었다. 불과 20여 년 후에 동아시아는 신라·백제·고구려·왜·당이 모두 전쟁에 휘말리는 오국대전五國大戰이 벌어진다. 양자의 결합이 신라는 물론 동아시아 전체를 대전쟁의 회오리 속으로 몰아넣은 것이다.

이 무렵 신라는 새로운 리더십을 시험 중이었다. 개국 7세기 만에 처음으로 여왕이 등장했다. 여왕의 등장은 남녀라는 성별보다 골품이 더 상위 가치였던 신라사회의 독특한 신분제의 산물이었다. 그러나 신라는 골품 카르텔 외에 남성 카르텔도 갖고 있었다. 《삼국유사》 권1 〈기이紀異 편〉에는 '선덕왕 지기삼사知幾三事' 이야기가 실려 있다. 선덕왕이 세 가지 일을 미리 알았다는 뜻이다. 즉, 당 태종이 보낸 모란꽃 그림을 보고 꽃에 향기가 없을 것을 미리 알았고, 영묘사 옥문지玉門池에 백제군이 잠복하고 있다는 사실을 미리 알았고, 자신의 죽는 날짜를 미리 알고 도리천에 장사하라고 지시했다는 이야기다.

가장 중요한 예지는 옥문지에 백제군이 잠복하고 있다는 사실을 미리 알았다는 점이다. 《삼국유사》는 영묘사 옥문지에 겨울에 개구리가 모여서 울자 선덕왕이 각간 알천閼川과 필탄弼呑 등에게 정병 2천 명을 주어서 여근곡女根谷을 찾아가라 말했다고 전한다. 두 각간은 과연 선덕왕의 예지대로 여근곡에 숨어 있는 백제군 500명을 모두 죽였다. 신하들이 어떻게 백제 병사가 숨어 있을 것을 알았느냐고 묻자 "개구리가 노한 형상은 병사의 형상이고, 옥문은 여근女根(여성의 음부)이다. …… 남근이 여근에 들어가면 반드시 죽기 때문에 쉽게 잡을 줄 알았다"고 대답했다.

이 일화는 선덕왕의 지혜를 말해주지만 결정적인 한계도 말해준다. 선덕이 남성이었다면 직접 군사를 이끌고 가서 백제군을 섬멸했을 것이다. 그러나 여성이었던 선덕은 직접 갑옷을 입고 전선을 누빌 수 없었고, 장수들을 대신 보낼 수밖에 없었다. 남성 진골 귀족들은 이런 여왕 임금에게 진심으로 승복하지 않았다. 선덕의 위기는 남성 우위 카르텔도 한몫했던 것이다.

그러나 김춘추와 김유신은 달랐다. 그들은 둘 다 하자가 있는 지배층이었다. 김춘추는 폐위된 진지왕의 손자라는 하자가, 김유신은 가야계라는 하자가 있었다. 그래서 이들은 선덕왕을 남성의 시각으로 보지 않았다. 선덕왕도 마찬가지였다. 선덕왕이 이들을 요직에 발탁할 수 있었던 것은 그 역시 남성 카르텔의 시각에서 보면 방외方外의 인물이었기 때문이다.

선덕왕의 발탁으로 김춘추와 김유신은 점차 신라사회의 새로운 주류로 발돋움한다. 여기에는 남성우위사회에서 여성국왕이란 핸디캡이 있었던 선덕, 폐위된 진지왕의 손자라는 핸디캡이 있었던 춘추, 망국 가야계의 후손이란 핸디캡이 있었던 유신, 세 핸디캡의 결합이었다. 서로의 핸디캡들이 신라사회의 개조와 삼국통일이란 어젠다로 결합하면서 역사의 회오리를 일으킨 것이었다. 이후 선덕왕은 국정을 총괄하고, 김춘추는 청병 외교를 전담하고, 김유신은 군사 분야를 전담하는 역할분담이 이루어졌다. 이런 역할분담이 제 기능을 발휘하기 위해서는 자기혁신과 헌신이 필요했다.

세 번의 시도 끝에 청병에 성공하다

먼저 김춘추를 살펴보자. 선덕여왕 11년(642) 고구려에 청병하러 간 김춘추에게 고구려 보장왕寶藏王은 되레 죽령 서북 영토의 반환을 요구했고, 이를 거부하자 별관에 가두었다. 그래서 고구려에 억류된 김춘추를 구하기 위한 양면작전이 펼쳐졌다.

먼저 김춘추는 고구려로 갈 때 두사지頭斯支로부터 받았던 청포靑布 300보步를 고구려 대신 선도해先道解에게 뇌물로 주었다. 선도해는 김춘추에게 '토끼의 간' 이야기를 들려주었다. 용왕의 딸이 병에 걸렸는데 토끼의 간이 좋다는 이야기를 듣고 바닷속의 거북이 토끼를 유인한다. 거북이가 바다로 들어가면서 간이 필요하다고 말하자 토끼가 '간을 빼어놓고 왔다'면서 육지에 다시 데려다주면 간을 갖다 주겠다고 했다. 육지에 도착하자 토끼가 간을 빼어놓고 다니는 생물이 어디 있겠느냐고 거북이를 조롱하면서 수풀로 들어가 목숨을 건졌다는 이야기다. 무슨 말인지 알아들은 김춘추는 보장왕에게 "두 영嶺은 원래 고구려 땅이니 귀국하면 왕께 청해 돌려드리겠다"고 말하고 빠져나왔다.

한편 김유신은 무력으로 김춘추를 구하기 위해 결사대 3천 명을 모집했다. 김유신은 선덕왕이 보낸 7천 명의 군사를 보태서 모두 만 명의 사사死士(결사대)를 꾸렸다. 김유신이 이끄는 결사대는 한강을 건너 고구려 남쪽 국경으로 진입했다. 신라에 와 있던 고구려 첩자 덕창德昌이 김유신의 출병 정보를 보장왕에게 전했다. 《삼국사기》〈김유신 열전〉은 "(보장왕이) 첩자의 말을 듣고는 감히 더 붙들어두지 못하고 (춘추를) 후한 예로 대우하여 돌려보냈다"고 기록하고 있다. 물론 보장왕이 김유신의 신라군이 무서워서 김춘추를 돌려보낸 것은 아닐 것이다. 자국에 온 사신을 억류하거나 겁박하는 일은 대국의 체면에 손상되는 일이었다.

김춘추는 무사귀환에는 성공했지만 고구려 청병 요구는 실패했다. 김춘추와 김유신은 실망하는 대신 백제 멸망을 뛰어넘어 '삼국통일'이라는 더 큰 어젠다를 제시했다. 백제의 공세에 허덕이는 경주 진골들에게 백제 멸망을 뛰어넘는 삼국통일은 꿈도 꾸지 못했던 망상이었다. 경주 진골들은 신라사회가 혼란에 빠져 자신들의 기득권이 위협받는 것을 가장 두려워했다. 그래서 이들은 변화를 거부했다.

그러나 환골탈태한 김춘추는 달랐다. 그는 고구려 청병 실패에 실망하지 않고 왜국으로 가는 배에 몸을 실었다. 《일본서기日本書紀》〈효덕천황孝德天皇 3년(647) 조〉는 "신라가 상신上臣 대아찬 김춘추 등을 사신으로 파견했다. …… 춘추를 인질로 삼았다. 춘추는 용모가 아름답고 쾌활하게 담소했다"라고 전하고 있다. 춘추가 "쾌활하게 담소했다"는 기사는 그가 인질이 아님을 《일본서기》 스스로가 말해주는 것이기도 한데, 이때 김춘추가 왜국에 간 이유도 군사를 빌리기 위함이었다. 왜국에서는 나카노오에中大兄 황자, 즉 훗날 국왕으로 즉위하는 덴지天智가 645년 왜국의 수도 나라奈良의 태극전에서 백제계 대신 소가노 이루카蘇我入鹿를 참살하는 정변을 일으켰다. 이를 다이카 개신大化改新이라고 하는데, 일왕도 마음대로 갈아치우던 왜국의 최대 호족 소가가蘇我家는 백제계였다.

일본에서는 1868년 메이지 유신明治維新 이후 이때의 다이카 개신을 높이 평가하고 있다. 고대 일왕의 친정 복귀를 가능케 했던 일대사건이라는 것이다. 즉 도쿠가와德川 막부를 타도하고 왕정복고를 이룬

메이지 유신과 같은 사건으로 보았던 것이다.

김춘추는 나카노오에 황자가 백제계 소가가를 제거했다는 소식을 듣고 왜국에 반백제계 정권이 수립되었다는 판단으로 현해탄 험한 물에 몸을 실었다. 그러나 "춘추를 인질로 삼았다"는 기록은 이때의 청병도 뜻대로 되지 않았음을 말해준다. 백제계 소가가를 제거하기는 했지만 나카노오에 황자 또한 친백제계였다. 친백제계가 정권을 장악한 왜국의 본질은 변함이 없었고 김춘추는 다시 빈손으로 귀국해야 했다.

그러나 김춘추는 여기에 또 굴하지 않고 이듬해(648)에는 당나라 수도 장안長安(지금의 서안)으로 향했다. 이때는 아들 김문왕金文王까지 데리고 갔다.

> 또 어느 날 태종太宗이 춘추를 불러들여 한가히 보고, 금백金帛을 더욱 후히 주며 "그대는 무슨 소회所懷가 있는가"라고 물었다. 춘추는 무릎을 꿇고 "우리나라가 멀리 바다 한 구석에 있으며 대국을 섬긴 지가 여러 해 되었는데 백제가 포악하고도 교활하여 자주 함부로 침범하였으며, 더구나 지난해는 대군으로 깊숙이 침입해 수십 성을 함락시켜 입조入朝(당나라 조정에 들어가는 것)할 길조차 막았습니다. 만약 폐하께서 천병天兵(당나라 군사)을 빌려주어 이 흉적을 제거하지 않는다면 우리 인민은 다 사로잡혀 육로와 수로를 거쳐 조공할 일도 다시 바랄 수 없을 것입니다"라고 대답했다. 태종이 깊이 공감하고 출사出師를 허락했다.
>
> ―《삼국사기》〈진덕여왕 2년 조〉

고구려, 왜국에 이은 세 번째 시도 만에 김춘추는 비로소 목적을 달성할 수 있었다. 《삼국사기》는 "태종이 깊이 공감하고 출사를 허락했다"고 설명하고 있지만 여기에는 더 깊은 배경이 있었다. 당 태종은 3년 전(645) 고구려 정벌에 나섰다가 참패하는 바람에 자존심에 큰 상처를 입었다. 그때 신라도 3만 명의 병력을 동원해 당나라를 지원했지만 별 소용이 없었다. 당 태종은 신라와 손잡고 백제와 고구려를 정벌하는 것이 효과적이라고 판단했던 것이다.

그러나 당 태종은 고구려 정벌로 이미 혼이 났기 때문에 실제로는 군사를 보내지 못했고, 대신 그의 아들 고종高宗 때 군사를 보내 백제와 고구려를 멸망시켰다. 그 후 당나라가 고구려와 백제 강역을 모두 차지하려고 하자 문무왕이 당나라를 공격함으로써 나당羅唐전쟁이 시작된다. 이때 문무왕은 재위 11년(671) 당나라 장수 설인귀薛仁貴에게 "당 태종 이세민李世民과 자신의 부친 태종무열왕 김춘추" 사이에 영토문제에 대한 합의가 있었다는 편지를 보내 항의했다.

문무왕이 답장에 이르기를 "선왕(김춘추)이 정관 22년(648) 입조해 태종의 조칙을 직접 받았는데, 거기에 말하기를 '내가 지금 고구려를 정벌하려는 것은 다른 이유가 아니다. 너희 신라는 두 나라 틈에 끼어 매번 침해를 받아 편안한 날이 없음을 내가 애달프게 여긴다. 산천도 토지도 내가 탐하는 바가 아니며, 재물도 자녀도 다 내가 소유하고 있는 것이다. 내가 두 나라(고구려·백제)를 평정하면 평양이남 백제 토지는 너희 신라에게 주어 길이 편안토록 하려 한다'라면서 계획을 지시하고 군사동원 기일을 정해주었다'라고 말했다.

－《삼국사기》〈문무왕 11년 조〉

당 태종 이세민과 훗날의 태종무열왕 김춘추 사이의 통일 후 영토 협정은 신라가 '평양이남, 백제 토지를 차지하는 것'이었다. 백제·고구려 멸망 후 당나라가 고구려 영토는 물론 백제 영토도 모두 차지하려고 하자 신라는 나당전쟁으로 대응하지만, 당초 김춘추는 이세민이 제시한 '평양이남 백제 토지'를 차지하는 데 만족했다. 물론 이 당시 신라는 백제와 고구려의 잇단 공격으로 국체 보존 자체가 쉽지 않은 상황이었다. 또한 당시 신라의 강역 크기로 볼 때 '평양이남 백제 토지'는 국토가 두 배 이상 확장되는 것이었다.

그럼에도 신라가 백제는 물론 고구려 멸망까지 결심했다면 '동이족 대제국 건설'의 전망을 가졌어야 하지만, 딸 고타소 부부의 죽음을 계기로 전쟁을 결심한 김춘추로서는 이런 정치적 전망이 부족했다. 이는 김춘추의 한계이고, 후대인의 시각으로 볼 때는 만주 대륙과 일본 열도를 상실한 불완전한 통일이라고 비판할 수 있다. 하지만 당대 신라인의 관점에서는 두 배의 영토 확장이란 점은 사실이었다.

이렇게 김춘추는 세 번의 시도 끝에 청병에 성공했다. 당시 고구려로 가는 뱃길은 경기도 당항성에서 서해를 가로질러 산동성으로 가는 루트가 아니라 고구려 연해를 끼고 가는 루트였다. 즉 고구려 서쪽 연해를 끼고 가다가 해로를 통해 산동반도로 가는 길이었다. 이 경우 중도에 태풍이나 풍랑을 만나면 해안가나 섬에 배를 대고 피해야 했다. 당연히 적국인 고구려 연해를 통과하는 것이 가장 위험한 항로였다. 김춘추가 귀국길에 해상에서 고구려 순라선을 만난 것은 이 때문이었다. 이때 춘추의 종자 온군해溫君解가 얼른 김춘추의 갓과 의복을 대신 입고 자신이 김춘추인 것처럼 가장했고, 김춘추는 고구려 군사들이 온군해를 죽이는 동안 작은 배로 갈아타고 겨우 신라로 귀환

할 수 있었다.

헌신과 희생으로 신라를 변화시키다

김춘추가 청병을 위해 남북으로 동분서주하는 동안 김유신은 전쟁의
나날을 보내고 있었다. 선덕여왕 13년(644) 9월 대장군에 임명된 김유
신은 백제를 공격해 일곱 개의 성을 빼앗았다. 의자왕에게 당한 초기
의 패배를 조금 설욕한 셈이었다. 그러나 백제는 이듬해 정월 거칠게
반격해왔고, 신라는 김유신 외에는 이에 맞설 장수가 없었다.

> 김유신이 백제를 치고 돌아와 아직 왕을 뵙지 못했는데 백제의 대군이
> 또 변경을 침범하자 왕이 유신에게 막으라고 명령했다. 그는 집에 들르지
> 도 못하고 곧 가서 이를 쳐 깨뜨려 2천 명의 목을 베었다. 유신은 3월에 돌
> 아와 왕에게 복명하고 아직 집에 가지 못했는데 또 백제가 내침한다는 급
> 보가 있었다. 왕은 일이 급하므로 유신에게, "나라의 존망이 공의 일신에
> 달렸으니 바라건대 수고를 어려워말고 가서 도모하기를 바란다"라고 말했
> 다. 유신은 또 집에 들르지 못하고 주야로 군사를 훈련시켜 서쪽으로 행군
> 하는데 그 길이 바로 자기 집 문 앞을 지나가게 되었다. 온 집안 식구가 나
> 와서 보고 눈물을 흘렸으나 공은 돌아보지도 않고 갔다.
>
> ─《삼국사기》〈선덕여왕 11년 조〉

김춘추와 김유신이 신라사회의 신주류로 부상한 것은 이러한 자기
헌신, 자기희생의 결과였다. 이들은 삼국통일이라는 새로운 어젠다만
제시한 것이 아니라 이를 실현시키기 위해 먼저 자신의 모든 것을 희

■ 태종무열왕비 김춘추는 폐위된 진지왕의 손자라는 핸디캡을 이겨내고 진골 출신으로는 최초로 신라의 국왕이 되었다.

생겼다. 선덕왕의 후견과 두 사람의 자기헌신은 신라사회의 분위기를 바꾸었다. 김유신을 따라나선 화랑 출신들은 위기상황에서 서슴없이 목숨을 던져 신라군을 위기에서 건졌다. 김유신 또한 카르텔이 아니라 능력에 따른 논공행상으로 보답했다.

그러나 경주 진골 카르텔은 변하지 않았다. 동서고금을 막론하고 카르텔의 특징은 사회나 국가 전체의 이익보다 조직의 이익을 앞세운다는 점이다. 그래서 경주 진골 카르텔은 군사를 일으켰다. 선덕여왕은 재위 15년(646) 11월 이찬 비담毗曇을 상대등에 임명했는데, 이듬해 정월 비담과 염종廉宗 등이 반란을 일으켰다. 선덕여왕 재위 16년(647) 정월 8일에 선덕여왕이 세상을 떠나는데 이는 비담 등이 그녀의 와병을 이용해 반란을 일으켰음을 뜻한다. 이들은 왜 반란을 일으켰을까? 반란의 명분은 "여왕은 잘 다스리지 못한다女主不能善理"는 것이었다. 선덕이 자신의 후사로 다시 여성인 진덕을 선택했기 때문일 것이다. 진덕은 진평왕의 동복동생인 국반國飯 갈문왕葛文王의 딸이고, 어머니는 월명부인 박씨로 선덕의 사촌이었다.

진골 카르텔은 두 번씩 연달아 여왕이 즉위하는 것을 묵과할 수 없다고 판단했다. 더 이상 남성 성골이 없다면 이제는 남성 진골이 국왕으로 즉위하면 된다고 생각했던 것이다. 자신들의 진골 카르텔은 불가침不可侵의 성역이지만 여성 성골은 자신들이 침범할 수 있는 가침可侵의 영역일 뿐이었다.

신라사회의 신분제가 갖고 있는 문제에 대해서는《삼국사기》〈설계두薛罽頭 열전〉이 잘 설명해주고 있다. 설계두는 "우리 신라는 사람을 쓰는데 먼저 골품을 따지므로 정말 그 족속이 아니면 비록 큰 재주와 뛰어난 공이 있어도 그 한도를 넘지 못한다"고 말한 후 진평왕 43년(621) 당나라로 밀항했다. 신분보다는 능력을 중시하던 당나라에서 설계두는 군대로 자원했다. 설계두는 당 태종 이세민이 고구려를 공격할 때 장군인 좌무위 과의果毅로 종군했다. 그는 요동 주필산駐蹕山 아래에서 전사했는데, 당 태종은 자신의 어의를 벗어주고 대장군의 관직을 제수했다. 국제적인 제국 당나라는 신분보다는 능력을 중시했다. 그런 당나라를 추종하던 신라는 달랐다. 경주 진골에게 골품제와 남성 우위는 신앙이었다. 이들은 외부의 공세에는 약하지만 내부 기득권에는 강했다.

이런 비담의 반란 때 김춘추와 유신은 선덕·진덕왕 편에 섰다. 두 사람이 없었다면 진덕의 즉위는 좌절되었을 것이다. 반란 와중인 정월 8일 선덕여왕은 병사했다. 전쟁 와중에 총사령관이 병사한 것이었다. 진골 카르텔은 대거 비담을 지원했다. 김유신의 세는 불리했다. 게다가 김유신 군사가 주둔한 월성에 별이 떨어졌는데,《삼국사기》에서는 별이 떨어진 곳은 피를 흘린다는 속설이 있어서 "비담 군사들의 고함소리가 땅을 진동했고, 여왕은 무서워서 어쩔 줄을 몰랐다"고 적고 있다.

그러나 신라사회가 변화해야 한다고 확신한 김유신은 흔들리지 않았다. 자신들이 새로 제시한 어젠다로 가야 신라사회는 회생할 수 있고, 삼국통일을 달성할 수 있다고 확신했던 것이다. 유신은 한밤중에 불붙인 허수아비를 연에 달아 올린 후 "떨어진 별이 다시 올라갔다"고 소문내 인심을 수습하는 한편, 별이 떨어진 자리에 제사를 지내 하늘의 도움을 빈 후 비담이 진주한 명활성으로 진격했다. 선덕이 사망한 지 9일째인 17일에 김유신은 비담을 잡아 죽일 수 있었다. 이때 그 도당 30여 명을 죽였다고《삼국사기》〈진덕여왕 즉위년 조〉는 말하고 있는데, 이들 대부분은 귀족들일 것이다. 비담의 반란을 진압함으로써 김춘추와 유신은 명실상부 신라사회의 신주류로 부상했다.

그들의 성과와 한계

8년 재위 끝에 진덕왕이 사망하자 드디어 김춘추가 그 뒤를 이어 즉위에 성공했다. 이때가 654년의 일이니 김품석의 전사를 계기로 두 사람이 재결합한 지 정확히 10년만의 일이었다. 그러나 김춘추의 즉위는 쉽지 않았다. 진골 카르텔이 선택한 진덕의 후사는 춘추가 아니라 이찬 알천이었기 때문이다.

군신群臣들이 이찬 알천의 섭정을 요청하자 알천은 굳게 사양하면서 "나는 늙고 덕행德行도 이를 만한 것이 없소. 지금 덕망으로 두터운 존경을 받는 것은 춘추공만 한 분이 없으니 실로 세상을 구할 영걸英傑이라고 이를 만하오"라고 말했다. 드디어 왕으로 받들자 춘추는 세 번 사양하다가 부득이 자리에 나아갔다.

-《삼국사기》〈태종무열왕 즉위년 조〉

진골 카르텔이 선택한 대안은 이찬 알천이었다. 알천을 얼굴로 내세워 경주 진골들이 계속 실권을 장악하려 했던 것이다. 그러나 김유신은 진골 카르텔의 이런 전략을 미리 알고 있었고, 대응책도 갖고 있었다.

진덕대왕이 세상을 떠났는데 후사가 없었다. 유신이 재상 알천 이찬과 모의해 춘추 이찬을 즉위시켰으니 이가 태종대왕이다.

-《삼국사기》〈김유신 열전〉

진골 카르텔의 계획을 간파한 김유신은 알천을 직접 만나 담판을 지었다. 알천은 귀족회의체였던 화백회의 의장인 상대등을 역임한 원로였다. 그러나 김유신은 이미 군신軍神 대접을 받고 있었다. 김유신의 헌신을 본 신라 군사들은 김유신을 목숨으로 따랐다. 알천은 굳이 김춘추와 김유신에게 맞서 싸우고 싶지 않았다. 그가 비록 두 사람이 내세운 삼국통일이란 어젠다에 동의했는지는 알 수 없지만 두 사람에게 맞서 싸우는 것은 무모하다고 생각했을 것이다. 김유신의 군사력이 뒷받침되자 폐위된 진지왕의 손자라는 김춘추의 혈통은 더 이상

■ 문무왕의 호국룡 대왕암 김춘추와 김유신이 내건 어젠다와 지배 시스템을 계승해 삼국통일을 달성한 문무왕은 죽어서도 호국룡이 되어 나라를 수호하겠다는 바람대로 동해에 수장되었다.

하자가 아니라 정통성의 기반으로 변했다.

알천의 양보는 알천 자신을 위해서나 신라사회를 위해서나 현명한 선택이었다. 두 사람은 선덕-진덕왕시대를 지나면서 신라사회의 중심, 신주류가 되어 있었다. 그것도 카르텔의 후원으로 신주류가 된 것이 아니었다. 후원은커녕 경주 진골 카르텔과 맞서면서 삼국통일이란 어젠다를 제시하고 이를 실현하기 위해 부단히 노력하고 헌신한 결과였다.

김유신은 이렇게 김춘추를 국왕으로 만드는 데 성공했다. 젊은 시절 김춘추를 집 앞으로 끌어들여 축국을 할 때 품었던 꿈이 비로소 현실이 된 것이었다. 김유신이 김춘추를 끌어들인 것이나 김춘추가 백제 멸망에 나섰던 동기는 모두 사적인 것이었다. 그러나 두 사람의 결합이 만든 변화는 사적인 영역에서 끝날 수가 없었다. 또한 사적인 목표들도 큰 변화를 일으키면 공적 성격을 갖게 마련이다.

김유신이 당초 김춘추를 선택한 계기는 권력 장악에 있었지만 권력 장악만이 목표는 아니었다. 김유신이 김춘추를 선택한 것은 단지 가야계라는 자신의 약점을 보완하기 위해서만이 아니었다. 김유신의 목표는 망국 가야의 재건이 아니라 강한 신라의 건설이었다. 그는 17세 때인 진평왕 33년(611)에 고구려·백제·말갈의 침략을 받자 중악 석굴로 들어가 "저는 한낱 미미한 신하로서 역량과 재주는 부족하지만 재앙과 난리를 없애려고 마음먹었습니다"라고 하늘에 기도했던 신라인이었다. 김유신은 그런 소원을 실천할 기회를 얻기를 바랐지만 경주 진골 카르텔은 그런 기회를 허용하지 않았다. 기껏해야 김유신을 방어 전쟁의 도구로 사용하길 원했다. 김유신은 소모품이 되고 싶지 않았고, 자신이 주요 역할을 할 수 있는 새로운 신라를 원했다.

김춘추가 즉위했지만 아직도 권력 기반은 확고하지 않았다. 즉위 당시 김춘추의 나이는 이미 53세였으나 서두르지 않았다. 그는 진골 카르텔과 타협하면서 권력을 강화해나갔다. 재위 2년(655) 정월 이찬 금강金剛을 상대등으로 삼은 후에야 장자 법민을 태자로 책봉했다. 재위 7년(660) 정월 금강이 사망하자 유신을 상대등으로 삼았다. 비로소 명실상부한 '국왕 김춘추-상대등 김유신 체제'가 수립된 것이었다. 바로 그해 3월 신라는 백제 정벌에 나섰고, 나당연합군의 단 한 번의 공세에 백제는 무너졌다. 김춘추는 비로소 고타소가 전사한 지 18년 만에 "백제 하나 삼키지 못하랴"라는 어젠다를 실현할 수 있었다. 18년 전만 해도 이런 결과를 예상한 사람은 그 외에는 아무도 없었다.

김춘추는 비록 백제 멸망 이듬해 사망했으나 삼국통일이란 그의 유지는 김유신의 조카이기도 한 문무왕에게 계승되었다. 문무왕은 부친과 삼촌이 내건 어젠다와 두 사람의 지배 시스템까지 계승해 재위 8년(668)에는 고구려까지 멸망시키고 삼국통일을 달성했다. 그리고 당초 약속을 어기고 영토에 욕심을 내는 당나라를 전쟁으로 축출함으로써 자주성을 지켰다.

물론 김춘추가 사적 복수심에서 삼국통일 전쟁에 뛰어들었기 때문에 통일 이후의 사회 비전에 대한 구상을 갖고 있지 못했던 점은 비판받아야 할 것이다. 그는 통일 후 수도를 북쪽으로 옮겨서 대제국 건설과 경영에 나서야 했지만 그렇게 하지 못했다.

그러나 김춘추는 물론 문무왕도 자기헌신에 매진했다. 문무왕은 죽은 후 호국룡이 되어 나라를 수호하려고 하니, 자신을 동해에 수장하라고 유언할 정도였다. 그 바위가 바로 경북 경주시 양북면에 있는 대왕암인데, 이 시기 신라인들은 일종의 영적靈的 폭발 상태에서 삼국통일이라는 어젠다와 국가 수호에 자신들의 모든 것을 걸었다. 반면에 백제는 의자왕의 정치개혁 실패로, 고구려는 연개소문淵蓋蘇文 사후 내부 분열로 어지러웠다.

강대국의 몰락이나 약소국의 부흥에는 모두 그 이유가 있다. 물론 나라뿐 아니라 회사나 학교 등 작은 조직에서도 마찬가지다. 현재 사회의 가장 큰 문제점은 어젠다를 상실한 데 있다. 김춘추와 김유신처럼 새로운 어젠다를 제시하고, 그런 어젠다에 사회의 동의를 받고, 이를 실천할 수 있는 새로운 주도세력이 나타날 때 밝은 미래로 나아갈 수 있을 것이다.

2

헌신

충심으로
고려를 세우다

신 배 복 홍
숭 현 지 유
겸 경 겸

후삼국의 주인공은 궁예弓裔와 견훤甄萱이지 왕건은 아니었다. 그는 주인공
은커녕 궁예의 휘하 장수에 불과했다. 그럼에도 왕건이 최후의 승자가 된 이
유는 무엇일까? 가장 큰 차이는 부하 장수들의 자발적인 지지를 받았다는
데 있다. 그것도 목숨을 걸고 추대한 4명의 부하 장수들이 있었기 때문이다.
그들은 귀족 출신도 아니고, 직급이 높은 장수들도 아니었다. 하지만 그들이
목숨을 걸고 왕건을 추대하자 후삼국의 승패가 결정났다. 그렇게 한순간의
거사로 역사의 물줄기를 바꾸어 놓고 그들은 다시 음지로 돌아가 이름조차
희미해졌다.

한미한 가문에서 태어난 왕건

고려 개국시조인 왕건에 대한 사료는 부족하다. 그 선조들의 계통을 알 수 있는 사료는 더욱 부족하다. 조상들에 대한 사료가 부족하다는 것은 한미한 가문 출신임을 뜻하는 것이다. 왕건의 조상에 대한 사료가 얼마나 부족한가는 조선 건국 직후 《고려사高麗史》를 편찬할 때 세계世系(조상 대대의 계통) 작성에 애를 먹었다는 사실이 잘 말해준다.

역대 왕조는 건국 후 전前 왕조의 일을 정리하는 작업의 하나로 국가 차원에서 정사正史를 편찬하는데, 조선도 세종 때부터 문종文宗 초까지 걸쳐서 《고려사》를 편찬했던 것이다. 그런데 놀랍게도 왕건의 조상을 체계적으로 정리해놓은 사료가 없었다. 시조의 세계에 대한 사료가 부족하다는 것은 그만큼 자랑할 내용이 없다는 뜻이기도 했다. 그래서 《고려사》 편찬자들이 왕건의 선조들에 대해 서술하기 위해 울며 겨자 먹기식으로 선택한 사료가 고려 중기 의종毅宗(재위 1146~1170) 때의 검교군기감檢校軍器監 김관의金寬毅가 편찬한 《편년 통록編年通錄》이었다. 《편년통록》은 믿을 만한 근거를 가지고 편찬한 역사서라기보다는 일종의 설화집에 더 가까운 책이었다. 그래서 이미 고려 후기의 이제현李齊賢 같은 학자들은 《편년통록》의 내용이 이치에 맞지 않는 것이 많다고 비판했던 것이다. 그도 그럴 것이 《편년통록》은 심지어 왕건의 증조부를 당나라 숙종肅宗 황제라고 서술했던 것이다.

> 당 숙종이 잠저潛邸(임금 즉위 전) 시에 산천을 두루 유람하려고 하다가 …… (753년에) 송악군松嶽郡(개경)에 와서 곡령鵠嶺에 올라 남쪽을 바라보고 "이 땅은 도읍을 이룰 만한 곳이다"라고 말했다. …… 보육寶育(왕건의 고조부)의 집에 유숙하게 되었다. 숙종은 (보육의 딸인) 두 처녀를 보고 기뻐해서 자신의 옷 터진 곳을 꿰매 달라고 했다. …… 맏딸을 들여보냈더니 문지방을 넘자마자 코피가 터져서 되돌아 나오고 대신 진의辰義를 들여보내 모시게 했다. 숙종은 한 달 만에 진의에게 태기가 있는 것을 알게 되었다.
>
> -《고려사》〈고려세계高麗世系〉

이 이야기는 앞서 다룬 김유신의 두 여동생과 김춘추 사이의 일화가 인물만 조금 달리한 채 재연된 것이다. 김유신의 맏동생 보희가 김춘추와 관계하지 못하고 문희가 관계해서 임신했다는 이야기 구조와 같다. 또한 《편년통록》에는 보육의 맏딸이 오줌을 누었는데 온 삼한이 잠기는 꿈을 꿨고, 둘째 딸이 이 꿈을 샀다는 이야기도 실려 있다.

이는 보희가 서악에 올라 서라벌이 잠기는 꿈을 꿨는데, 문희가 비단한 필을 주고 꿈을 샀다는 이야기가 보육의 두 딸의 이야기로 바뀌어 전해지는 것이다.

《편년통록》은 당 숙종과 보육의 둘째 딸 진의 사이에서 낳은 자식이 왕건의 조부 작제건作帝建이라고 설명한다. 김춘추가 왜 당나라 숙종으로 대체되었는지는 알 수 없지만 왕건의 조상이 당나라 황제라는 이 설명에 대해서는 고려는 물론 원나라에서도 논란이 있었다. 《고려사》에는 충선왕忠宣王이 원나라에 있을 때 한림학사翰林學士 한 사람이 충선왕에게 이 이야기의 모순에 대해서 물었다고 기록하고 있다.

"숙종은 어려서부터 한 번도 대궐을 나간 적이 없었고, 안록산安祿山의 난 때 영무靈武에서 즉위했으니 어느 겨를에 동쪽으로 가서 자식까지 두었겠습니까?"

한림학사가 이렇게 묻자 충선왕은 크게 부끄러워하면서 대답을 못했다는 것이다. 그때 곁에 있던 민지閔漬가 "그것은 우리나라 국사가 잘못 쓰인 것이고, 사실은 숙종이 아니라 선종宣宗(재위 846~859)입니다"라고 하니 한림학사는 "선종은 오랫동안 밖에서 고생했으니 혹시 그럴 수도 있겠다"고 수긍했다는 것이다. 여기서 당 선종은 당 무종武宗의 박해를 피해 출가해서 승려가 되었다는 이야기가 《정릉유사貞陵遺事》 등에 전해지고 있다. 선종이 7년 동안 출가했던 사찰이 하남성 석천淅川 향엄사香嚴寺라는 이야기가 전하니 원나라 한림학사는 당 숙종은 말이 되지 않지만 혹시 선종이라면 그럴 수도 있겠다고 수긍한 것이다.

당나라 숙종이든 선종이든 모두 이치에 닿지 않는 말에 불과한데, 이는 그만큼 왕건의 세계가 불분명했다는 뜻을 담고 있는 이야기다.

또한 왕건의 조상을 중국과 연결시키려는 유학자들의 창작일 수도 있고, 실제로 어떤 형식으로든 중국과 관련이 있을 수도 있다. 왕건의 조부 작제건은 당나라 사람이라는 아버지를 찾아가기 위해서 상선을 타고 중국으로 떠나는데, 이는 왕건의 조상이 고구려 멸망 후 당나라로 망명해서 상인이 되었던 고구려 유민의 후예라고 유추할 수도 있다. 왕건이 고구려 전통 계승을 강하게 주창한 배경에는 이런 가문이 사연이 개재되어 있었다고 볼 수도 있는 것이다.

이리하여 작제건이 왕건의 부친 용건龍建을 낳았다는 것인데, 문제는 용건의 부인, 즉 왕건의 모친조차 어떤 인물인지 정확하지 않다는 점이다.

용건이 …… 꿈에 한 미인을 보고 아내로 삼기로 약속했다. 후에 송악에서 영안성永安城으로 가는 길에 한 여자를 만났는데 꿈에 보았던 여자와 같으므로 혼인했다. 그 여자는 어디에서 왔는지 알 수 없으므로 세상에서 몽부인夢夫人이라고 불렀는데, 혹자는 "그는 삼한三韓의 어머니가 되었으니 이를 따라 성을 한 씨韓氏로 삼았다"라고 했다.

-《고려사》〈고려세계〉

왕건의 모친은 몽 씨인지 한 씨인지 성씨조차 불분명하다. 그만큼 한미한 집안 출신이라는 이야기다. 신라는 망할 때까지 골품제를 고수했던 귀족사회였다. 이런 사회에서 부모의 성씨가 둘 다 불분명하다는 이야기는 왕건이 신라 토착세력들과는 일정한 거리가 있는 집안 출신이라는 것이다. 다시 말해 왕건은 신라사회가 안정되어 있을 때는 결코 두각을 나타내기 어려운 인물이었다는 뜻이 된다.

진골 카르텔이 가져온 천년왕국의 추락

한 사회나 조직의 위기는 서서히 찾아오는 경우도 있고, 한꺼번에 찾아오는 경우도 있다. 어느 경우든 위기의 전조는 감지되게 마련이다. 다만 위기의 전조를 미리 감지하고 대비하느냐 그렇지 못하느냐에 따라서 결과가 달라질 뿐이다. 천년왕국 신라는 위기가 한꺼번에 닥친 대표적인 경우다. 왕건의 조부 작제건 때부터 서서히 송악(개경)에 뿌리를 내리기 시작해서 용건(왕륭王隆)은 진성여왕 10년(896)에 송악군의 사찬沙粲이란 벼슬에 올라 있었다. 사찬은 신라의 17관등 중 제8등에 해당하는 관계이니 왕륭은 신라의 중간 정도 지방 벼슬을 지냈다는 뜻이다.

그런데 이때는 진성여왕 재위 3년(889)으로, 전국 각지에서 농민봉기가 일어나 신라사회가 혼란에 빠지기 시작한 지 7년 후였다. 또한 《삼국사기》나 《삼국유사》에서 신라사회의 가장 전성기로 묘사한 때로부터 불과 10여 년 밖에 지나지 않았던 시기였다. 신라 제50대 정강왕定康王(재위 886~887)은 재위기간이 1년 남짓에 지나지 않았으므로 제49대 헌강왕憲康王(재위 875~886)의 뒤를 이은 사실상의 인물은 제51대 진성여왕(재위 887~897)이었다. 하지만 《삼국사기》와 《삼국유사》는 헌강왕 때를 신라 천년의 유례없는 태평성대였던 것처럼 묘사하고 있다.

《삼국사기》와 《삼국유사》의 헌강왕 때 기록을 보면 신라가 10년 후 전면적인 위기상태에 빠지리라고는 상상조차 할 수 없다. 먼저 지금보다도 흥성했던 거리의 모습을 묘사하고 있다. 《삼국유사》〈처용랑處容郎과 망해사望海寺 조〉는 "제49대 헌강대왕 때에는 서라벌에서부터 바다에 이르기까지 집과 담이 연해 있고 초가는 없었다"고 기록하고 있는 것이다. 여기서 바다는 개운포와 처용암이 있던 울산을 말하는데, 이 짧지 않은 거리에 초가는 없고 기와로 담이 이어져 있었다. 《삼국사기》에서 묘사하는 헌강왕 때의 모습은 "우리 역사에도 이런 시기가 있었구나!"라고 감탄하지 않을 수 없을 정도다.

왕이 좌우의 신하들과 함께 월상루月上樓에 올라 사방을 바라보니 서울의 민가民家가 줄지어 늘어섰고, 가악歌樂 소리가 끊임없이 일어났다. 왕이 시중 민공敏恭을 돌아보며, "내가 듣기에 지금 민간民間에서는 집을 기와로써 덮고 짚으로 잇지 않으며 밥을 숯으로 짓고 나무로 하지 않는다는데 그 말이 사실인가"라고 물었다. 민공이 "역시 일찍이 그렇게 들었습니다"라고 답하고, 연이어 "임금께서 즉위하신 이래로 음양이 조화롭고 풍우風雨가 순조로워 매년 풍년이 들어 백성들은 먹을 것이 넉넉하고 또 변경이 안정되었으니 시정이 환락歡樂합니다. 이것은 성덕의 소치입니다"라고 말했다.
　　　　　　　　　　　　　　　　　　－《삼국사기》〈헌강왕 6년(880)〉

"밥을 숯으로 짓고 나무로 하지 않는다"는 말은 방 안에서 요리를 했다는 뜻이다. 마치 지금의 도시가스가 들어오는 아파트의 취사 모습을 설명하는 듯하다. 《삼국유사》〈사절유택四節遊宅 조〉는 이보다 한 술 더 뜬 태평성대로 묘사하고 있다. 신라 사람들이 "봄에는 동야택東野宅, 여름에는 곡량택谷良宅, 가을에는 구지택仇知宅, 겨울에는 가이택加伊宅에서 놀았다"는 것이다. 또 "제49대 헌강대왕 때에는 성 안에 초가집은 하나도 없고, 집의 처마와 담이 이웃집과 서로 연해 있었다. 또 노랫소리와 피리 소리가 길거리에 가득 차서 밤낮으로 끊이지 않았다"라고 덧붙이고 있다. 신라 사람들은 계절마다 경치 좋은 별장에 가서 즐기며, 노랫소리와 피리 소리가 길거리에 가득 차 있었다는 것이니 마치 천국의 모습을 묘사해놓은 것 같다. 그런데 《삼국사기》가 역사상 가장 행복한 태평성대처럼 묘사한 헌강왕 6년(880)은 진성왕 3년(889) 대규모 농민봉기가 일어나 신라사회가 대혼란에 빠지기 9년 전에 불과했다. 신라사회는 이런 태평성대에서 10년도 안 되어 대혼란의 나락으로 추락했던 것이다.

어떻게 이런 일이 벌어질 수 있었을까?《삼국사기》와《삼국유사》가 묘사한 극락은 서라벌, 그것도 지배층들 사이에서만 울려 퍼지는 노랫소리를 묘사한 것이라는 점이었다. 헌강왕 때의 태평성대는 지배층들이 모여 사는 서라벌만의 풍경에 불과한 것이었다. 백성들에게는 그야말로 남의 일이었다. 신라 백성들은 조금 나았을지 몰라도 고구려·백제의 옛 유민들은 더욱 곤궁했다. 심지어 흉년과 전염병이 겹치면 자식까지 팔아먹을 정도였다. 그러나 신라의 진골 카르텔은 자신들의 향락에 취해서 백성들의 곤궁에 둔감했다. 극단적인 양극화 현상이었다. 양극화 현상이 팽배할 때 그 상부에 속한 소수는 더욱 부유해지는 것이 아니라 체제의 위기를 맞는다는 것을 역사는 말해주고 있는데 신라도 그러했다. 백성들 사이에서 지배층에 대한 불만이 팽배하기 시작한 것이다. 누군가 작은 불씨라도 던지면 마른 들판을 삽시간에 태울 상황이었다. 드디어 진성왕 3년(889), 원종元宗과 애노哀奴가 불씨를 던졌다.

나라 안의 여러 주·군에서 공물과 부세를 바치지 않아서 창고가 텅 비고 나라의 비용이 궁핍해지자 왕은 사자를 보내 독촉했다. 이 때문에 이르는 곳마다 도적이 벌떼처럼 일어났다. 이때 원종·애노 등이 사벌주에 웅거하여 배반했다.

-《삼국사기》〈진성왕 3년〉

세금을 독촉하자 사방에서 봉기가 일어났다는 것은 서라벌 지배층의 향락생활에 대한 백성들의 반감이 엄청났다는 사실을 말해준다. "이르는 곳마다 도적이 벌떼처럼 일어나"니 신라사회가 대혼란에 빠져들 수밖에 없었다. 진성여왕이 나마奈麻 영기令奇를 보내 진압하게 했지만 영기는 성을 장악한 반군이 두려워 가까이 가지도 못하고 도망갈 정도였다.

신라는 삼국통일 후 사회 통합에 대한 전망을 마련하지 않았다. 고구려·백제지역의 유민들을 화학적으로 통합해 신라인으로 만드는 대신 지배 대상으로만 보았다. 확장된 영토와 늘어난 인구에 걸맞은 통치이념과 사회체제를 수립해야 했지만 귀족들은 진골 카르텔에 취해서 이런 사회적 요구를 외면했다. 고구려·백제 유민들을 신라사회 내로 흡수하기 위해서는 신분보다는 능력을 위주로 하는 개방된 사회체제가 필요했으나 진골 카르텔은 특권을 포기할 생각이 없었다.

원종·애노의 봉기는 시작일 뿐이었다. 2년 후인 진성여왕 5년(891) 10월에는 양길梁吉이 부장 궁예에게 기병 100여 기를 주어 명주溟州(강릉) 소속 10여 개 군현을 공격했다. 후고구려를 건국하는 궁예가 역사에 이름을 드러내기 시작한 것이다. 그 이듬해에는 견훤이 완산주完山州(전주)를 장악하고 후백제를 건국했다. 이렇게 신라가 삼국을 통일한 지 약 220여 년 후에 다시 후삼국시대가 전개되었다. 신라는 고구려·백제 유민들을 화학적으로 통합하는 데 실패했다는 뜻이다.

■ 숭의전(경기도 연천군 소재) 조선시대에 태조 왕건과 7명의 고려 왕(혜종·정종·광종·경종·선종·목종·현종), 정몽주 등 15인의 공신을 제사지내기 위해 세운 사당이다.

　백성들의 마음을 사지 못하는 권력처럼 취약한 것은 없다. 헌강왕 때 사절유택에서 환락에 젖어 있던 진골 귀족 누구도 불과 10여년 만에 이런 상황이 전개될 것이라고는 예상하지 못했다. 백성들의 곤궁을 모른 채 환락에 젖어 있는 사이 체제가 무너지고 있었던 것이다.

　왕건의 부친 왕륭은 후삼국 중 하나를 선택해야 했다. 진성여왕 10년(896) 송악군 사찬이란 신라 벼슬에 있던 그는 궁예를 선택했다. 왕륭이 896년 군郡을 들어서 궁예에게 귀부하니 궁예가 크게 기뻐서 그를 금성태수金城太守로 삼았다. 왕륭이 후고구려를 건국하는 궁예를 선택한 데는 고구려 후예로 추측되는 왕륭의 출신 배경이 큰 역할을 했을 것이다.

군웅할거의 시대

백성들의 고통은 아랑곳하지 않고 환락에 젖어 있던 신라사회는 한 번 균열이 생기자 급속도로 무너졌다. 백성들은 기다리기라도 한 것처럼 후백제와 후고구려에 몰려들었다. 《삼국사기》〈진성왕 6년(892) 조〉는 "완산주의 도적 견훤이 완산주에 웅거하여 스스로 후백제라 칭했는데, 무주武州(광주) 동남쪽의 군현이 모두 항복하여 예속되었다"라고 말하고 있다. 견훤이 후백제를 칭하자마자 옛 백제지역 태반이 견훤에게 붙었다는 뜻이다. 《삼국사기》는 견훤이 백성들의 열렬한 지지를 받았다고도 말한다.

견훤이 은근히 반심을 품고 무리를 모아 서울 서남쪽 주현들을 치니 가는 곳마다 호응하여 그 무리가 달포 사이에 5천여 명이나 되었다. 견훤이 인심을 얻은 것을 기뻐하여 좌우에게 이르기를 "……내가 지금 도읍을 완산에 정했으니 어찌 감히 의자왕의 숙분宿憤(오래된 울분)을 씻지 않으랴" 하고 드디어 후백제왕이라 자칭하며 관부官府를 설치하여 직책을 나누어주니, 당의 광화光華 3년(900)이요 신라 효공왕孝恭王 4년이었다.

－《삼국사기》〈견훤 조〉

견훤이 한 번 봉기하자 "가는 곳마다 호응"할 정도로 백성들은 신라에 대한 반감과 새로운 체제에 대한 기대가 높았다. 궁예도 마찬가지였다. 《삼국사기》〈궁예 조〉는 궁예는 김 씨라면서 그의 아버지는 제47대 헌안왕憲安王 아니면 제48대 경문왕景文王이라고 기록하고 있다. 이는 궁예 생애의 큰 수수께끼다. 궁예는 태어나자마자 상서롭

지 못하다는 이유로 살해될 뻔했다가 겨우 살아남아 세달사世達寺에
출가해 선종善宗이란 법명을 갖게 되었다. 궁예는 "세상이 어지러운
틈을 타서 무리를 모으면 뜻을 이룰 수 있겠다고 생각하고" 진성여왕
5년(891) 기훤箕萱에게 귀의했으나 기훤이 대수롭지 않게 여기자 이
듬해 북원北原(원주)의 양길에게 갔다. 양길 휘하에서 곧 두각을 나타
낸 궁예는 901년 왕을 자칭한 후 사람들에게 "옛날에 신라가 당에 청
병하여 고구려를 멸망시켰기 때문에 평양 옛 서울이 황폐해져서 풀만
무성하니 내가 반드시 그 원수를 갚으리라"고 말했다.

　신라 왕자라는 궁예가 고구려 부흥 의지를 불태우고 있었기 때문에
그가 실제 헌안왕이나 경문왕의 아들인지는 의문이다. 궁예는 904년
에는 국호를 마진摩震, 연호를 무태武泰라 하고, 국도를 철원鐵原으로
정했다가 911년에는 국호를 태봉泰封으로 고쳤다. 궁예가 양길 휘하
에 있을 때에 대해서 《삼국사기》는 "사졸들과 즐거움과 괴로움을 함
께 하고, 직책을 주고 빼앗을 때에는 공평하며 사정이 없었다. 그래서
여러 사람의 마음이 그를 두려워하고 사랑하여 떠받들어 장군으로
삼았다"고 설명하고 있다. 궁예도 여러 사람들의 추대를 받아 장군이
되었던 것이다. 이렇게 견훤과 궁예가 자립하면서 신라는 급속도로
해체되어 갔다.

　왕건은 궁예 산하의 부장이 되자 승승장구했다. 그는 신라 효공왕
孝恭王 2년(898) 정기대감精騎大監을 지내며 양주楊州와 견주見州를 공
격했다. 효공왕 4년(900)에는 광주廣州·당성唐城(평택 혹은 남양)·충주
忠州·괴양槐壤(괴산) 등을 공격해서 평정시켰다. 왕건은 이 공으로 궁
예로부터 아찬阿粲의 벼슬을 받았다. 광주·당성 등은 한강 하류지역
이고, 남한강 유역의 충주·괴양 등은 전략적·경제적 요충지였다. 왕

■ 왕건 선조에 관한 사료가 부족한 그는 그만큼 한미한 집안 출신이었다. 그런 왕건이 최후의 승자가 된 이유는 부하 장수들의 자발적 지지를 받았다는 데 있다.

건은 효공왕 7년(903)에는 함대를 이끌고 남하해서 후백제의 배후인 금성錦城(나주)을 점령했다. 이때 왕건은 나주에서 오씨 여인(훗날의 장화왕후莊和王后)를 만나 왕무王武(제2대 고려 왕 혜종惠宗)를 낳는데, 군사들에게 나주를 지키게 하고 본인은 귀환했다.

이런 혁혁한 무공으로 왕건은 궁예 정권의 핵심으로 떠올랐다. 아직 궁예의 휘하에 있던 왕건은 효공왕 10년(906), 나중에 숙적이 되는 견훤과 상주尙州 사화진沙火鎭에서 여러 차례 맞붙었다. 이때 왕건은 여러 번 견훤에게 승리하는데 《고려사》는 "이때부터 궁예는 영토가 더욱 넓어지고 군대가 점점 강해지자 신라를 병탄할 뜻을 품고 신라를 멸도滅都라고 불렀으며 신라에서 항복해오는 자들을 다 죽였다"고 묘사하고 있다. 항복하는 군사를 자기편으로 만드는 것이 병가兵家의 상책이고 항복한 자들을 죽이는 것은 하책 중의 하책이다. 신라에 대한 증오 때문에 사태를 객관적으로 보지 못하는 궁예의 한계가 드러나는 대목이다.

《삼국사기》나 《고려사》는 모두 왕건을 정통으로 삼아 궁예에 대해서는 낮춰 쓴 역사서라는 한계는 있지만 궁예가 신라인이나 수하 장수, 장병들에게 공포감을 준 것은 사실일 것이다. 《고려사》는 "효공왕 13년 (909)부터 궁예가 나날이 포학해지는 것을 보고 왕건이 지방 군무에 뜻을 두었다"고 전하고 있다. 왕건이 지방으로 간 까닭이 궁예에게 해를 당할 것을 염려해서였다는 것이다. 이해에 왕건은 궁예로부터 한찬 韓粲 해군대장군으로 임명되어 견훤과 나주를 두고 대회전을 펼쳤다.

다시 나주 포구에 이르렀을 때 견훤이 직접 군사를 거느리고 전함들을 늘려놓았는데 목포에서 덕진포德眞浦까지 머리와 꼬리가 서로 잇닿고 수륙 종횡으로 군사의 형세가 아주 성대했다. 여러 장수들이 이를 보고 근심하자 태조(왕건)가 말했다.

"근심하지 말라. 전쟁에서 이기는 것은 군사들이 화합해 있느냐에 달려 있지 숫자에 달려 있지 않다."

이에 진군하면서 급하게 공격하니 적선이 조금 퇴각했다. 바람을 이용해 불을 놓으니 불에 타거나 익사한 자가 태반이었고, 적의 머리 500여 급을 베었다. 견훤이 작은 배를 타고 도주했다.

−《고려사》〈태조세가世家〉

나주는 앞서 왕건이 점령했다가 왕건이 송악으로 되돌아 간 후 위기에 빠져 있었다. 궁예 휘하 관내의 여러 군들이 서로 떨어져 있고 견훤의 부대에게 길이 막혀 서로 응원할 수 없었기 때문에 동요하고 있다가 왕건이 다시 와서 주둔하면서 안정되었다는 것이다. 이로써 궁예는 후삼국 대전의 최후 승리에 바짝 다가갔다. 그러나 궁예는 밖으로는 신라를 무조건 적대시하고 안으로는 논공행상을 제대로 하지 않고 부하들을 의심해 불만을 샀다.

> 태조(왕건)가 다시 전함을 수리하고 군량을 준비해서 나주에 머물러 지키려고 했다. 김언金言 등이 공이 많은데도 (궁예로부터) 상이 없다고 자못 해이해지자 태조가 말했다.
>
> "삼가 태만하지 말라. 오직 힘을 다하되 두 마음을 갖지 않으면 복을 얻을 수 있을 것이다. 지금 주상主上(궁예)이 포학해서 죄 없는 사람들을 많이 죽이고, 아첨하는 사람들이 뜻을 얻으니 서로 음해하고 있다. 그래서 궁 안에 있는 자들은 스스로 보존하지 못할 것이니 정벌하는 바깥 일만 못하다. 근왕勤王에 전력해서 몸을 온전하게 하는 것이 더 낫다."
>
> 여러 장수들이 그럴 듯하게 여겼다.
>
> ─《고려사》〈태조세가〉

왕건은 지방 근무를 자청해서 몸을 보존하려 했으나, 궁예는 신라 신덕왕神德王 2년(913) 왕건을 파진찬波珍粲으로 승진시키고 시중侍中을 겸하게 해서 수도로 소환했다. 태봉국의 수상이 된 것이다. 그러나 《고려사》에서 "이는 원래 태조의 본의가 아니고, 또 한편으로는 참소를 두려워해서 그 지위에 있기를 즐겨하지 않았다"고 설명하는 것처럼 그는 궁예 근처에 있다가 화를 입을 것을 두려워했다. 왕건은 이듬해 "화가 미칠 것을 두려워해서 다시 지방으로 나가길 원했고", 또한 궁예도 "수군 장수의 지위가 낮아 적을 위협하지 못한다"면서 시중 벼슬을 해임하고 수군을 통솔하게 허락했다. 왕건의 지방 근무를 허락했다는 뜻이다.

《고려사》는 이 무렵 궁예가 많은 사람들에게 반역의 혐의를 씌워 죽였다고 전하고 있다.

그때 궁예는 반역죄를 억지로 얽어서 하루에도 100여 명씩 죽여서 장수나 재상들 중 해를 입은 자가 열에 여덟아홉 명이었다. 궁예는 항상 이렇게 말했다.

"나는 미륵관심법彌勒觀心法을 체득했기에 부인들의 사적인 음행까지도 알 수 있다. 만약 나의 관심법에 걸리는 자가 있으면 곧 엄하게 처벌할 것이다."

－《고려사》〈태조세가〉

《고려사》는 궁예가 3척(90센티미터)짜리 쇠방망이를 만들어놓고 죽이고 싶은 자가 있으면 곧 그것을 달궈 음부를 찔러서 코와 입으로 연기가 나와 죽게 했다고 전하고 있다. 하루는 왕건도 궁예의 의심의 덫에 걸렸다. 궁예는 처형한 사람들로부터 몰수한 금은보화나 여러 물건들을 보고 있다가 왕건을 보고 이렇게 말했다.

"경이 지난밤에 사람들을 모아놓고 모반하려고 했던 것은 어찌된 일인가?"

왕건이 태연하게 웃으면서 "어찌 그럴 리가 있겠습니까?"라고 말하자 궁예는 "경은 나를 속이지 말라. 나는 관심법을 할 수 있기에 그것을 알 수 있다"라면서 오랫동안 하늘을 우러러보았다. 이때 장주掌奏 최응崔凝이 곁에 있다가 왕건에게 일부러 붓을 떨어뜨리고는 뜰로 내려와 줍는 척하면서 귓속말로 "복종하지 않으면 위태롭습니다"라고 말했다. 왕건이 곧 깨닫고 "신이 실로 모반했으니 죄가 죽음에 해당합니다"라고 자백했다. 궁예는 크게 웃으면서 "경은 정직하다고 이를 만하다. …… 다시는 나를 속이지 말라"면서 금은으로 장식한 말안장과 말고삐를 주었다.

왕건을 왕으로 추대한 네 명의 공신들

이런 일화들이 어디까지 사실인지는 불분명하다. 그러나 궁예가 부하들을 신뢰와 덕으로써 통솔하는 대신 의심과 벌로 불안하게 한 것은 사실일 것이다. 게다가 궁예는 "처형한 사람들로부터 몰수한 금은보화나 여러 물건들을 보고 있었다"고 전한다. 부하들의 재산에 대한 물욕까지 있었다는 뜻이다. 확실한 물증도 없이 부하들을 의심하고 재산까지 손대면 그 군주에 대한 신뢰는 급격하게 떨어지기 마련이다.

궁예가 이처럼 수하들의 신뢰를 잃어가는 것과 대조적으로 왕건은 수하 백성들의 믿음을 사고 있었다. 남부지방에는 기근이 들어서 각지에 도적이 일어났고, 수자리 군졸들은 다 나물에 콩을 반쯤 섞어 먹으면서 곤궁하게 지냈다. 왕건은 기근에 빠진 백성들과 수자리 군졸들을 진심을 다해 구휼함으로써 그 덕에 모두가 살 수 있었다는 것이다. 이런 처신으로 왕건은 민심을 획득하게 되었다.

그러나 이때만 해도 왕건을 궁예를 대체할 군주로 여기는 태봉의 지배층은 드물었다. 왕건이 비록 두각을 나타내고 있었지만 원래 가문의 지위가 낮은 것도 중요한 요인일 것이다. 태봉국의 지배층은 궁예의 행위에는 불만을 갖고 있었지만 왕건을 대안으로 생각하지도 않았다. 이때 왕건을 임금으로 추대하기로 뜻을 모은 인물들이 홍유洪儒·배현경

■ 배현경 사당(전남 나주시 소재) 명분을 중시한 왕건은 왕위에 오르기 전 사람들의 비난을 사지 않으려 했다. 그의 뜻에 따라 배현경을 비롯한 공신들은 그를 추대해 새나라 건국에 나서게 했다.

裴玄慶·신숭겸申崇謙·복지겸卜智謙 등 네 명의 기장騎將들이었다.

(918년) 6월 을묘에 기장 홍유·배현경·신숭겸·복지겸 등이 몰래 모의하고 밤중에 태조의 저택에 이르러 추대하겠다는 뜻을 함께 말했다. 태조는 굳게 거부하며 허락하지 않았다. 부인 유씨柳氏가 손수 갑옷을 들어 태조에게 입히고, 여러 장수들이 옹위하며 나왔다.

－《고려사》 〈태조세가〉

4명의 기장이 왕건을 추대하고 부인 유씨가 가세하는 과정에 대해서는 《삼국사기》 〈궁예 열전〉에서 훨씬 더 자세하게 묘사하고 있다.

(918년) 여름 6월, 장군 홍술弘述·백옥白玉·삼능산三能山·복사귀卜沙

貴(젊은 시절 홍유·배현경·신숭겸·복지겸의 이름) 네 사람은 몰래 모의하고 밤중에 태조의 사저에 와서 말했다.

"지금 임금이 음란한 형벌을 마음대로 행해서 처자를 살육하고 신료를 죽이니, 백성들은 도탄에 빠져 스스로 살 수 없게 되었습니다. 예로부터 어두운 군주는 폐위시키고 밝은 군주를 세우는 것은 천하의 큰 의리입니다. 청컨대 공께서는 탕왕湯王과 무왕武王의 일을 행하십시오."

—《삼국사기》〈궁예 열전〉

탕왕은 하夏나라 걸왕桀王을 몰아낸 은나라 임금이며, 무왕은 은나라 주왕紂王을 몰아낸 주나라 임금으로서 역성혁명의 전형들이다. 그러나 왕건은 이 제안을 사양했다.

태조는 얼굴색이 변해서 거절하면서 말했다.

"나는 충성스럽고 순수하다고 자부해왔는데, 지금 주상이 포학하다고 감히 두 마음을 가질 수는 없소. 무릇 신하로서 그 임금을 바꾸는 것을 혁명이라고 하지만 나는 실로 덕이 없는데 어찌 감히 은나라와 주나라의 일을 본받겠소?"

여러 장수들이 말했다.

"때는 두 번 오지 않으니 만나기는 어렵고, 잃기는 쉽습니다. 하늘이 주는 데도 취하지 않으면 도리어 그 재앙을 받습니다. 지금 정치가 어지러우니 나라는 위태롭고 백성들은 모두 그 윗사람을 원수처럼 봅니다. 지금 덕망이 공보다 나은 사람이 없습니다. 하물며 왕창근王昌瑾이 얻은 거울도 저와 같은데 어찌 엎드려 있다가 독부獨夫의 손에 죽겠습니까?"

—《삼국사기》〈궁예 열전〉

왕창근의 거울이란 신라 경명왕 2년(918) 당나라에서 온 상인 왕창근이 한 이인異人에게 산 거울을 뜻한다. 햇빛이 거울 표면에 비치자 궁예가 멸망하고 왕건이 등극한다는 내용의 고시古詩가 나타났다는 것이다. 네 기장의 거듭된 강권에도 왕건이 움직이지 않자 부인 유씨가 나섰다.

부인 유씨가 여러 장수들의 의논을 듣고 있다가 태조에게 말했다.

"인仁으로써 불인不仁을 치는 것은 예로부터 있던 일입니다. 지금 여러 사람들의 의논을 들으니 저도 오히려 분개하는 마음이 이는데 하물며 대장부는 오죽하겠습니까? 지금 뭇 사람들의 마음이 홀연히 변했으니 천명이 돌아온 것입니다."

부인 유씨는 손수 갑옷을 들어서 태조에게 바쳤다.

-《삼국사기》〈궁예 열전〉

이렇게 홍유·배현경·신숭겸·복지겸 등 네 명의 장수들과 부인 유씨까지 가세해 왕건을 설득했다. 태종의 부인 원경왕후元敬王后 민씨와 세조의 부인 정희왕후貞熹王后 윤씨도 그랬듯이 부인의 적극적인 설득은 남편을 움직이는 데 큰 힘을 발휘한다. 그렇게 여러 장수들과 부인은 왕건을 붙들어 일으켰다.

여러 장수들이 태조를 붙들고 호위하며 문을 나서서 앞에 있는 자들에게 크게 외치게 했다.

"왕공王公(왕건)께서 이미 의로운 깃발을 드셨다!"

이에 앞뒤에서 분주하게 달려와 따르는 자가 몇 사람인지 알지 못했다.

또 먼저 궁성 문에 이르러 북을 치고 떠들면서 기다리는 자들도 1만여 명
이었다.

왕(궁예)이 이를 듣고 어찌할 바를 알지 못하다가 미복微服(평민 복장)으
로 산림 속으로 도망해 들어갔다가 곧 부양斧壤(평양) 백성들에게 살해당
했다.

-《삼국사기》〈궁예 열전〉

왕건은 명분을 중시하는 인물이었다. 명분을 중시하는 인물은 사
람들의 비난을 사지 않으려 한다. 네 명의 기장은 이런 왕건을 추대해
서 새 나라 건국에 나서게 했다. 그들의 추대와 부인의 부추김까지 받
은 왕건은 못 이기는 척 기의에 나섰다.

겸손과 희생으로 쌓은 공로

왕건은 이해(918)를 즉위 원년으로 삼고 포정전布政殿에서 즉위했다.
국호는 고려高麗, 연호는 "하늘이 주었다"는 뜻의 '천수天授'였다. 왕건
은 두 달 후인 8월 "신하로서 제왕의 창업을 도운 자에게 땅을 나누어
주고 높은 품계와 벼슬을 주는 것은 백대의 떳떳한 법이며, 천고의 훌
륭한 규례"라면서 개국공신들을 표창하는데, 자신의 집에 찾아왔던
홍유·배현경·신숭겸·복지겸만을 일등공신으로 책봉했다. 네 공신에
대해 《고려사》는 '기장'이라고 표현했지만, 《삼국사기》는 '장군'이라고
조금 달리 표현하면서, 젊은 시절 이름이 각각 홍술·백옥·삼능산·복
사귀라고 설명하고 있다. 젊은 시절의 이름과 나중에 쓴 이름 중 성이
같은 인물은 복지겸뿐이라는 사실도 주목해야 한다. 이들 대부분이

한미한 가문 출신임을 시사하기 때문이다.

이들의 이름은 또한 왕건 추대 기사에 처음 등장한다는 특징도 있다. 네 장수는 고려를 개창한 개국 일등공신들임에도 《고려사》는 거사 이전 이들의 행적에 대해서 아주 짤막하게 전하고 있다.

홍유에 대해서는 "처음 이름初名은 술術이다. 의성부義城府 사람인데, 궁예 말년에 배현경·신숭겸·복지겸과 함께 기장이 되었다"고 설명하고 있다. 배현경에 대해서도 "처음 이름은 백옥삼으로 경주 사람이다. 담력이 다른 사람보다 뛰어났다. 행오行伍(군졸)에서 일어나 여러 차례 승진해 대광大匡에 이르렀다"고 설명하고 있다. 군졸에서 일어났으니 한미한 가문 출신임에 틀림없다. 신숭겸에 대해서는 "처음 이름은 능산能山인데 광해주光海州(춘천) 사람이다. 체격이 장대長大했으며 무용武勇이 있었다"고 설명하고 있다. 복지겸에 대해서는 "처음 이름이 사괴砂瑰이다"라는 것이 왕건을 추대할 때까지 이력의 전부다.

이는 《고려사》의 다른 열전들을 살펴보면 확연하게 차이가 난다. 《고려사》 열전은 고려 초기 문관 최응에 대해서는 "아버지는 대상大相 우달祐達이다"라고 전하고 있으며, 박술희朴述熙에 대해서도 "아버지는 대승大丞 득의得宜이다……"라고 하면서 그 부친들에 대해서 언급하고 있다. 또한 최언위崔彦撝에 대해서는 "18세 때 당나라에 유학가서 예부시랑 설정규薛廷珪 아래에서 급제했는데……"라고 당나라 유학 사실을 밝히고 있다. 이는 네 명의 일등공신들이 선조의 이름을 적을 수 없는 한미한 집안 출신들임을 말해준다. 왕건은 거사하자마자 "분주하게 달려와 따르는 자가 몇 사람인지 알지 못"하고, 또 먼저 궁성 문에 이르러 "북을 치고 떠들면서 기다리는 자들도 1만여 명이나 되는" 호응을 얻었지만 대부분 하위 관료나 무사들이었다. 태봉국

의 지배층들은 왕건의 거사에 동조하지 않았다.《고려사》〈태조 원년
(918) 9월 조〉에는 이런 기사가 있다.

진각성경珍閣省卿 유척량柳陟良은 혁명(왕건 기의) 때 여러 관료들이 흩
어져 도망갔지만 혼자 진각성을 떠나지 않아서 지키던 창고에 조그마한 손
실도 없었다. 그래서 특별히 광평시랑廣評侍郎을 제수했다.

－《고려사》〈태조 원년 9월〉

왕건이 기의했을 때 하위 관료들은 연호했지만 경卿이란 고위직에
있던 유척량의 동료들은 그렇지 않았다. 이는 왕건이 즉위한 후에도
마찬가지였다. 왕건은 비록 즉위에는 성공했지만 지배층의 지지를 받
지 못했기에 그 권력이 그리 강하지는 못했다. 왕건이 즉위한 지 며칠
지나지 않아서 환선길桓宣吉이 반란을 일으킨 사건이 이를 말해준다.
　환선길은 아우 향식香寔과 함께 왕건을 추대한 공이 있는 인물이었
다. 왕건은 그를 마군장군馬軍將軍에 제배하고 정예군을 거느리고 대
궐에서 숙위宿衛하게 했다. 일종의 경호부대장으로 여길 정도로 신임
한 것이다. 그런데 환선길의 부인이 역모로 그를 꼬드겼다.
　"당신은 재주와 힘이 남보다 뛰어나며, 사졸들도 다 복종합니다. 또
큰 공도 세웠는데 정권은 남에게 있으니 분한 일이 아닌가요?"
　환선길은 아내 말이 맞다고 생각하고 은밀히 병사들과 결탁해서
반란을 일으킬 틈을 엿보았다. 그러나 네 명의 장수 중 한 명인 복지
겸이 이 사실을 알아차리고 왕건에게 먼저 밀고했다. 왕건은 드러난
자취가 없다는 이유로 받아들이지 않았다. 하루는 왕건이 학사 몇 사
람과 국정을 논의하고 있는데, 환선길이 부하 50여 명과 무기를 갖고

동쪽 행랑에서 내정內庭으로 난입해서는 곧바로 왕건을 습격하려고 했다. 왕건은 지팡이를 짚고 일어서서 큰 목소리로 꾸짖었다.

"짐이 비록 너희들의 힘으로 이 자리에 있지만 이것이 어찌 하늘의 뜻이 아니냐? 천명이 이미 정해졌는데, 너희들이 감히 어찌할 것이냐?"

환선길은 왕건의 목소리와 안색이 태연자약하자 복병이 있는 것으로 짐작해서 밖으로 도주하다가 위사衛士들에게 붙잡혀 죽었다. 그의 아우 향식도 마찬가지 운명에 처했다. 환선길 형제의 사례는 태봉의 지배층은 물론 왕건을 추대한 개국공신들도 분열되어 있었다는 사실을 말해준다. 이때에도 복지겸은 시종 왕건을 지지했다. 순군리徇軍吏 임춘길林春吉이 동료들과 모반하려는 것도 복지겸이 정보를 입수해서 사전에 막았다.

왕건 즉위 초는 내란이 끊이지 않았다. 왕건의 권력은 약했고 그만큼 미래는 불안했다는 뜻이다. 하지만 왕건을 추대한 네 명의 공신은 시종일관 태조를 지지했다. 그러면서도 자리를 탐하지는 않았다. 태조 왕건은 환선길을 처벌한 직후 주요 관직에 대대적인 인사발령을 단행했는데 네 공신은 모두 누락되었다는 사실이 이를 말해준다. 왕건은 광평성 시중에 김행도金行濤, 내봉성 령令에 금강黔剛, 순군부徇軍部 령에 임명필林明弼, 병부兵部 령에 임희林曦, 의형대義刑臺 령에 염장閻萇 등 모두 30여 명을 주요 부서의 장·차관직에 임명했지만 네 공신의 이름은 보이지 않는다.

더 이상 자세한 설명은 없지만 이는 네 공신과 사전에 상의한 결과일 가능성이 크다. 네 공신이 이후에도 왕건에게 충성을 다하고 있는 점이 이를 말해준다. 네 공신이 불만을 가지면 왕건 체제가 유지되기 어려울 것은 불을 보듯 뻔하다.

왕건의 즉위에 크게 반발한 곳은 청주淸州지역이었다. 왕건은 이때 네 공신 중 한 명인 홍유와 유검필庾黔弼에게 1,500여 명을 주어 모반을 미연에 막게 했다. 《고려사》〈홍유 열전〉은 이 공으로 홍유를 대상大相으로 삼았다고 전한다. 개국공신이라고 고위 관직을 준 것이 아니라 이런 특별한 공이 있을 때 승진시켰던 것이다. 또한 네 공신은 후백제와 천하의 쟁패를 둔 싸움에서 왕건을 도와 혼신의 힘을 다했다.

왕을 대신해 목숨까지 바치다

왕건은 비록 고려를 건국했지만 초반 정세는 견훤의 후백제에 더 우세하게 흘러갔다. 925년 조물성曹物城(경북 선산) 회전에서 불리함을 느낀 왕건이 사촌동생 왕신王信을 인질로 보내 화친을 청한 것이 이를 말해준다. 견훤도 이에 호응해 사위 진호眞虎를 인질로 보내서 잠시 소강상태로 접어들었지만, 2년 후인 927년 진호가 고려에서 죽는 바람에 고려와 후백제는 다시 전쟁 상태로 접어들었다. 신라는 이미 두 나라 사이의 종속변수에 불과했다. 그러나 신라를 대하는 왕건과 견훤의 서로 다른 자세는 후삼국의 향배에 큰 영향을 미쳤다. 견훤은 궁예처럼 신라에 시종일관 적대적이었던 반면 왕건은 우호적이었다.

927년 9월 견훤은 신라의 근품성近品城(경북 문경)과 고울부高鬱府(경북 영천)를 습격하고 서라벌까지 점령했다. 이때 견훤은 경애왕景哀王(재위 924~927)을 죽이고 왕비를 능욕함으로써 신라의 민심을 잃었다.

그때 (경애)왕은 부인 및 후궁들과 함께 포석정鮑石亭에 나가서 놀면서 술자리를 베풀어 즐기다가 적병賊兵이 이르자 낭패하여 어찌할 바를 몰랐다. 부인과 함께 성 남쪽의 이궁離宮으로 돌아왔는데, 시종하던 여러 신료들과 궁녀 및 악사들이 모두 난병亂兵에게 붙잡혔다. 견훤은 군사를 풀어 크게 약탈하면서 사람을 시켜 왕을 잡아오게 해서 그 앞에 이르자 죽였다. 곧 궁중에 들어가서 그 부인을 강제로 끌어내 능욕하고, 왕의 족제族弟 김부金傅를 왕이 되게 했다. …… 또 나라 창고의 진귀한 보물과 무기를 빼앗고, 자제들과 각종 공인工人 중 우수한 자를 모두 데리고 갔다.

－《삼국사기》〈견훤 열전〉

《고려사》는 견훤이 "(경애)왕을 찾아 협박해서 자살하게 했다"고 조금 달리 설명하고 있다. 견훤의 사례는 전투에서 이기고 전쟁에서 지는 전형적인 사례였다. 견훤이 경애왕을 자살하게 하고 왕비를 능욕했다는 소식을 들은 왕건은 크게 노해서 신라에 사신을 보내 조문과 제사를 지내게 했던 것이다. 견훤은 신라의 공적이 된 반면 왕건은 흑기사가 되었다. 신라는 다급하게 구원 요청을 했고, 왕건은 정예기병 5천 명을 거느리고 공산公山(대구광역시 팔공산) 아래에서 견훤을 기다렸다. 그러나 신라의 민심은 왕건이 얻었지만 무력은 견훤이 더 강해서 《고려사》〈태조 10년(927) 9월 조〉는 "(왕건이) 직접 정예 기병 5천 명을 거느리고 공산동수公山桐藪에서 견훤을 맞아 크게 싸웠지만 불리했다"고 전하고 있다.

왕건은 견훤에게 포위되어서 사태가 다급해졌다. 이때 왕건을 구하기 위해 목숨을 건 인물이 네 장수 중 한 명인 신숭겸과 김락金樂이었다. 신숭겸과 김락은 힘을 다해 싸우다가 겨우 왕건에게 몸만 피하게

■ 공산성(대구광역시 팔공산) 신숭겸과 김락은 공산성 전투에서 견훤에게 포위되어 위기에 처한 왕건을 구하고 전사했다. 왕건은 그들의 죽음을 크게 애석해했다.

하고 자신은 전사했다. 이처럼 신숭겸은 자신의 목숨을 던져 왕건을 위기에서 건져냈다. 왕건은 크게 슬퍼하면서 두 사람에게 장절壯節이란 시호를 내리고 그 동생과 자식을 등용했으며, 지묘사智妙寺를 창건해 명복을 빌었다.

왕건이 신숭겸과 김락의 죽음을 얼마나 애석해했는가는 200여 년 후인 제16대 예종睿宗 15년(1120)에 '두 장수를 애도하는 노래'라는 뜻의 〈도이장가悼二將歌〉가 탄생한 일화가 잘 말해주고 있다. 《고려사》 〈예종 15년 조〉는 예종이 "팔관회八關會를 열고 잡희雜戲를 관람하는데, 개국 초의 공신 김락과 신숭겸의 우상偶像이 있자 왕이 감탄해서 시부를 지었다"고 설명하고 있다. 《평산 신씨 장절공유사平山申氏壯節公遺事》나 《신숭겸 신도비명神道碑銘》 등에는 좀더 자세한 설명이 나온다.

76

예종은 팔관회에서 두 허수아비가 관복을 입고 말을 타고 뜰을 뛰어다니는 것을 보고 그 이유를 물어보았다. 그 유래를 조사하니 태조 왕건 이야기가 나왔다. 왕건이 팔관회에서 두 장군이 없는 것을 못내 애석하게 여겨서 둘의 허수아비를 만들어 관복을 입히고 자리에 앉게 했는데 두 공신이 살아 있는 것처럼 일어나서 춤추고 술을 받아마시기도 했다는 설명이었다. 이에 감격한 예종이 〈도이장가〉를 지었는데, 뒷부분에 "바라보면 알리라/ 그때 두 공신이여/ 이미 오래되었지만/ 자취는 지금도 나타나는구나"라는 내용이 담겨 있다.

신숭겸이 죽은 후에도 남은 세 장수는 여전히 무장의 자리에서 왕건을 지켰다. 홍유는 세상을 떠나던 해인 태조 19년(936) 9월, 견훤과의 일리천一利川 전투에 마군馬軍 1만 명을 거느리고 참전했다. 신숭겸처럼 죽는 순간까지 무장으로 왕건을 보필했던 것이다. 왕건은 홍유에게 '충렬忠烈'이란 시호를 내렸다.

배현경이 태조 19년(936) 병으로 위독하자 태조는 그의 집까지 손수 가서 문병하면서 그의 손을 잡고, "오호라. 운명이로구나! 그대에게 자손이 있으니 내가 감히 어찌 잊겠는가!"라고 탄식했다. 배현경은 마치 태조의 문병을 기다렸다가 죽기로 결심한 듯 왕건이 문을 나서자마자 운명했다. 태조는 행차를 멈추고 나랏돈으로 장례를 치르게 명령한 후 환궁해서 '무열武烈'이라는 시호를 내렸다. 왕건에게 반란 정보를 거듭 제공했던 복지겸도 죽자 '무공武恭'이란 시호를 내렸다.

대부분의 경우 개국 공신들이 고종명하는 것은 드문 일이다. 무에서 유를 창조한 개국 공신들은 더 큰 권력을 원하게 마련이었다. 개국 공신들에게는 사실 군주와 신하의 분의가 분명하기 쉽지 않았다. 그러나 왕건을 추대했던 개국 공신 네 명은 시종일관 낮은 자리나 험한 자리에서 태조를 지켰다. 그렇게 모두 전사하거나 고종명했다. 네 공신은 그만큼 권력에 대한 마음을 비웠고, 왕건과 자신들이 만든 고려에 헌신했다. 그들은 개국 후에도 높은 자리는 다른 사람들에게 양보하고 죽을 때까지 전쟁터를 누볐다. 복지겸은 잇단 반란 시도를 미리 알아내 고려를 지켰으며, 개국 초의 혼란은 탁월한 정보 습득으로 지켜냈다. 홍유 또한 청주지역의 반란을 방지했고, 신숭겸은 왕건을 구하고 전사했으며, 배현경은 마지막으로 왕건의 문병을 받고 생을 버렸다.

　세상은 항상 논공행상論功行賞에 대한 시각 차이로 시끄럽다. 대부분 자신은 더 많은 공을 세웠고 더 많은 대가를 받아야 한다면서 불만을 갖게 마련이다. 그래서 끝내 자신도 불행하게 되고, 조직이나 나라에도 해가 된 경우가 많다. 그러나 네 명의 공신은 마음을 비우고 헌신한 결과 당대에는 물론 죽고 난 이후에도 존경의 대상이 되었다. 그렇게 그들은 모두 자신의 몸과 가족을 보존하고 성종成宗 13년(994) 4월 유검필庾黔弼과 함께 태조의 묘에 배향되는 드문 기록을 남겼다.

3

시야

내부의 지분 대신
더 넓은 곳을 바라보다

소서노

한국사회는 전통적으로 여성들의 입김이 강했다. 유학이 지배 이념이 되면서 여성들의 지위는 낮아지지만 인조반정 이전까지만 해도 여성들은 남성들과 동등한 지위를 누렸다. 다만 정치에 참여할 수 없다는 점만이 다를 뿐이었다. 고대사회는 여성들의 역할이 더욱 강해서 정치 참여는 물론이고 나라도 건국할 수 있었다. 그렇기에 소서노는 기존의 기득권에 안주해 현실을 바라보지 않았는지도 모른다. 기득권에 안주하지 않는 사람은 도전을 두려워하지 않는다. 그녀는 강인한 어머니의 모습으로 사람을 차별하지 말고, 변화를 두려워하지 말고, 도전을 두려워하지 말고, 길 떠나는 것을 두려워하지 말라고 하면서 우리를 이끌고 있다.

여성의 지위가 높았던 고대사회

남성 우월주의 사상을 갖고 있던 유학자 김부식金富軾은 《삼국사기》를 편찬할 때 여성에 대해서는 박하게 평가했다. 김부식은 《삼국사기》〈선덕여왕 조〉의 논찬에서 "신라는 여자를 붙들어 일으켜 세워서 왕위에 있게 했으니 진실로 난세의 일이며, 나라가 망하지 않은 것이 다행이었다"라고 비판했던 것이 이를 말해준다. 《삼국사기》에는 여성에 대한 기록 자체가 많지 않다. 효녀 지은知恩처럼 효도라는 유교 이데올로기 전파에 적합한 여성을 열전에 기록했을 뿐이다.

그런 《삼국사기》에서 〈본기〉에 왕모王母, 즉 왕의 어머니의 죽음을 명기한 기록이 두 번 있다. 《삼국사기》〈고구려 시조 동명성왕 14년(서기전 24) 조〉에 "왕의 어머니 유화柳花가 동부여에서 세상을 떠나니 그 왕 금와金蛙(동부여왕)가 태후太后의 예로써 장사하고 드디어 신묘神廟

를 세웠다"고 기록하고 있다. 또한《백제본기》〈백제 시조 온조왕 13년 (서기전 6년) 조〉에도, "왕의 어머니가 세상을 떠났는데, 예순한 살이었다"라고 기록하고 있다. 두 여성 모두 개국시조의 어머니라는 공통점이 있다. 개국시조가 아니라 그 어머니의 죽음을 기록한 것은 두 여성이 개국에 공이 있다는 것을 암시한다.

부여는 유화부인을 신으로까지 모셨다.《삼국사기》〈제사지祭祀志〉에는 "고기古記에서 말하기를 동명왕 14년 가을 7월에 왕모 유화가 동부여에서 세상을 떠나자 그 왕 금와가 태후의 예로써 장사하고 드디어 신묘를 세웠다"고 기록하고 있는 것이다. 고구려 시조 주몽의 어머니 유화부인이 죽자 동부여에서 신묘를 세워 신으로 모셨다는 뜻이다.

유화부인은 물의 신인 하백河伯의 딸로서 천제天帝의 아들 해모수와 정을 통한 후 고구려 시조 추모왕鄒牟王을 낳았다. 또한《북사北史》는 고구려에 부여신扶餘神과 고등신高登神의 두 신묘神廟가 있었다고 전하고 있다. 부여신은 유화부인을 모신 신묘이고, 고등신은 시조 추모왕을 모신 신묘다. 먼저 고등신에 대해 설명하면 광개토대왕비문에는 시조 추모왕이 "세상의 지위를 즐기지 않으시자 하늘에서 황룡黃龍을 내려 보내서 왕을 맞이했다. 왕께서는 홀본 동쪽 언덕에서 용의 머리를 밟고 하늘로 올라가셨다"라고 말하고 있다. 시조 추모왕이 용의 머리를 밟고 하늘로 올라갔으므로 '하늘 높이 올라간' 고등신으로 섬겼던 것이다. 고구려는 시조 추모왕뿐 아니라 그 어머니 유화부인까지 신으로 모셨다. 고려인 이규보李奎報가 지금은 전하지 않는《구삼국사舊三國史》를 보고 쓴 장편서사시 〈동명왕東明王 편〉을 보면 추모왕의 아버지는 어느 순간 사라지고 어머니가 홀로 추모왕을 키운다. 그만큼 한국 고대사회는 여성의 역할이 지대했다. 후대인들의 상상

이상으로 여성들의 지위가 높았고, 역할도 컸다.

주몽을 도와 고구려 개창의 주역이 되다

고구려에 유화부인이 있었다면, 백제에는 소서노召西奴가 있었다. 고구려 개국시조의 어머니가 유화라면, 백제 개국시조 온조왕의 어머니가 소서노였다. 그러나 소서노는 백제뿐 아니라 고구려의 공동 창업자이기도 했다.

　소서노에 대한 이야기는《삼국사기》〈백제본기〉에 비교적 자세하게 전해진다. 소서노는 만주 졸본천卒本川의 토착세력인 연타발延陀勃의 딸로, 북부여왕 해부루解夫婁의 서손庶孫이었던 우태優台와 혼인해서 비류沸流와 온조溫祚라는 두 아들을 낳았다. 그러나 우태가 먼저 사망하자 두 아들을 키우면서 지냈다.

그런데 서기전 37년 북부여에서 주몽이 망명해 소서노가 사는 졸본까지 내려왔다. 이때 소서노의 나이 32세, 주몽은 21세였다. 소서노에게는 비류와 온조라는 두 아들이 있었고, 주몽은 부여에 임신한 부인 예씨禮氏와 아들 유리琉璃가 있었다.

　망명객의 처지는 고달플 수밖에 없었다. 주몽이 북부여에서 도망칠 때 따라나선 인물들은 오이烏伊·마리摩離·협보陜父 세 명뿐이었다.《삼국사기》〈동명왕본기〉는 주몽이 북부여에서 남하하다가 엄사수란강에 가로막혔을 때 이렇게 말했다고 전한다.

　"나는 천제의 아들이요 하백의 외손이다. 오늘 도망가는데 추격자들이 거의 닥치게 되었으니 어떻게 해야 하겠는가?"

　이에 물고기와 자라가 떠올라 다리를 만들어서 주몽이 건너갈 수 있었다는 것이다. 이규보가 《구삼국사》를 보고 쓴 〈동명왕 편〉에서는 《삼국사기》보다 더 생생하게 전해준다.

강을 건너려 하나 배가 없었다. 추격병이 곧 닥칠까 두려워 채찍으로 하늘을 가리키며 탄식하기를, "나는 천제의 손자(天帝之孫)요, 하백의 외손인데 지금 난을 피하여 여기 이르렀으니 황천皇天과 후토后土께서는 나 고자孤子를 불쌍히 여기셔서 빨리 배와 다리를 주소서"라고 말을 마치고 활로 물을 치니 물고기와 자라가 떠서 다리를 만들었다. …… 추격병이 강에 이르자 물고기와 자라는 즉시 사라졌고, 이미 다리 위에 오른 자들은 다 빠져 죽었다.

-《동국이상국집東國李相國集》〈동명왕 편〉

겨우 세 명의 추종자를 데리고 망명하면서 주몽은 "천제의 아들 또는 손자, 하백의 외손"이라고 큰소리치고 있는 것이다. 주몽은 엄사수를 겨우 건너 북부여 군사를 따돌리고 모둔곡毛屯谷에 도착해서 재사再思·무골武骨·묵거默居라는 세 사람을 더 얻었다. 주몽은 세 사람에게 각각 극씨克氏, 중실씨仲室氏, 소실씨少室氏라는 성을 내리고는 사람들에게 이렇게 말했다.

"내가 지금 천명을 받아서 나라를 세우려 하는데 마침 이 현인賢人을 만났으니 어찌 하늘이 내려준 사람들이 아니겠느냐?"

겨우 세 사람을 데리고 남하했고, 겨우 엄사수를 건너서는 세 사람을 더 얻고 나서 '천명, 건국' 운운하는 주몽을 토착세력이 곱게 봤을 리는 없다. 실력도 없이 큰소리만 치는 허세꾼으로 보였을 것이다. 그러나 소서노는 달랐다. 그 자신이 토착세력의 대표 연타발의 딸이었

■ 오녀산성五女山城 동문 성벽 오녀산성은 중국 요녕성遼寧省 환인현桓仁縣에 있는 고구려 산성으로, 고구려의 첫 도읍지인 졸본성으로 추정된다.

지만 정체된 현실에 만족하는 기득권자의 시각이 아니라 졸본의 변화를 추구하는 도전자의 시각으로 주몽을 바라보았다.

소서노는 졸본지역의 변화가 필요하다고 생각했다. 졸본지역은 흔히 오부족으로 불리는 부족들로 나뉘어 있었다. 졸본지역의 시대적 과제는 부족통합에 의한 국가창업이었지만 남편 우태가 죽은 후 졸본에는 이를 수행할 능력자가 없었다. 소서노에게 중요했던 것은 토착세력인지 이주세력인지의 여부가 아니라 졸본지역의 시대적 과제를 수행할 능력이 있느냐 없느냐 하는 점이었다.

그래서 소서노는 이 젊은 망명객을 높이 평가했다. 비록 현재의 세력은 크지 않지만 '천제의 아들, 하백의 외손'이라고 주장하는 명분을 높이 샀다. 이 명분과 혈통이라면 갈라진 졸본사회를 통합할 수 있다고 본 것이다. 소서노는 이 망명객을 임금으로 만들어 졸본지역을 통합하기로 결심했다. 킹메이커가 되기로 결심한 것이다. 소서노가 이런 결심을 할 수 있었던 것은 주몽에게는 자신의 큰 꿈을 실현시킬 지혜와 무예가 있었기 때문이다. 《삼국사기》 〈동명왕 조〉에는 주몽의 명석한 두뇌를 나타내는 일화가 기록되어 있다.

> (부여왕 금와가) 주몽에게 말을 기르게 하였다. 주몽은 말의 성질을 살펴서 준마駿馬에게는 먹을 것을 조금 주어 파리하게 만들고, 둔한 말은 잘 먹여서 살찌게 하였다. 금와왕은 살찐 말은 자신이 타고 마른 말은 주몽에게 주었다.
>
> ―《삼국사기》 〈고구려본기〉 〈동명왕 조〉

주몽은 머리뿐 아니라 활쏘기에도 능했다. 《삼국사기》 〈동명왕 조〉에는 "(주몽이) 7세 때 자신이 직접 활과 화살을 만들어 쏘았는데 백번 쏘면 백 번 다 맞추었다", "부여 속담에 활 잘 쏘는 것을 '주몽'이라고 하였기 때문에 이렇게 이름을 지었다"고 기록하고 있다. 주몽의 활솜씨는 중국에도 잘 알려져 있었다. 6세기 경 편찬된 위魏나라의 정사인 《위서魏書》 〈고구려 열전〉은 "사냥할 때 주몽은 활을 잘 쏘기 때문에 한 마리를 잡을 때 화살 하나로 제한했는데, 주몽은 비록 화살이 적었어도 죽인 짐승은 아주 많았다"고 전하고 있다. 그는 국가 건국에 필요한 명분과 지혜, 무예를 다 갖춘 인물이었다.

소서노는 이런 주몽과 손잡고 새로운 왕국을 건설하기로 마음먹었다. 자신이 가진 모든 역량을 동원해 주몽을 왕으로 만들기로 한 것이다. 주몽의 명분과 능력에 졸본지역의 유력 세력이었던 소서노가 가세하자 졸본지역은 물론 만주 전 대륙에 엄청난 폭발력을 일으키는 대제국을 건설하게 된다.

연상의 과부 소서노가 주몽이라는 젊은 망명객을 선택한 것은 만주 전역의 정세를 바꾸어 놓았다. 소서노는 북부여왕 해부루의 손부孫婦였으니 북부여에서 망명한 주몽은 엄밀하게 따지면 시가의 정적이었다. 그러나 소서노는 과거의 악연을 털고 미래의 새로운 가치를 추구하기 위해 주몽을 선택했던 것이다.

불과 여섯 명의 추종자를 데리고 '천명' 운운하던 주몽은 소서노가 임금으로 만들길 결심하면서 비로소 의미 있는 정치세력이 되었다. 드디어 고구려 건국에 나설 수 있었던 것이다. 소서노는 주몽이 가진 천손天孫이라는 명분을 현실로 만들기 위해 나섰다. 이는 졸본지역 각 부족들을 통합시킬 새로운 힘의 탄생을 의미했다. 흔히 갈등으로 점철되게 마련인 토착세력과 이주세력이 합심해 만든 새로운 힘이었다. 새로운 가치관이 두 세력의 연합을 가능하게 한 원동력이 되었다.

만주 전역을 아우르는 대제국으로 통일제국 수·당과 천하를 놓고 정면승부를 펼쳤던 천하 제국 고구려는 이렇게 탄생했다. 훗날 고구려인들은 자신들이 직접 작성한 광개토대왕비문에서 주몽, 즉 추모왕의 건국 사적을 웅혼하게 묘사했다. 광개토대왕비문은 "아! 옛날 시조 추모왕께서 창업하신 터이다. 왕은 북부여에서 오셨으며 천제의 아들[天帝之子]이고, 어머니는 하백의 따님이셨다"라고 시작하는데, 북부여에서 그들이 망명하는 도중 강이 가로막고 있는 장면을 이렇게 서술하고 있다.

왕이 물가에 임해 말씀하시기를, "나는 황천의 아들[皇天之子]이며 어머니는 하백의 따님이신 추모왕이다. 나를 위해[爲我] 갈대를 연결하고 거북은 떠올라라"라고 말씀하시니 말씀에 감응(應聲)해서 즉시 갈대가 연결되고 거북이 떠올랐다.

고구려인들은 자국의 시조에 대해 "황천의 아들이자 하백의 외손"의 자격으로 강에 명령했고, 강은 말씀에 감응해서 즉시 갈대와 거북을 떠오르게 해 다리를 만들었다고 묘사한 것이다. 고구려인들은 이렇게 자국을 하늘이 세운 신성한 제국으로 인식했다.

그러나 소서노가 없었다면 21세의 망명객이 토착세력의 텃세를 극복하고 고구려를 건국하기란 불가능했을 것이다. 고구려는 소서노라는 토착세력의 물적 토대가 주몽이라는 이주세력의 명분과 능력에 힘을 실어주어 건국된 신흥국가였다.

고구려 건국에 대한 소서노의 공적에 대해 《삼국사기》〈백제본기〉〈온조왕 조〉는 "주몽이 나라의 기초를 개척하며 왕업을 창시함에 있어서 소서노의 내조가 매우 많았으므로 주몽이 소서노를 특별한 사랑으로 후대厚待하였고 비류 등을 자기 소생처럼 여겼다"라고 기록하고 있다. 여성에게 인색했던 《삼국사기》도 "왕업을 창시함에 있어서 소서노의 내조가 매우 많았"다는 사실을 적시하지 않을 수 없었다. 《삼국사기》〈백제본기〉〈온조왕 조〉는 고구려 건국 기사를 조금 다르게 설명하고 있다.

백제 시조는 온조왕인데, 그 아버지는 추모다. 혹은 주몽이라고도 한다. 북부여에서 난을 피해 졸본부여卒本扶餘에 이르렀는데 (졸본) 부여왕은 아들이 없고 딸만 셋이 있었다. 주몽을 보니 보통 사람이 아니기 때문에 둘째 딸을 부인으로 삼게 했는데 얼마 지나지 않아서 부여왕이 죽자 주몽이 자리를 이었다. 두 아들을 낳았는데 맏이는 비류고, 다음은 온조다.

-《삼국사기》〈백제본기〉〈시조 온조왕 조〉

이 기록은 주몽이 북부여에서 내려온 곳을 졸본부여라고 말하면서 주몽이 졸본부여왕의 사위가 되었다가 졸본부여의 왕이 되었다고 설명하고 있다. 즉 주몽은 먼저 졸본부여왕이 되었다가 후에 고구려를 건국했다는 뜻이다. 주몽이 먼저 졸본부여의 임금이 되었는지는 분명하지 않지만, 이때도 두 아들을 낳은 인물은 소서노임이 분명하다. 고구려 시조에 대한 여러 이야기들이 사료마다 조금씩 다르게 전해졌다는 뜻이다. 어느 경우든 북부여에서 온 망명객 주몽은 소서노의 가세로 나라를 창업할 수 있었던 것이다. 이렇듯 소서노는 고구려의 킹메이커이자 나아가 왕조 자체를 만든 여성이었다.

내부 파쟁 대신 백제 건국을 선택하다

그러나 소서노의 창업의 공은 추모왕 19년(서기전 19) 부여에서 주몽의 아들 유리가 찾아오면서 혼란에 빠지게 된다. 주몽은 북부여를 떠나면서 부인 예씨에게 "일곱 모난 돌 위의 소나무 아래 감춘 유물을 찾는 자가 내 아들이다"라는 수수께끼를 남기고 남하했는데,《삼국사기》〈고구려본기〉〈유리명왕 조〉에는 유리가 북부여에 있을 때 부친이 남긴 수수께끼를 찾는 장면이 기록되어 있다.

유리가 어릴 때 밭둑에 나가서 놀다가 새를 겨냥하고 활을 쐈는데 맞추지 못해서 물 긷는 부인의 항아리를 깼다. 부인이 꾸짖었다.

"이 아이는 아비가 없으니 이렇게 사납구나."

유리는 부끄러워서 집에 돌아와서 어머니에게 "내 아버지는 어떤 사람이 며 또 지금 어디에 계십니까?"라고 물었다. 어머니가 말했다.

"너의 아버지는 보통 사람이 아니어서 이 나라에서 용납되지 못하고 남 쪽으로 도주해서 나라를 열고 왕이 되셨다. 떠날 때 나를 보고 '당신이 만 약 아들을 낳으면 그 아이에게 내가 유물을 일곱 모난 돌 위 소나무 밑에 감춰두었으니 만약 이것을 얻을 수 있는 자가 내 아들이다'라고 말하라고 하셨다.

유리가 이 말을 듣고 산골짜기에 가서 칼을 찾다가 못 찾고 피곤하여 돌 아왔다. 하루는 그가 마루 위에 있을 때 기둥과 주춧돌 사이에서 무슨 소 리가 들리는 것 같아 찾아보니 주춧돌이 일곱 모가 나 있었다. 곧 기둥 밑 을 뒤져 부러진 칼 한 조각을 찾았다. 드디어 이것을 가지고 옥지屋智·구 추句鄒·도조都祖 등 세 사람과 함께 가서 부왕(주몽)에게 부러진 칼을 바 쳤다. 왕이 자신이 가졌던 부러진 칼을 내어 맞추어보니 완전한 칼이 되었 다. 왕은 기뻐하며 그를 세워 태자로 삼았다.

-《삼국사기》〈고구려본기〉〈유리명왕 조〉

이때가 소서노가 주몽을 왕으로 올린 지 19년째 되는 해였다. 소서 노는 당연히 자신의 장남 비류가 태자가 될 것으로 생각하고 있었다. 그러나 정작 태자가 된 인물은 북부여에서 온 유리였다. 《삼국사기》 〈고구려본기〉〈시조 동명성왕 조〉는 "왕자 유리가 부여로부터 그의 어 머니와 함께 도망해오자 왕은 이를 기뻐하고 그를 세워 태자로 삼았 다"라고 설명하고 있다. 유리 혼자 온 것이 아니라 전 부인까지 데리고 온 것이었다.

소서노는 주몽에게 심한 배신감을 느꼈을 것이다. 자신은 미모나 교태로 남자를 사로잡아 왕비가 된 여자가 아니었다. 고구려 건국 자체가 자신의 공이었다. 자신이 주몽을 왕으로 선택했기에 주몽이 고구려를 건국할 수 있었다. 고구려는 예씨와 유리가 아니라 소서노와 두 아들 비류·온조가 함께 세운 나라였음에도 후계자는 유리가 된 것이다. 유리를 태자로 삼은 지 6개월 만에 주몽은 마흔 살로 세상을 떴고, 태자 유리가 뒤를 이어 임금이 되었다.

이때 소서노에게는 두 가지 길이 있었다. 하나는 유리왕과 권력 투쟁에 나서는 길이었다. 졸본은 소서노의 고향이자 세력기반이었다. 부러진 칼 조각을 들고 부친처럼 세 명의 부하를 이끌고 망명한 유리는 졸본지역에 자신의 세력이 없는 상태였다. 토착세력인 소서노가 두 아들과 손잡고 유리왕 축출에 나선다면 유리왕이 승리하기는 어려운 상황이었다.

그러나 소서노는 내부 파쟁 대신 다른 길을 선택했다. 또다시 개국의 길, 또 다른 킹메이커의 길을 선택한 것이었다. 과거 주몽을 선택할 때 그랬던 것처럼 기존의 성과에 안주하는 대신 새로운 길을 개척하기로 했다. 장남 비류도 어머니의 뜻에 따라 동생 온조를 설득했다.

처음 대왕께서 부여에서 난을 피해 이곳으로 도망 오셨을 때 우리 어머니께서 가진 재산과 노력을 모두 기울여 나라를 세우도록 도왔다. 지금 대왕이 세상을 떠나신 이후 나라가 유리에게 돌아갔다. 우리가 여기에서 불필요한 혹처럼 우울하게 지내느니 차라리 어머님을 모시고 남쪽지방으로 가서 좋은 땅을 선택해 나라를 세움만 같지 못하다.

–《삼국사기》〈백제본기〉〈시조 온조왕 조〉

■광개토대왕비 주몽의 건국 사적이 담긴 이 비문에는 고구려를 신성하게 묘사하려는 의도가 담겨 있다. 그러나 주몽이 토착 세력의 텃세를 극복하고 고구려를 건국한 데는 소서노의 공이 컸다.

《삼국사기》는 이때 오간烏干·마려馬黎 등 10명의 신하와 많은 백성들이 따랐다고 기록하고 있는데 이는 그만큼 소서노의 세력이 막강했음을 말해준다.

아들에게 현실에 안주하기보다 밖으로 나가 미래를 개척하라고 요구하는 것은 소서노나 유화부인이나 마찬가지였다. 그때까지 전해지던 《구삼국사》를 보고 쓴 이규보의 〈동명왕 편〉에는 유화부인의 당찬일화가 담겨 있다. 북부여에서 핍박받던 주몽은 끝내 말을 치는 신세로 전락하자 어머니에게 불만을 토로했다.

(북부여)왕은 주몽에게 말을 기르게 해서 그 뜻을 시험했다. 주몽이 마음속에 회한이 일어나 어머니에게 말했다.

"나는 천제의 손자인데 남을 위해서 말이나 기르고 있으니 살았어도 죽는 것만 같지 못합니다. 남쪽으로 내려가서 나라를 만들고 싶지만 어머니께서 계시기 때문에 감히 내 마음대로 못합니다."

– 《동국이상국집》〈동명왕 편〉

이규보는 유화가 이 말을 듣고 흐르는 눈물을 닦으며 "너는 내 생각하지 마라. 나도 항상 아프다. 장사가 먼 길을 가려면 반드시 준마가 있어야 한다"라고 말했다고 묘사했다. 유화 역시 소서노처럼 아들을 현재에 붙잡아두지 않고 미래를 지향하라고 재촉한 것이었다.

어머니가 말했다.

"이것은 내가 밤낮으로 마음 썩던 일이다. 내가 들으니 장사가 먼 길을 갈 때는 반드시 준마가 있어야 한다. 내가 말을 고르는 능력이 있다."

드디어 목마장으로 가서 긴 채찍으로 어지럽게 때리자 여러 말이 모두 놀라서 달아나는데 한 마리 붉은 말이 두 길 되는 난간을 뛰어넘었다. 주몽은 이 말이 준마임을 알고 몰래 혀뿌리에 바늘을 꽂아 놓았다. 그 말은 혀가 아파서 물과 풀을 먹지 못해 크게 말랐다. 왕이 목마장을 순행하다가 여러 말이 살찐 것을 보고 크게 기뻐하면서 이에 야윈 말을 주몽에게 주었다. 주몽이 이 말을 얻고 나서 그 침을 뽑고 더 많이 먹였다.

– 《동국이상국집》〈동명왕 편〉

이렇게 고구려의 신으로 받들어졌던 유화부인도 아들에게 비굴하게 살지 말고 밖으로 나가서 큰 꿈을 펼치라고 가르쳤다. 유화나 소서노는 한국 고대사회의 여성상을 잘 보여주고 있다. 이렇듯 유학儒學이 들어오기 전까지 한국 고대 여성은 역동적이었다.

만주를 떠나 한반도로 남하한 소서노는 푸르게 넘실대는 한강을 보고 이 일대가 새 나라의 도읍지라고 직감했다. 그러나 장남 비류가 반대하고 나섰다. 《삼국사기》〈온조왕 조〉에서 관련 기록을 살펴보자.

> 드디어 한산漢山에 이르러 부아악負兒岳에 올라서 살 만한 땅을 살폈다. 비류가 바닷가에서 살자고 주장하자 10명의 신하가 간諫하여 말했다.
> "생각하건대 이곳 하남의 땅은 북으로 한수漢水가 띠를 둘렀고, 동으로 높은 산악에 의거하고 있으며, 남으로는 비옥한 들판이 바라보이고, 서로는 큰 바다에 막혔습니다. 이러한 천험의 좋은 땅이야말로 얻기 어려운 것이니 여기에 도읍을 정하는 것이 마땅하지 않겠습니까?"
> 비류가 듣지 않고 따르는 백성들을 나누어가지고 미추홀彌鄒忽로 가서 살게 되었다.
>
> -《삼국사기》〈백제본기〉〈시조 온조왕〉

장남 비류와 차남 온조의 의견이 둘로 갈렸을 때 소서노는 장남에게 얽매이지 않았다. 소서노는 자신의 견해가 있었다. 자신은 이미 주몽과 고구려를 건국해봤던 창업 경력자였다. 자신의 견해에 따르면 한강 유역이 새로운 도읍의 적격지였다. 장남 비류가 고집을 꺾지 않자 소서노는 장남 대신 차남 온조를 왕으로 선택했다. 그는 온조와 한강 유역에 하남위례성河南慰禮城을 쌓고 새 나라를 건국했다. 한반도와 일본, 만주 서쪽 요서遼西를 아울렀던 해상왕국 백제는 이렇게 건국된 것이었다.

《삼국사기》는 "온조왕 즉위 원년(서기전 18) 여름 5월에 동명왕의 사당을 세웠다"고 기록하고 있다. 여기에서 동명왕 사당은 고구려 시조 주몽이 아니라 부여 시조 동명왕을 제사지내는 사당이다. 《후한서後漢書》나 《삼국지三國志》〈부여전〉은 부여국의 시조를 동명이라고 설명하고 있다. 《삼국사기》에서도 동명을 고구려의 시조라고 설명하고 있는데, 이는 부여계통의 국가들은 모두 동명을 시조로 섬겼음을 뜻하는 것이다. 《위서魏書》〈백제 조〉에는 "저희는 고구려와 함께 근원이 부여에서 나왔습니다"라는 구절이 있다. 소서노와 온조는 비록 고구려에서 갈라져 나왔지만 부여의 정통은 자신들에게 있다고 여겼다. 자신의 정체성을 분명하게 인식하는 것은 한나라나 한 조직의 기틀을 잡을 때 대단히 중요한 요소다. 정체성은 뚜렷한 명분에서 나오기 때문이다. 소서노는 국가를 세울 때나 임금을 세울 때 명분이 중요하다는 사실을 잘 알고 있었다.

그래서 소서노는 남편 주몽이 세운 아들 유리에 맞서 부여의 종주권을 주장했다. 전 남편 우태가 북부여왕 해부루의 서손이었고, 또 부친이 졸본부여의 국왕이었다는 기록도 있으므로 종주권을 주장할 수 있었다. 소서노는 부여 시조 동명왕의 사당을 세움으로써 부여의 정통성이 고구려가 아니라 백제에 있다고 주장했다. 주몽의 아들 유리왕이 있는 고구려가 아니고, 장남 비류가 세운 비류백제도 아니고 자신이 있는 온조백제에 부여의 정통성이 있다고 주장한 것이었다.

차남 온조와 함께 한강 유역을 도읍지로 선정한 그녀의 결단은 탁월한 것이었다.

■ 풍납토성 차남 온조와 함께 소서노는 한강 유역에 하남위례성을 쌓고 새 나라를 건국했다. 풍납토
성은 해상왕국 백제가 남긴 위대한 유산 중 하나다.

비류는 미추홀 땅에 습기가 많고 물이 짜서 편안하게 거주할 수가 없었
는데 위례성에 돌아와보니 온조는 도읍을 안정되고 백성들이 다 편안하므
로 부끄러워서 후회하다가 죽으니 그 백성들이 다 위례성으로 돌아왔다.

-《삼국사기》〈백제본기〉〈시조 온조왕〉

　　모친의 견해를 따르지 않고 따로 비류백제를 건국했던 장남도 결국
에는 모친의 견해가 옳다는 사실을 인정하지 않을 수 없었다. 비류백
제에 대해서는 일본 천황가의 시조설 등 여러 이야기가 있다. 또한 온
조백제에 대해서도 만주건국설 등 여러 이야기가 있지만 여기에서는
《삼국사기》의 기록을 살펴보는 선으로 갈음했다.

백제를 지탱한 소서노의 힘

앞에서 설명한 대로 소서노는 온조왕 13년(서기 전 6)에 61세의 나이로 세상을 떠났다. 그 상황에 대한 《삼국사기》의 설명을 조금 자세하게 들어보자.

13년 봄 2월. 왕도王都(서울)에서 노파가 남자로 변하고, 호랑이 다섯 마리가 성에 들어왔다. 왕의 어머니가 예순한 살로 세상을 떠났다.

여름 5월. 왕이 신하들에게 일렀다.

"우리나라 동쪽에는 낙랑이 있고, 북쪽에는 말갈이 있어서 자주 변경을 침범해서 편안한 날이 없다. 하물며 지금 요상한 징조가 자주 나타나고 나라의 어머니[國母]께서 세상을 떠나셔서 형세가 편안하지 못하니 반드시 장차 도읍을 옮겨야겠다. 내가 지난날 한수 남쪽을 순회하면서 보니 땅이 기름지므로 마땅히 그곳에 도읍해서 오래도록 편안한 계책을 도모해야겠다."

가을 7월. 한산 아래 성책을 세우고 위례성의 백성들을 옮겼다. …… 14년(서기전 5) 봄 정월. 도읍을 옮겼다.

－《삼국사기》〈백제본기〉〈시조 온조왕〉

온조왕 13년(서기 전 6) 소서노가 사망하자 백제인들은 큰 충격에 빠졌다. 그의 공백은 백제인들에게 국가의 존립을 염려하게 할 만한 사건이었고, 천도遷都를 결심하게 했다. 그래서 온조왕 14년(서기 전 5) 한수 남쪽으로 도읍을 옮겼던 것이다.

그런데 온조왕 재위 17년(서기전 2) 봄 낙랑이 내침해 위례성을 불태우자 위기감이 커졌다. 그런데 이에 대한 백제의 반응은 소서노의 영령에 기대는 것이었다.

"17년(서기전 1) 봄 4월. 사당을 세워서 국모를 제사지냈다."

백제는 사당을 세우고 국모 소서노에게 제사를 지냈다. 이런 이유 때문일까? 백제는 이후 승승장구한다. 온조왕 25년(서기 7) 왕궁의 우물이 갑자기 넘치고 한성의 민가에서 말이 소를 낳았는데, 머리는 하나에 몸이 둘이었다. 그러자 온조는 일자日者(길흉을 점치는 사람)에게 그 길흉吉凶을 물어보았다. 일자는 "우물이 갑자기 넘치는 것은 대왕께서 크게 일어날 징조이고, 소의 머리가 하나인데 몸이 두 개인 것은 대왕께서 이웃나라를 병합할 징조입니다"라고 해석했다. 온조왕은 이 말을 듣고 진한과 마한을 병합할 생각을 갖게 되었고, 드디어 재위 26년과 27년에 마한을 병합했던 것이다.

백제인들에게 왕모이자 국모였던 소서노는 국가를 지탱하는 힘이자 신앙이었다. 단재 신채호가《조선상고사朝鮮上古史》에서 "소서노는 조선사상의 유일한 여제왕女帝王의 창업자일 뿐더러, 곧 고구려와 백제의 양국을 건설한 자"라고 의미를 부여했던 것이 과장만은 아니었다.

비록 후대의 역사가들에 의해 고구려 개창의 공은 남편 주몽에게, 백제 개창의 공은 아들 온조에게 돌아갔지만 이 두 나라는 소서노가 없었다면 건국되기 어려웠던 왕국들이었다.

소서노는 후대인들에게 많은 생각거리를 준다. 한국 고대사회에서는 여성도 역사의 주역이 될 수 있었다. 소서노는 기존의 기득권에 안주해 현실을 바라보지 않았다. 그녀는 망명객 주몽에게 명분과 실력이 있음을 알고 과감하게 그를 왕으로 만들었으며, 고구려를 건국했다. 그러나 북부여에서 온 유리가 주몽의 자리를 이어 받자, 자신의 지분을 요구하며 싸우는 대신 새로운 나라를 세우는 길을 택했다. 이때 장남 비류가 아닌 차남 온조를 왕으로 선택한 것도 소서노다운 선택이었다.

그녀는 주몽을 선택해 대륙국가인 고구려를 건국했고, 온조를 선택해 해양국가인 백제를 건국했다. 한국사의 원형인 대륙성과 해양성이 소서노의 일생에 온전히 담겨 있는 것이다. 현 사회는 안의 일로 더 시끄럽다. 안의 일이 물론 중요하지만 때로는 밖을 바라보는 더 넓은 시야가 중요하다는 것을, 그것이 더 큰 결과물을 낳는다는 것을 소서노는 우리에게 말해주고 있다.

4

사상
생각의 힘으로
세상을 뒤집다

정도전

천하를 삼킬 듯한 황하의 거대한 물줄기도 처음에는 작은 한 방울의 물에서
시작하듯이, 역사에서도 사상가 한 명의 등장이 천하의 운명을 바꾼다. 역
사를 바꾸는 사상가들은 스스로 낮은 곳에 처한다는 공통점이 있다. 그가
낮은 자들의 시각으로 세상을 바라볼 때 혁명의 씨앗이 잉태되고, 그 사상
을 실천에 옮길 때 혁명의 꽃이 핀다. 한 지식인의 가슴속 분노가 낳은 사상
이 체제 자체를 송두리째 바꾸는 것이다. 한 사상가의 결심과 전략은 한 체
제 문제의 정점에서 이를 교체할 수 있는 새싹을 마련한다. 정도전의 인생이
우리 사회에 던지는 근본적인 메시지는 한 사회가 내부 문제를 스스로 해결
하지 못해 비등점으로 치달으면 체제 자체가 무너진다는 교훈일 것이다.

소신 있게 선택한 유배길

고려 우왕禑王 원년(1375) 5월 개경 동문 밖. 정도전은 만류하는 동료들과 배상도裵尙度를 뿌리치고 말 위에 올랐다. 전라도 회진현會津縣 (나주) 거평부곡居平部曲으로 귀양가는 길이었다. 정도전은 이것으로 그의 운명이 완전히 달라지리라고는 예상하지 못했다. 조정은 외교정책을 둘러싸고 두 세력이 격돌했다. 이인임李仁任·경복흥慶復興 등의 구세력은 친원親元정책을 주장했고, 이색李穡·정몽주鄭夢周·정도전 등의 새로운 세력은 친명親明정책을 주장했다. 신세력의 주장은 공민왕의 유지를 계승해 원나라의 속박에서 벗어나자는 것이었다. 현실적으로도 원나라는 중원을 빼앗기고 북쪽 초원으로 쫓겨나 북원北元으로 불리는 상황이었다. 북원의 사신이 온다고 하자 전의부령典儀副令 정도전은 예문응교藝文應敎 권근權近·전리총랑典理摠郞 이숭인李崇仁

등과 함께 도당都堂에 글을 올려 반대했다.

"만일 원나라 사신을 맞는다면 …… 다른 날 무슨 면목으로 현릉玄陵(공민왕)을 지하에서 뵙겠습니까?"

그러나 이인임·경복흥 등은 반대 주장을 받아들이기는커녕 정도전에게 원나라 사신 접대를 명했다. 격분한 정도전은 경복흥을 찾아갔다.

"나는 원나라 사신의 목을 베어가지고 오든지, 아니면 오라를 지워서 명나라로 보내겠소."

이를 항명으로 판단한 이인임·경복흥 등은 정도전을 유배형에 처했다. 동료들이 개경의 동문 밖까지 나와서 유배 가는 정도전을 배웅했다. 술잔을 기울이고 있는데 염흥방廉興邦이 보낸 배상도가 찾아왔다.

"내(염흥방)가 시중侍中에게 말해서 노기가 조금 풀렸으니 잠시 기다리라."

그러나 이것이 정도전을 더욱 화가 나게 했다.

"나의 말이나 시중의 분노는 각자 자신의 소신을 고집하는 것으로서 다 나라를 위하는 것이오. 지금 왕명이 있었는데 어찌 공公의 말 때문에 가지 않겠는가?"

정도전은 되레 술자리를 파하고 말에 올라 유배지로 향했다. 재상들은 이 이야기를 듣고 더욱 화가 나서 사람을 보내 곤장을 치려고 했다. 때마침 우왕을 폐출하고 충혜왕이 은천옹주銀川翁主에게서 난 석기釋器를 추대하려던 '석기의 난'이 일어나는 바람에 곤장을 칠 여력이 없었던 것이 정도전으로서는 다행인 셈이었다. 조금만 타협했으면 귀양살이를 면할 수도 있었지만 그의 성격은 이를 받아들일 수 없었다. 그렇게 그의 운명은 다른 곳으로 흘러갔다.

부곡에서 깨우친 혁명 사상

회진으로 가는 길이 장장 9년에 걸친 방랑길의 시작일 줄은 아무도 짐작할 수 없었다. 귀양이란 것은 중죄를 짓지 않았을 경우는 1~2년이면 복귀하는 것이 상례였다. 정몽주·김구용金九容·이숭인李崇仁 등이 이듬해 풀려나서 재기용된 것이 이를 말해준다. 하지만 정도전만은 예외였다. 정도전이 〈가난家難〉에서, "내가 죄를 지어 남쪽 변방으로 귀양 간 후부터 비방이 벌떼처럼 일어나고 구설이 터무니없이 퍼져서 화가 측량할 수 없게 되었다"라고 토로한 대로 재상들과 맞섰던 그에게 비난이 집중되었다. 정도전의 아내는 유배지에 있는 그에게 편지를 보내 원망했다.

> 당신은 평일에 부지런히 독서에만 몰두하여 아침에 밥이 끓든 저녁에 죽이 끓든 간섭하지 않아 집안에는 한 섬의 쌀도 없었습니다. 방에 가득한 아이들은 끼니 때마다 배고프다고 울고, 날이 찰 때는 춥다고 울부짖었습니다. 제가 끼니를 맡아 그때그때 수단을 내어 꾸려가면서도 당신이 열심히 공부하시니 언젠가는 입신양명하여 처자들이 우러러 의뢰하고 집안에는 영광을 가져오리라고 기대했습니다.

-《삼봉집三峰集》〈가난〉

그의 아내는 "그러나 끝내는 국법에 저촉되어 이름은 더럽혀지고 몸은 남쪽 변방에 귀양가서 풍토병이나 걸리고 형제들은 나가 쓰러지고 가문이 망해서 세상 사람들의 웃음거리가 되었다"면서 원망했다. 정도전은 아내의 원망에 반박할 말을 찾을 수가 없었다. 친구들은 연

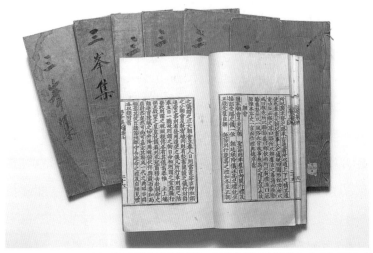

■《삼봉집》표지와 본문 정도전은 평생에 걸쳐 쓴 글을 모아《삼봉집》을 편찬했다. 정도전 개인을 이해하기 위해서 뿐 아니라, 조선의 건국과 그 의미를 이해하기 위해서 반드시 읽어야 할 책이다.

락을 끊고 집안은 망해서 '세상 사람들의 웃음거리'가 된 것도 사실이었기 때문이다. 그는 솔직한 답장을 썼다.

> 당신의 말이 모두 맞소. 예전의 내 친구들은 정이 형제보다 깊었는데 내가 패한 것을 보더니 뜬구름처럼 흩어졌으니 그들이 나를 근심하지 않는 것은 본래 세력으로 맺어졌지 은혜로 맺어지지 않은 까닭이오. 하지만 부부는 한번 맺어지면 죽을 때까지 고칠 수 없는 것이니 당신이 나를 질책하는 것은 사랑해서이지 미워해서가 아닐 것이오. …… 당신은 집을 근심하고 나는 나라를 걱정하는 것 외에 어찌 다른 것이 있겠소.
>
> -《삼봉집》〈가난〉

정도전은 〈가난〉에서 "영욕과 득실은 하늘이 정하는 것이지 사람에게 있는 것이 아니니 그 무엇을 근심하겠소"라고 부인을 위로했다. 그러나 이런 말이 굶고 있는 처자에게 위로가 될 수 없다는 사실은 잘 알고 있었다. 유배형에 처해진 이후 정도전은 비로소 세력으로 맺어진 사회의 본질을 보았다. 형제보다 정이 깊다고 생각했지만 그것은 세력이 있을 때 뿐이었다. '세력'으로 맺어진 친구들이니 '세력'이 사라지자 신기루가 되었다. 더구나 정도전은 세력이 사라진 정도가 아니라 살아 있는 세력의 표적이 되었다. 그러나 무장 최영崔瑩의 후원을 받는 이인임의 권력은 막강했다. 이런 권력 구조 아래에서 정도전이 복권될 가능성은 희박했다. 어쩌면 평생 이렇게 살다 죽을지도 몰랐다. 귀양지에서 죽은 인물이 한 둘은 아니었다.

그렇게 백성과 같은 처지에 놓이게 되자 정도전은 비로소 백성들의 삶이 보였고, 백성들의 시각으로 세상을 바라볼 수 있게 되었다. 먼저 백성들은 순박한 인간 본연의 모습이 남아 있었다. 그는 유배지에서 소재동의 농부 황연黃延의 집에 세를 들어 살았는데,〈소재동기消災洞記〉를 써서 그 시절을 회상했다.

> 동리 사람들은 순박하고 허영심이 없었으며 힘써 농사짓는 것이 직업이었는데, 그중에서도 황연은 더욱 그러했다. 그의 집은 술을 잘 빚었고 황연이 또 술 마시기를 좋아했는데, 술이 익으면 반드시 나를 먼저 청해 함께 마셨다. 손님이 오면 언제나 술을 내어 대접하는데 날이 오래될수록 더욱 공손했다.
>
> -《삼봉집》〈소재동기〉

황연은 술이 익으면 세상에서 버림받은 자신을 먼저 청해 함께 마셨다. 그리고 시간이 오래될수록 더욱 공손했다. 정도전이 "(내가) 세상의 버림을 받아 멀리 귀양 왔는데도 동리 사람들이 나를 이렇게 두텁게 대접하니 이는 나의 곤궁함을 불쌍히 여겨서일까? 아니면 먼 지방에서 생장하여 당시의 의논을 듣지 못하여 내가 죄 있는 자인 줄 몰라서일까?"라고 의문을 표할 정도였다. 정도전은 동리 사람들 모두가 지극히 후대해주었다면서 "내가 한편으로는 부끄럽고, 한편으로는 감동하여 그 시말始末을 적어서 나의 뜻을 표시한다"면서 〈소재동기〉를 쓴 것이다. 이때 정도전은 부곡민들에게 동질성을 느꼈다. 친구들은 모두 떠나고 부인마저 원망하는 그의 곁에 부곡민들이 남아 있었다. '먼 지방에서 생장'해서 그가 죄 있는 자인 줄 몰라서가 아니었다.

정도전이 〈농부에게 답함荅田夫〉이란 글에서 늙은 농부가 "조정의 벼슬아치라면 죄를 짓고 추방된 사람이 아니면 여기에 오지 않는데, 그대는 죄를 지은 사람인가?"라고 물었다고 쓴 데서 알 수 있듯이 정도전이 유배객이란 사실은 모두 알고 있었다. 그러나 그들은 세력의 관점에서 사람을 보지 않았다. 오히려 혼란한 정국에서 옳은 길을 걷는 사람들이 유배형에 처해지는 경우가 많다는 사실은 경험으로 알고 있었다. 정도전이 부곡민들과 일체감을 갖게 된 것은 의외로 이들에게 지식이 많다는 사실을 발견했기 때문이기도 했을 것이다.

또 김성길金成吉이란 자는 꽤 글자를 알았고, 그 아우 천天도 담소를 잘했는데, 모두 술을 잘 마셨고, 형제가 한 집에 살았다. 또 서안길徐安吉이라는 자가 있었는데 늙어서 중이 되어서 안심安心이라고 불렀다. 코가 높고 얼굴이 길며 용모와 행동이 괴이했는데, 모든 사투리, 속담, 여항閭巷의 일을 모르는 것이 없었다.

-《삼봉집》〈소재동기〉

"꽤 글자를 알았다"는 김성길도 사대부는 아니었다. 늙어서 승려가 된 서안길은 세상 이치에 대해서 훤히 꿰고 있었다. 정도전은 사대부들만이 지식인이며, 세상 이치를 혼자 안다고 생각했던 것이 오만에 불과했다는 사실을 알게 되었다.

마음이 안정되면서 정도전은 비로소 진짜 공부를 하게 되었다. 자신을 위한 공부가 아니라 백성을 위한 공부, 즉 세상을 위한 공부를 했던 것이다. 정도전은 이때 "겨울에는 갖옷 한 벌, 여름에는 갈옷 한 벌만 가지고 일찍 자고 늦게 일어나면서 …… 두세 학자들과 강론하다가 계곡을 따라 돌아다녔다"고 회상했다. 그리고 뒷산에 살고 싶은 곳을 발견해서 종에게 명해서 묵은 숲을 베어내고 띳집 두 칸을 짓는데, "일이 간략하고 힘이 적게 드는데도 동리 사람들이 도와주어서 며칠이 못 되어 완성되었다"고 말했다. 정도전은 "어떤 때는 농사꾼 또는 시골 늙은이를 만나서 서로 옛 친구처럼 위로했다"고도 회상하고 있는데, 이중에는 이른바 은자隱者들도 있었다. 흰 머리, 긴 눈썹의 농부가 김을 매고 있기에 그 옆에 다가가 "노인장 수고하십니다"라고 인사하니 호미를 밭이랑에 두고 언덕으로 올라가 정도전을 불렀다는 것이다. 농부가 정도전에게 물었다.

"그대는 어떠한 사람인가? 그대의 의복이 비록 해지기는 했으나 옷자락이 길고 소매가 넓으며, 행동거지가 의젓한 것을 보니 혹 선비가 아닌가? 또 수족이 갈라지지 아니하고 뺨이 풍요하고 배가 나온 것을 보니 조정의 벼슬아치가 아닌가? 무슨 일로 여기까지 왔는가? …… 조정의 벼슬아치라면 죄를 짓고 추방된 사람이 아니면 여기에 오지 않는데, 그대는 죄를 지은 사람인가?"

나는 답했다.

"그렇습니다."

-《삼봉집》〈농부에게 답함〉

그러자 농부는 사욕을 채우다가 귀양 온 것인지, 권세가에 아부하다가 여러 사람의 미움을 사서 귀양 온 것인지 물었다. 정도전은 "그런 게 아닙니다"라고 부인했다.

농부가 다시 겉으로는 겸손한 척하면서 헛된 명예를 훔치고, "어두운 밤에는 분주하게 돌아다니면서" 온갖 지저분한 짓거리를 다하다가 "공론이 비등하고 천도天道가 무심하지 않아 그만 간사한 짓이 드러나고 죄가 발각되어 이런 지경에 이르게 된 것인가?"라고 물었다. 정도전이 "그것도 아닙니다"라고 답하자 농부는 "장수가 되어서 큰 소리 쳤으나 교전도 하기 전에 먼저 도망가서 국가의 대사를 그르친 것이 아닌지, 경상卿相이 되어서 아첨하는 자는 즐겨 쓰고, 곧은 선비는 배척하다가 악행이 쌓여 화를 입은 것은 아닌지" 물었다. "그것도 아닙니다"라고 답하자 농부는 정도전의 죄목을 단정했다.

"그렇다면 나는 그대의 죄목을 알겠도다. 그 힘이 부족한 것을 헤아리지 않고 큰 소리를 좋아하고, 그때의 불가함을 알지 못하고 바른 말을 좋아하며, 지금 세상에 났지만 옛 사람을 사모하며, 아랫자리에 있으면서 위를 거스른 것이 죄를 얻은 원인이로다."

농부가 묘사하는 모습은 유학자의 처신이었다. "지금 세상에 났지만 옛 사람을 사모"한다는 것은 유학자들이 요순堯舜시대나 삼대三代(하·은·주)를 이상으로 삼는 것을 풍자한 것이고, 나머지도 군주에게 직언하는 유학자에 대한 묘사였다. 정도전은 그 농부를 '은군자隱君子'라면서 "객관客館에 모시고 글을 배우고자 합니다"라고 청했지만 노인은 거절했다.

"나는 대대로 농사짓는 사람이오. 밭을 갈아서 국가에 세금 내고 나머지로 처자를 양육할 뿐 그 밖의 일은 내가 알 바 아니오. 그대는 물러가고 나를 어지럽히지 마시오."

정도전은 공자의 천하 주유를 비웃은 장저長沮와 걸익桀溺 같은 은군자와 같다고 탄식했다. 정도전은 금남야인錦南野人에 대한 이야기도 전해준다. 마을에 유자儒者가 나타나자 금남야인이 찾아가서 그 종자를 만나 대화를 나누었다. 대화 끝에 금남야인은 이렇게 말하며 소매를 뿌리치고 가버렸다는 것이다.

"오호라, 선생님은 위태롭겠으니 나는 화가 미칠까 두려워 보기를 원하지 않습니다."

위에 말한 농부가 실존인물인지는 불분명하다. 정도전이 마음속에서 그리고 있던 은자인지도 모른다. 그러나 금남야인에 나오는 유자는 정도전이 분명하다. 그 유자는 "위로는 하늘의 일, 아래로는 세상의 일에 해박하다. 또한 뛰어난 임금과 그렇지 못한 임금, 간신의 사악함과 충신의 보좌에서 현인군자의 출처와 거취"까지 통달했다. 나아가 "그 추구하는 방향이 바르고, 성性의 근본이 천명天命임을 알고 있으며, 사단四端과 오전五典(오륜)과 만물의 이치가 그 가운데 통합되어 있지 않은 것이 없다"는 사실도 알고 있었다. 그것이 바로 유자의 길, 정도전의 길이었던 것이다. 그리고 그 길은 금남야인이 위험하게 여기고 가까이 하지 않았던 길이기도 하다.

정도전은 유배 시절 진정한 유자의 길이 무엇인지 알게 되었다. 그 것은 잘못된 세상을 모두가 행복했던 삼대三代로 되돌리는 길이었다. 그렇기에 세상살이는 그에게 시련일 수밖에 없었다.

붕괴된 고려의 지배 시스템

정도전은 우왕禑王 3년(1377) 고향인 영주榮州로 돌아왔다. 귀양지가 종편거처從便居處로 바뀌어 원하는 곳에 살 수 있게 된 것이었다. 그러나 영주에서도 편히 지낼 수 없었다. 왜구가 창궐해 단양·제천·안동·원주 등지로 피난을 떠나야 했기 때문이다. 우왕 6년(1380) 정도전은 왜구를 피해 이주하면서 〈도적을 피하다避寇〉라는 시에서 "도적을 피해서 내 땅을 떠나/ 가족 이끌고 다른 고을로 달려가네/ 가시덩굴 스스로 앞을 가리는데/ 상재桑梓(선조들의 고향)는 눈에 선해 잊기 어렵네"라고 전한다.

세상은 난리였다. 왕조의 지배 시스템은 무너지고 있었다. 그러나 고려의 지배층은 체제가 무너져 내리는 것도 모르고 착취에 열심이었다. 그는 삼각산三角山 아래 자신의 호를 딴 삼봉재三峰齋를 열고 후학을 양성했다. 속수束脩(수업료)라도 받아 생활에 보태려는 의도도 있었을 것이다. 그러나 삼봉재 생활도 오래 가지 못했다. 정도전을 미워한 이곳 출신 재상이 헐어버렸기 때문이었다. 분노를 삭이며 정도전은 제자들과 과거 동문인 부평부사 정의鄭義를 찾아갔다. 그렇게 부평부 남촌에 주거를 틀었지만 이곳도 그의 안식처는 아니었다. 재상 왕王 씨가 그 땅에 별장을 짓겠다고 하며 정도전의 집을 헐어 버렸다.

■ 정도전 고려의 정상적인 국가 지배 시스템이 무너지는 모습에 통탄한 그는 우왕 9년(1383) 가을, 자신의 사상을 실현하기 위해 이성계를 만나러 갔다.

그는 다시 김포로 이주할 수밖에 없었다. 이때가 우왕 8년(1382), 그의 나이 이미 만 40세였다. 이때 지은 〈집을 옮기다移家〉란 오언율시는 그의 심사를 말해준다.

5년에 세 번이나 집을 이사했는데
올해 또다시 집을 옮겼네
탁 트인 들에 초가는 작고
기다란 산에는 고목이 성글구나
농부들이 찾아와 성을 묻는데
옛 친구는 편지조차 끊어버렸네
천지가 능히 나를 용납할 것인가

바람 부는 대로 맡길 수밖에

그러나 바람 부는 대로 인생을 맡기기에는 그의 가슴이 너무 뜨거웠다. 권세가들의 부패는 도를 더해갔고, 그만큼 백성들의 삶은 도탄에 빠져들었다. 정상적인 국가 시스템이 무너지고 있었다. 북원의 사신접대를 거부해 시작된 정도전의 귀양과 유랑은 9년째에 접어들고 있었다. 그의 나이 이미 41세. 인생을 뒤집을 승부수가 필요했다. 개인의 인생뿐 아니라 사회를 뒤집을 승부수가 필요했다. 9년간의 유랑생활 속에서 견고해진 사상을 실현할 계기가 필요했다. 자신의 뜻을 펼칠 무대가 필요했다.

우왕 9년(1383) 가을, 정도전은 함경도 함주咸州로 향했다. 이성계를 만나기 위해서였다.

혁명 사상과 혁명 무력의 결합

정도전과 이성계의 만남에 대해서 《태조실록》과 《용비어천가》는 모두 중요하게 기록하고 있다. 정도전을 죽인 태종 때 편찬한 책이 《태조실록》이고, 그의 아들 세종이 편찬한 책이 《용비어천가》지만 두 사람의 만남을 외면할 수는 없었다. 이 만남이 조선 개창의 계기였기 때문이다. 백두白頭의 선비 정도전은 동북면도지휘사東北面都指揮使 이성계를 만났다.

태조를 따라 동북면에 이르렀는데, 정도전이 호령이 엄숙하고 군대가 정제整齊된 것을 보고 나아와서 비밀스럽게 말하였다.

"훌륭합니다. 이 군대로 무슨 일인들 성공하지 못하겠습니까?"

이에 임금이 말하였다.

"무엇을 이름인가?"

정도전이 대답하였다.

"왜구倭寇를 동남방에서 치는 것을 이름입니다."

군영軍營 앞에 늙은 소나무 한 그루가 있었는데, 정도전이 소나무 위에 시詩를 남기겠다 하고서 껍질을 벗기고 썼다. 그 시는 이러하였다.

창황한 세월 한 그루 소나무
생장하길 청산은 몇 만 겹인가
다른 해에 서로 만날 수 있을까?
인간을 굽어보면 문득 지난 일이네

-《태조실록》 7년 8월 26일

《용비어천가》는 정도전의 시에 대해 "태조께 천명이 있음을 은연중 빗댄 말이었다"라고 설명하고 있다. 인생은 순식간에 지나가니 작은 일에 구애받지 말고 대사를 이루라는 뜻일 것이다. 이 만남은 그의 승부수이자 신산한 유랑 생활 끝에 내린 단안이었다.

이때가 우왕 9년(1383) 가을인데, 고려는 정확히 그 10년 후에 무너지고 조선이 개창된다. 《태조실록》 7년 8월 26일자 〈정도전 졸기〉는 개국할 즈음 정도전이 취중醉中에 종종 "한 고조漢高祖가 장자방張子房(장양張良)을 쓴 것이 아니라, 장자방이 한 고조를 쓴 것이다"라고 말했다고 전하고 있다. 정도전이 이성계를 이용해 조선을 개국했다는 뜻이다. 이렇게 말하는 이유는 정도전의 머릿속 사상이 조선 개창의 이념이었기 때문이다.

혁명은 이념에서 시작된다. 먼저 한 지식인의 머릿속에 새로운 사회에 대한 이념이 자리 잡는 것이 혁명의 시작이다. 그 이념이 조직이나 무력과 결합되면 세상은 변혁의 소용돌이 속으로 빠져드는 것이다. 정도전과 이성계의 만남은 정도전의 사상과 이성계의 군사력의 결합을 뜻하는 것이었다. 이성계는 정도전의 머릿속 사상과 자신이 가진 무력이 결합하면 고려라는 구체제를 무너뜨리고 신체제를 세울 수 있다고 판단했다. 이 만남으로 정도전은 우리 역사 속에 드문 왕사王師의 자리를 차지하게 된다. 한국사에서 종교적 의미의 왕사, 국사國師는 여럿 있지만 정치적 이념을 지닌 왕사는 드물다. 정도전은 이성계에게 그런 존재였다.

이성계를 만난 이듬해인 우왕 10년(1384), 정도전은 다시 벼슬길에 올랐다. 그의 나이 만 42세, 무려 10년 만의 벼슬길이었다. 그해 7월 그는 전의부령典儀副令이 되었다. 10년 전 귀양 갈 때의 관직이 바로 전의부령이었으니 귀양과 유랑의 10년 세월 후 제자리로 돌아온 셈이었다. 10년 전의 전의부령 정도전이 이인임과 경복흥 등 권세가와 맞선 젊은 관료였다면 지금은 달랐다. 10년 전 정도전이 고려 왕조 체제 내의 개혁을 주장했던 혁신관료였다면 지금은 고려 체제 자체를 무너뜨리려는 혁명가였다. 정도전은 이듬해 종3품 성균좨주成均祭酒로 승진했다가 우왕 13년(1387)에는 경기도 남양부사南陽府使를 자원해서 내려갔다. 목민관으로서 백성들과 직접 뒹굴면서 문제의 본질과 대책을 파악하려는 의도였을 것이다. 그러나 이듬해 요동정벌 논란이 일면서 지방에 오래 있을 수 없었다. 최영의 요동정벌론에 대해 구체적으로 그가 어떤 조언을 했는지는 알 수 없지만 이 무렵 그는 이성계의 핵심 참모였다. 요동정벌론에 대해 이성계는 '사불가론四不可論'으로 반대했다.

> 지금 군사를 일으키는 데는 네 가지 어려움이 있습니다. 첫째, 작은 나라로서 큰 나라를 거역하는 것은 안 됩니다. 둘째, 여름(농번기)에 군사를 일으켜서는 안 됩니다. 셋째, 온 나라를 들어서 멀리 원정에 나가면 왜적이 그 틈을 탈 것입니다. 넷째, 장마철이라 아교가 녹아 활이 눅고 대군大軍이 질병을 앓을 것이니 안 됩니다.
>
> —《고려사》 우왕 14년 4월

사불가론이 모두 이치에 맞다고 볼 수는 없다. 특히 "작은 나라로서 큰 나라를 거역하는 것以小逆大"은 안 된다는 논리는 사대주의라는 비판을 받을 수도 있다. 그리고 이 논리는 이성계의 평소 지론과도 달랐다. 이성계는 서울 삼각산에 올라 이런 시를 지었다고 전해진다.

> 쑥 더위잡고 푸른 산 오르니
> 한 암자 높은 곳에 흰 구름 누워 있네
> 눈에 보이는 것을 모두 우리 땅으로 한다면
> 초나라 월나라 강남인들 어찌 사양하랴
>
> —《기년동사략紀年東史約》

백운봉이라는 명칭이 이 시의 '흰 구름白雲'에서 유래했다고도 전한다. 초월楚越, 강남江南이란 한강 이남이 아니라 중국의 양자강 남쪽을 뜻하는 것이다. 이성계가 훗날 정도전과 손잡고 요동정벌에 나서

는 것은 이런 포부가 있었기에 가능했다. 사불가론은 이성계와 정도
전이 보기에 이인임·최영 등의 구세력이 자신들을 제거하기 위한 방
편으로 인식했기 때문에 나왔던 논리다. 정도전에게 더 중요했던 것
은 고려 내부의 개혁이자 혁명이었다.

■ 토지제도의 개혁

그렇다면 정도전의 개국 이론, 즉 혁명 이론은 무엇이었을까? 그것은
바로 토지제도의 혁명적 개혁이었다. 정도전은 이성계와 함께 시정을
다니면서 토지 개혁의 필요성을 역설했는데 그때의 상황을《조선경국
전朝鮮經國典》에 서술했다.

> 전하(이성계)께서는 잠저潛邸(즉위 전의 집)에 계실 때 직접 그 폐단을 보
> 시고는 개연히 사전私田 혁파를 자신의 소임으로 여기셨다. 그것은 대개
> 경내境內(나라 안)의 토지를 모두 몰수하여 나라에 귀속시키고 민民의 수
> 를 헤아려서 토지를 나누어 주어서[計民授田] 옛날의 올바른 토지제도를
> 회복시키려고 한 것이었다.
>
> -《조선경국전》〈부전賦典〉〈경리經理 조〉

정도전의 개국 이념은 토지문제의 혁명적 해결에 있었다. 즉 개인
이 소유한 막대한 사전을 혁파해서 그 토지를 모든 백성들에게 골고
루 나누어 주는 것이 정도전의 개국 프로그램이었다. 이성계가 '사전
私田 혁파를 자신의 소임'으로 여겼다는 것은 이런 프로그램을 받아
들였다는 뜻이다. 사전 혁파를 구체제에서는 할 수 없는 일이었다. 사

전 혁파는 새 왕조 개창의 명분이었다. 그러나 이는 정도전이 억지로 만든 명분이 아니었다. 고려사회가 자체적으로 토지 개혁을 수행하면 이는 자연스럽게 소멸될 명분이었다. 그러면 고려 왕조는 교체 위기에 빠지지 않아도 되는 것이었다. 고려 말의 심각한 토지 집중, 즉 토지 양극화문제를 해결하지 못하면 왕조는 망하게 되어 있었다. 《고려사》 〈식화지食貨志〉는 이렇게 설명하고 있다.

> 요즈음 들어, 간악한 도당들이 남의 토지를 겸병兼併(합쳐서 소유함)함이 매우 심하다. 그 규모가 한 주州보다 크며, 군郡 전체를 포함하여 산천山川으로 경계를 삼는다.
>
> ─《고려사》〈식화지〉

간악한 도당들이 차지한 토지의 규모가 한 주보다 커서 산천山川으로 경계를 삼을 정도로 크다는 뜻이다. 이런 광대한 토지가 농장農莊인데, 그 형성 방법이 가난한 농민들의 토지를 강탈하다시피 하는 것이었다. 《고려사》는 "권귀權貴와 환관들이 모두 사전賜田을 받아 많은 것은 2~3천 결에 이르렀는데 각기 좋은 땅을 차지하고도 모두 부역賦役은 한 푼도 내지 않았다"라고 말하고 있다. 소수에 의한 토지집중은 다수 농민들의 몰락의 결과였다. 대다수 농민들은 권세가에게 땅을 빼앗기고 전호佃戶(소작인)가 되거나 노비가 되는 수밖에 없었다. 전호의 실제 생활은 노비보다 나을 것이 없었다.

권세가들이 남의 땅을 조상으로부터 물려받은 땅이라고 우기면서 주인을 내쫓고 땅을 빼앗아, 한 땅의 주인이 대여섯 명이 넘기도 하여 전호들은 세금으로 소출의 8~9할을 내야 한다.

─《고려사》〈식화지〉

소출의 8~9할을 내야 하는 전호들의 처지가 곤궁할 것은 두말할 나위가 없었다. 이 문제가 심각하다는 것은 모두가 인정하는 부분이었다. 이 문제를 해결하지 않으면 체제가 위태롭다는 인식도 같았다. 신흥사대부는 새 왕조를 개창해야 한다는 역성혁명파로, 고려 왕조는 존속시켜야 한다는 온건개혁파로 나뉘는데, 온건개혁파의 영수 이색도 이 문제의 심각성은 인정했다.

백성이 하늘처럼 여기는 것은 오로지 밭에 있을 뿐이다. 몇 무畝 밖에 안 되는 밭을 일 년 내내 부지런히 갈아봤자 부모와 처자를 먹여 살릴 만큼도 안 되는데 소작료(租)를 걷는 자들은 이미 와 있다. 밭주인이 한 사람이면 그나마 다행이다. 적은 곳은 서너 명이요 많은 곳은 일고여덟 명이다. 어찌해보려 해도 할 수 없으니 누가 기꺼이 소작료를 갖다 바칠 것인가. 밭의 소출로는 소작료도 다 바칠 형편이 못 되는데 어디에서 이자를 낼 것이며, 무엇으로 부모를 봉양하고 처자를 먹여 살릴 것인가. 백성들의 곤궁함이 이런 지경이다.

─《고려사》〈이색 열전〉

이색도 토지문제의 심각성에 대해서는 잘 알고 있었다. 지금 우리 사회의 식자 대부분이 사회 양극화나 비정규직 문제가 심각하다고 인식하는 것과 마찬가지였다. 그러나 이색은 토지문제를 해결할 수 있는 근본적인 방안을 갖고 있지 못했다. 그는 여러 명의 토지 소유자

■ 정도전의 나주 유배지 정도전은 회진현(지금의 나주)에서 유배생활을 했다. 그는 이곳에서 가난한 백성들의 삶을 직접 목격하고는 위민爲民 의식을 키웠다.

를 한두 명으로 압축해서 전호들에 대한 수탈의 강도를 낮추는 정도를 해결책으로 생각했다. 지주의 시각으로 토지문제를 바라본 것이었다. 이 부분에서 정도전은 이색과 달랐다. 정도전이 자신의 스승이었던 이색과 결별할 수밖에 없었던 이유가 여기 있었다. 정도전은 토지문제의 근본적인 해결을 구상했다. 그것이 바로 "백성의 수를 헤아려서 토지를 나누어"주겠다는 '계민수전計民授田'이었다. 백성들에게 토지를 나누어주기 위해서는 소수가 독점하고 있는 토지를 몰수해야 했다. 정도전은 이런 혁명적 토지개혁을 구상했는데, 이는 그의 독창적 생각이 아니라 동양 유학사회에서 오랜 전통을 갖고 있는 사상이었다.

옛날에는 토지를 관에서 소유하여 백성에게 주었으니, 백성이 경작하는 토지는 모두 관에서 준 것이었다. 천하의 백성으로서 토지를 받지 않은 사람이 없었고 경작하지 않는 사람이 없었다. 따라서 백성은 빈부나 강약의 차이가 그다지 심하지 않았으며, 토지에서의 소출이 모두 국가에 들어갔으므로 나라도 역시 부유하였다.

-《조선경국전》〈경리經理 조〉

은자가 정도전에게 "지금 세상에 났지만 옛 사람을 사모"한다고 말한 까닭이 여기에 있었다. "옛날에는 …… 토지를 받지 않은 사람이 없었다"는 것이 이를 말해준다. 옛날, 즉 삼대(하·은·주)의 토지제도가 무너지면서 정도전이 "호강자豪强者가 남의 토지를 겸병하여 부자는 밭두둑이 잇닿을 만큼 토지가 많아진 반면, 가난한 사람은 송곳 꽂을 땅도 없게" 되었던 것이다. 정도전은 토지 분배에 대한 구체적인 방안을 갖고 있었다. 그는 "당나라에는 영업전永業田과 구분전口分田이 있어서 농부 한 명이 1경頃(100무)의 토지를 받아서 80무는 구분전으로 삼고, 20무는 영업전으로 삼았다"는 것이다. 영업전이 자손에게 상속이 가능한 토지라면 구분전은 사후 국가에서 환수하는 토지였다.

정도전은 "당나라도 사람 수를 헤아려 토지를 주어서[計口授田] 스스로 경작하게 했다"면서 자신의 방안이 새로운 것이 아니라 당나라에서 이미 시행했던 방식이라고 주장했다. 당나라의 토지제도는 균전제均田制, 조세제도는 조용조租庸調로 집약된다. 균전제는 고구려와 같은 계통이었던 선비鮮卑족의 북위北魏에서 시작한 제도였다. 북위의 균전제를 수隋나라와 당나라에서 계승한 것이다. 당나라는 개국시조인 고조高祖 무덕武德 2년(619)에 균전제均田制와 조용조 제도를 실시했다. 균전제는 18세 이상의 장정에게 1경頃, 즉 100무畝의 토지를 나누어주었는데, 20무는 상속이 가능한 영업전이고, 80무는 상속이 불가능한 구분전이었다. 그 대가로 백성들은 조용조를 부담해야 했는데, 조租는 매년 2석石의 조粟를 납부하는 토지세였고, 용庸은 매년 20일 정도 군역 등에 종사하는 역역力役이었다. 조調는 그 지방의 특산물을 납부하는 것이었다. 피지배층인 백성이기 때문에 무조건 국가에 세금을 내야 하는 일방적인 관계가 아니라 국가에서 토지를 나누어 주었기 때문에 그 대가로 조·용·조를 납부하는 쌍무적인 관계였다. 정도전은 이런 쌍무적 관계에 대한 인식을 갖고 있었다.

> 사람의 위에 있는 자는 법으로 다스려서 다투는 자를 평화롭게 하고 싸우는 자를 화합하게 한 연후에야 민생이 편안해진다. 그러나 이는 농사를 지으면서 할 수 없기에 백성은 10분의 1을 내어서 윗사람을 기르는 것이다. 그 수취하는 것이 큰 만큼, 윗사람은 자기를 기르는 백성에 대한 보답도 중한 것이다. 후세 사람은 법을 만든 의의가 이런 것을 모르고, "백성들이 나를 공양하는 것은 직분상 당연한 것이다"라고 말한다. 그래서 가렴주구를 자행하면서도 오히려 부족하다고 걱정하니 백성들도 이를 본받아서 서로 일어나 다투고 싸우니 화란이 일어나게 되었다.
>
> —《조선경국전朝鮮經國典》〈부전賦典〉〈부세賦稅〉

백성들 위에 군림하는 것을 당연하게 여기던 때에 벼슬아치는 백성들이 기르기 때문에 존재할 수 있다고 주장한 것이다. 이는 "사람들이 자연 상태에서 벗어나기 위해 계약을 맺고 정부를 세운다"는 존 로크John Locke의 사회계약설보다 무려 300여 년이 빠른 것이었다. 그런데 당나라의 균전제는 하·은·주의 토지제도였던 정전제井田制에 뿌리를 둔 제도였다. 《춘추곡량전春秋穀梁傳》〈선공宣公 15년 조〉에는 "옛날에는 300보를 1리로 삼아서 정전井田이라고 이름지었다. 정전은 900무이며 그 안에 공전公田이 하나 있었다'라고 전하고 있다. 정사각형 토지 안에 '정井' 자를 쓰면 모두 10개의 구분이 생기는데, 가운데 한 개는 국가에서 세금으로 가져가는 공전公田이고, 나머지 9개가 백성들이 나누어 경작하는 사전私田이었다. 이것이 동양 유교사회에서 이상으로 삼았던 정전제였다. 정도전이 "백성의 수를 헤아려서 토지를 나누어"주겠다는 '계민수전'을 구상한 것은 '옛날'의 이런 이상적인 토지제도를 실현하겠다는 뜻이었다. 이는 구체제와 타협하면서 이룩할 수는 없는 것이기에 새로운 나라를 세워야 했던 것이다.

새 왕조의 개창에 정당성을 부여한 과전법

우왕 14년(1388) 5월 22일, 이성계는 위화도에서 말머리를 돌렸다. 인신으로서 왕명을 거역했으니 우왕을 계속 섬길 수는 없었다. 우왕의 폐위는 기정사실이었다. 그러나 온건개혁파들은 아직도 고려 왕조를 존속시킬 수 있다고 여겼다. 그래서 시중 이색은 좌군도통사 조민수曺敏修와 손잡고 우왕의 아들인 왕창王昌을 즉위시켜야 한다고 주장했다. 만 23세의 우왕을 내쫓고 8세짜리 아들을 즉위시키면 많은 문제가 생길 수밖에 없었다. 회군세력은 이성계와 조민수로 나뉘어졌고, 사대부들도 정도전·조준趙浚 등의 역성혁명파와 이색·정몽주 등의 온건개혁파로 나뉘어졌다. 정도전은 문제의 본질을 거론할 때가 되었다고 여겼다. 그래서 1388년 7월, 같은 파의 대사헌 조준에게 토지 개혁에 관한 상소를 올리게 함으로써 정국을 단숨에 토지 개혁 정국으로 반전시켰다.

무릇 인정仁政이란 반드시 토지의 경계에서 시작되는 것입니다. 전제田制(토지제도)를 바로잡아 국용國用을 족하게 하고, 민생을 후하게 하며, 인재를 가려 기강紀綱을 진작하고 정령을 거행하는 것은 오늘날의 급선무입니다. 나라의 운수가 길고 짧은 것은 민생의 괴롭고 즐거움에 있고, 민생의 괴롭고 즐거움은 전제田制가 고른지 고르지 못한지에 있습니다. ……호소할 곳 없는 불쌍한 백성들이 사방으로 유리하여 흩어져서 개천과 구덩이에 빠져 죽고 있을 뿐입니다. …… 백성이 사전의 도조賭租(소작료)를 낼 때 다른 사람에게 빌려서 충당하는데 그 빚은 아내를 팔고 자식을 팔아도 갚을 수 없고, 부모가 굶주리고 떨어도 봉양할 수 없으니, 원통하게 부르짖는 소리가 위로 하늘까지 통합니다.

-《고려사절요高麗史節要》〈창왕昌王 1년 조〉

조준의 토지 개혁 상소는 정도전이 구상했던 '계민수전'의 이론을 그대로 담고 있었다.

위로는 시중(고려의 최고위직)부터 아래로는 서인에 이르기까지 관에 있는 자는 물론, 군역에 종사하는 모든 자와 백성 및 공사천인公私賤人으로 적에 올라 국역을 맡고 있는 모든 자들에게 토지를 나누어주어야 합니다.

-《고려사》〈조준 열전〉

시중부터 공사 천인까지 모든 백성들에게 토지를 나누어주어야 한다는 주장이었다. 조준의 상소를 신호로 간관 이행李行, 전법판서 조인옥趙仁沃 등이 사전 개혁에 대한 상소를 올렸다. 동시에 조준은 사전 개혁을 저지하는 조민수를 탄핵하는 상소를 올렸다.

조민수를 창녕昌寧현에 귀양 보냈다. 조민수는 임견미林堅味·염흥방廉 興邦이 처형당할 때 화가 자기에게 미칠까 두려워서 백성에게서 빼앗은 밭을 모두 그 주인에게 돌려주었는데, 다시 득세하자 차츰차츰 도로 빼앗아 탐하 는 버릇으로 사전 개혁을 저해하므로 대사헌 조준이 논핵하여 내쫓았다.

-《고려사절요》〈창왕 1년 7월 조〉

저항은 계속되었다. 여주로 이배移配된 우왕이 예의판서禮儀判書 곽 충보郭忠輔에게 이성계를 제거하라는 밀명密命을 내린 사실이 발각 되었다. 정도전은 창왕도 이 사건에 결부시켜 쫓아내면서 '폐가입진廢 家立眞' 논리를 만들었다. 우왕과 창왕은 공민왕의 핏줄이 아니라 신 돈辛旽이 반야般若에게서 난 신 씨라는 '우창비왕설禑昌非王說'이었다. 우왕·창왕이 신돈의 소생이라는 것은 역성혁명파에서 만든 논리에 불과했다. 새로운 체제의 창출을 위해서 창왕은 쫓겨나야 했다. 신종 神宗의 7대손인 정창군鄭昌君이 새 왕으로 추대되었는데, 그가 바로 공양왕恭讓王이다. 그러나 조준이 "정창군은 부귀한 집에서 생장해 자기의 재산만 다스릴 줄 알고 나라를 다스릴 줄은 모른다"라고 반대 한 것처럼 왕재王才는 아니었다. 이제 역성혁명파는 대부분의 권력을 장악했다. 정도전은 혁명적 토지 개혁에 시동을 걸었다.

공양왕 2년(1391) 9월, 기존의 모든 토지문서[公私田籍]를 서울 한복판 에 쌓은 후 불을 질렀다. 그 불이 여러 날 동안 탔다.

-《고려사》〈식화지〉

《고려사절요》는 이때 공양왕이 "조종祖宗부터 내려온 사전의 법이 과인의 대에 이르러 갑자기 개혁되니 애석한 일이다"라면서 "탄식하고 눈물을 흘렸다"라고 기록하고 있다. 공양왕 자신이 막대한 사전의 소유자였기 때문이다. 사전 때문에 나라가 망하는 지경에 이르렀음에도 고려 왕족들은 이 문제를 국가 전체의 문제가 아니라 자신이 소유한 사전의 향배라는 개인 차원의 문제로 바라보고 있었다. 정도전으로 대표되는 역성혁명파는 기존의 토지문서를 불살라 권문세가들의 경제 기반을 무너뜨렸다.

이런 토대 위에서 공양왕 3년(1392) 5월에 과전법科田法을 반포했던 것이다. '과전'이란 국가에서 관리들에게 주는 토지를 의미한다. 그러나 토지의 소유권 자체가 아니라 토지의 세금을 걷는 수조권收租權을 준 것이다. 국가에 토지세로 바칠 조租를 대신 걷게 한 것이다. 과전법은 벼슬의 높낮이에 따라 정1품부터 종9품까지 18과로 나누어 최고 150결에서 최하 10결까지 차등 있게 지급했다. 위로는 시중부터 아래로는 향리鄕吏·서리胥吏·역리驛吏를 포함하여 군인·학생도 포함되어 있었지만 모든 백성들에게 나누어주겠다던 계구수전計口收田 방식은 아니었다. 조준·정도전 등의 역성혁명파는 그 문제를 권문세족들의 반대 탓으로 돌렸다.

우리 태조(이성계)는 조준, 정도전과 함께 사전 개혁에 대해 의논했는데 조준이 동료들과 함께 신창辛昌(창왕)에게 글을 올려 이에 대해 역설했다. …… 명문 귀족들은 모두 비난·중상했으나 조준은 더욱 자신의 주장을 견지했다. 도당에서 그 가부를 토의하게 되었을 때 시중이었던 이색은 오랜 법제를 경솔하게 고칠 것이 아니라고 주장했고 …… 논의에 참여한 자 53인 중에 토지 개혁에 찬성하는 자는 18~19명에 불과했다. 반대하는 자는 대개가 큰 집안의 자제(巨室子弟)들이었다.

-《고려사》〈조준 열전〉

권문세가들의 반대 때문에 일반 농민들까지 토지를 지급하지 못했다는 것이다. 정도전의 설명도 마찬가지다.

당시의 구가舊家 세족世族들이 자기들에게 불편한 까닭으로 입을 모아 비방하고 원망하면서 여러 가지로 방해하여, 이 백성들로 하여금 지극한 정치의 혜택을 입지 못하게 하였으니, 어찌 한탄스러운 일이 아니겠는가?

-《조선경국전》〈부전〉〈경리 조〉

'지극한 정치'란 백성들에게 토지를 나누어 주는 것이었다. 토지를 분배하지 못한 것은 구가 세족들의 방해 때문이라는 것이다. 변명의 측면도 없지 않지만 사실의 반영이기도 했다. 한때 부곡민들과 함께 살았던 정도전에게 토지제도는 새 왕조 개창의 정당성 그 자체였다. 그에게 과전법은 만족할 만한 수준은 아니지만 고려 때와는 비교할 수 없을 만큼 개선된 토지제도였다.

백성에게 토지를 분배하는 일이 비록 옛사람에게는 미치지 못하였으나, 토지제도를 정제하여 1대의 전법을 삼았으니, 전조前朝(고려)의 문란한 제도에 비하면 어찌 만 배나 낫지 않겠는가?

-《조선경국전》〈부전〉〈경리 조〉

정도전의 설명대로 고려 말과 비교하면 농민들의 형편은 크게 좋아졌고, 역성혁명파는 민심획득에 성공했다. 그 결과 1392년(공양왕 4년) 7월 17일, 이성계는 백관의 추대를 받는 형식으로 왕위에 올랐다. 정도전은 뒤로 빠지고 시중侍中 배극렴裴克廉 등이 앞장 서는 형식을 택했다. 태조 왕건이 고려를 세운 지 474년 만에 고려는 목적牧笛 속에 사라지고 새 왕조가 건국된 것이다. 우왕 원년(1375) 정도전이 유배형에 처한 지 17년 만이었고, 위화도 회군 4년 만이었다. 그 핵심 이유는 정도전이라는 한 사람의 사상가를 제거하지 못했기 때문이 아니라 토지문제를 방치했기 때문이었다. 문란했던 토지제도 때문에 백성들은 새로운 왕조 개창에 정당성을 부여했던 것이다.

토지문제를 해결할 마지막 기회, 요동정벌

그러나 이것으로 끝이 아니었다. 정도전은 태조 원년(1392) 10월 계품사啓稟使 및 사은사謝恩使로 명나라에 갔다가 이듬해 3월 귀국했다. 왕조창업의 전말을 알린다는 명목이었다. 그러나 정도전은 만주지역의 정보를 수집하는 한편 명나라 변장邊將을 포섭하고 여진족들을 끌어당겼다. 정도전의 활동은 곧 명나라의 정보망에 포착되었다. 한족漢族들이 가장 두려워하는 시나리오가 북방민족들이 결집해 산해관山海關을 돌파하는 것이었다. 명 태조 주원장朱元璋은 1393년 5월 태조 이성계에게 흠차내사欽差內史 황영기黃永奇 등을 보내 강하게 항의한 이유도 여기에 있었다.

주원장은 "사람을 요동으로 보내 포백布帛과 금은으로 우리 변장邊將을 꾀었소"라며 비판하고, "요사이 몰래 사람을 보내어 여진족을 꾀여 가권家眷 500여 명을 거느리고 압록강을 몰래 건넜으니, 죄가 이보다 큰 것이 없소"라고 덧붙였다. 주원장은 조선이 여진족과 손잡고 남하하지 않을까 두려워했다. 주원장은 "어찌 그대의 고려에서 급하게 병화兵禍를 일으키는가? …… 짐은 장수에게 명해서 동방을 정벌할 것이지만 …… 이미 간 여진의 모든 사람을 돌려보낸다면 짐의 군사는 국경國境에 들어가지 않을 것이오(《태조실록》 2년 5월 23일)"라고 말했다. 조선으로 들어간 여진족 500명을 돌려보낸다면 문제 삼지 않겠다는 뜻이었다. 이성계도 개국 1년 만에 명나라와 전쟁을 할 수는 없었기에 이 국서를 가져온 명사明使 황영기 편에 400여 명의 여진인을 딸려 보냈다.

주원장은 여기에서 그치지 않고 정도전의 압송을 요구했다. 태조 5년(1396) 2월 명나라에 보낸 '표전문表箋文'에 경박하고 희롱하는 문구가 있으니 작성자 정도전을 압송하라는 것이었다. 조선은 외교문서의 형식을 잘 몰라서 발생한 실수라고 해명하면서 작성자는 정도전이 아니라 정탁鄭琢 등이라고 말했다. 실제로도 표전문은 대사성 정탁이 짓고 정총鄭摠과 권근이 교정을 본 것이었다. 그러나 명나라는 계속 정도전의 압송을 요구했고, 정도전은 일단 명나라의 노기를 누그러뜨리기 위해서 그해 7월 판삼사사判三司事(종1품)의 관직에서 떠나 봉화백奉化伯으로 물러났다. 그러나 주원장은 조선 태조 6년 4월, "정도전이란 자는 왕에게 어떤 도움을 주는가? 왕이 만일 깨닫지 못하면 이 사람이 반드시 화禍의 근원일 것이다"라면서 정도전을 직접 비난하고 나섰다. 그리고는 사신으로 간 정총·노인도·김약항金若恒 등을 억류했다.

정도전은 분개했고, 요동정벌을 결심했다. 정도전은 요동정벌을 지지하는 남은南誾에게 요동정벌론을 주창하게 했다. 남은은 태조에게

"사졸이 이미 훈련되었고 군량이 이미 갖추어졌으니, 동명왕東明王의 옛 강토를 회복할 만합니다"라고 말했다. 남은이 여러 차례 요동정벌을 주장하자 이성계는 정도전에게 그 가부를 물었다.

정도전이 지나간 옛일에 외이外夷가 중원中原에서 임금이 된 것을 차례로 들어 논하여 남은의 말을 믿을 만하다고 말하고, 또 도참圖讖을 인용하여 그 말에 붙여서 맞추었다.

-《태종실록》 5년 6월 27일

"외이가 중원에서 임금이 된 것"은 중원을 정복했던 거란족의 요나라, 여진족의 금나라, 몽고족의 원나라 등을 뜻하는 것이었다. 13년 전(1384) 함주의 이성계를 찾아가 "훌륭합니다. 이 군대로 무슨 일인들 성공하지 못하겠습니까?"라고 새 왕조 개창의 길을 제시했던 정도전이 이제 황제가 되는 새로운 길을 제시한 것이었다. 동북면 명마사에서 개국시조가 된 이성계로서는 동명왕東明王의 옛 강토 회복을 마다할 이유가 없었다.

정도전의 압송을 거부하자 주원장은 태조 6년(1397) 표전문 문제로 억류했던 정총·김약항·노인도를 사형시켰다. 태조 이성계의 부인 현비顯妃 강씨가 승하했다는 소식을 듣고 흰 상복을 입었다는 이유로 사형시킨 것이었다. 이성계는 분개했다. 북벌을 앞당기기로 결심한 이성계는 그해 12월 정도전을 동북면 도선무순찰사都宣撫巡察使로 삼아 북방의 군비 정비에 나서게 했다. 이 작업은 이듬해인 태조 7년(1398)까지 계속되었는데 이성계는 북방에서 고생하는 정도전에게 서신과 옷 등을 내려주었는데, 임금이라는 명칭을 쓰고 싶지 않았다. 그래서 좌승지 이문화李文和에게 물었다.

　내가 들으니 전조前朝의 충숙왕이 거사居士라고 일컬으며 예천군醴川君
권한공權漢功에게 글을 보냈다. 나도 봉화백奉化伯(정도전)에게 거사라고
일컬어 글을 보내려고 하는데, 무엇이라고 호號를 정하는 것이 좋겠는가?"
　정문화가 답했다.
　"상감의 잠룡潛龍(즉위하기 전의 임금) 때의 헌호軒號(남의 당호의 존칭)
가 어떠합니까?"
　이성계는 이를 받아들여 중추원 부사副使 신극공辛克恭을 통해 편지를
보냈다.
　"서로 작별한 지가 여러 날이 되니 생각하는 바가 매우 깊다. 신중추辛中
樞(신극공)를 보내서 행역行役을 묻고자 했는데 최긍崔兢이 마침 와서 그
곳 소식을 알게 되니 조금 위로가 되고 (마음이) 풀린다. 이에 저고리 한 벌
로써 바람과 이슬을 막게 하는 것이니 영납領納하면 다행이겠다. …… 나
머지는 신중추의 구전口傳에 있다. 춘한春寒 때에 잘 적응해 스스로 보전
해서 변방의 공功을 마치라. 갖추지 못한다. 송헌거사松軒居士는 쓴다.

─《태조실록》 7년 2월 5일

　송헌거사는 이성계가 정도전에게 편지를 보낼 때만 쓰는 당호堂號
였다. 군신관계를 뛰어넘는 동지라는 뜻이자 왕사王師에 대한 존경의
표시였다. 태조 7년(1398) 3월, 정도전이 북방에서 돌아오자 이성계는
연회를 베풀어주면서 그의 업적이 고려시대 윤관尹瓘이 9성을 쌓은
것보다 더 위대하다고 칭찬했다. 정도전은 각 왕자들이 갖고 있는 사
병을 혁파해서 관군으로 편재해 압록강을 건너려 했다.

■ 요동 벌판 요동정벌에는 고토 회복이라는 역사적 당위성과 사병 혁파라는 국내 정치적 요소가 들어 있었다. 또한 강역을 확장시켜 국내의 토지문제를 해결하려는 의도였다.

　정도전의 요동정벌에는 여러 요소가 복합적으로 개재되어 있었다. 고토 회복이라는 역사적 당위성에 사병 혁파라는 국내 정치적 요소도 들어 있었다. 또한 강역을 확장시켜 국내의 토지문제를 해결하려는 의도도 내재되었을 것이다. 그러나 왕자들은 정도전이 주도하는 진법훈련에 자신들의 사병을 보내지 않으려 했다. 정도전이 진법훈련을 통해 사병들을 국가의 공적 체제 속에 편재하려는 의도를 알고 저항한 것이었다. 그러나 이성계의 강력한 지시로 왕자들은 자신의 사병들을 진법훈련에 보내지 않을 수 없었다.

　그런데 태조 이성계가 재위 7년 8월 14일 병으로 누웠다. 이방원李芳遠은 이것이 호기라고 생각했다. 그는 사병혁파에 반대하는 형 방번芳蕃, 부인 민씨와 그의 동생 민무질閔無疾 등의 도움을 받아 군사를 일으켰다. 이방원이 부친에게 반기를 들리라고는 예상하지 못했던 정도전은 8월 26일 밤 송현松峴에 있던 남은의 첩 소동小洞의 집에서 남은 등과 담소를 나누고 있었다. 이방원의 심복 이숙번李叔蕃이 남은의 첩 소동의 집을 일러주자 이방원과 수하들은 그 집을 포위했다. 이숙번이 화살 세 개를 쏘아서 지붕 기와에 맞혔다. 이를 신호로 민 씨의 종 소근小斤 등이 이웃집 세 곳에 불을 질렀다.

정안군(이방원)이 소근 등에게 도로 들어가 그 집을 포위하고 이웃집 세 곳에 불을 지르게 하니, 정도전 등은 모두 도망하여 숨었고, 심효생沈孝生·이근李懃·장지화張至和 등은 모두 살해당했다. 정도전이 도망하여 이웃의 전 판사 민부閔富의 집으로 들어가니, 민부가 아뢰었다.

"배가 불룩한 사람이 내 집에 들어왔습니다."

정안군은 그 사람이 정도전인 줄을 알고 소근 등 네 명을 시켜 잡게 하였더니, 도전이 침실 안에 숨어 있었다. 소근 등이 그를 꾸짖어 밖으로 나오게 하니, 도전이 작은 칼을 가지고 걸음을 걷지 못하고 엉금엉금 기어서 나왔다. 소근 등이 꾸짖어 칼을 버리게 하니, 도전이 칼을 던지고 문 밖에 나와서 말하였다.

"청하건대 죽이지 마시오. 한마디 말하고 죽겠습니다."

소근 등이 끌어내어 정안군의 말 앞으로 가니, 도전이 말하였다.

"예전에 공公이 이미 나를 살렸으니 지금도 또한 살려주소서."

예전이란 것은 임신년(태조 즉위년)을 가리킨 것이다. 정안군이 말하였다.

"네가 조선의 봉화백奉化伯이 되었는데도 도리어 부족하게 여기느냐? 어떻게 악한 짓이 지경에 이를 수 있느냐?"

이에 그를 목 베게 했다.

-《태조실록》 7년 8월 26일

이방원 측에서 작성한 이 기록은 정도전에 대한 모욕으로 가득 차 있다. 정도전의 마지막 순간에 목숨을 구걸하는 그릇이었다면 이성계에게 개국 군주의 길과 중원 황제의 길을 제시하지는 못했을 것이다. 오히려 그는 중원을 점령해 이성계를 황제로 만들고 이방원 같은 왕자들을 제후로 만듦으로써 갈등을 해소하려고 했는지도 모른다. 또한 권세가들과의 타협 때문에 백성들에게 나누어주지 못했던 토지를 요동의 땅으로 대신하려 했는지도 모른다.

이렇게 정도전은 중원 정벌이라는 큰 꿈은 달성하지 못하고 말았지만, 한 유랑객의 신분으로 한 왕조를 무너뜨리고 새 왕조를 개창하는 대업을 달성했다. 정도전이 보여준 것은 단순히 한 사상가가 한 왕조를 무너뜨리고 새 왕조를 개창할 수 있다는 실례만이 아니었다. 더욱 근본적인 것은 한 사회가 문제를 스스로 해결하지 못할 때, 그 문제가 비등점에서 분출하면 체제 자체가 무너진다는 교훈일 것이다.

지금 우리 사회도 양극화 등 많은 문제점을 안고 있다. 이 문제를 사회 내부에서 순리대로 해결하는 데 실패한다면, 똑같이 비등점을 향해 치닫게 될 것이다. 정도전의 파란만장한 인생은 이런 혼란을 미연에 방지하는 길이 무엇인지를 우리에게 묻고 있는지도 모른다.

5

시운

평생 할 말 다 하면서
고종명하다

황희

역사의 격동기에 제 한 몸을 건사하기는 어렵다. 그것도 고위직을 도맡아 일하면서 버티기는 더욱 어렵다. 거기에 평생 할 말을 다 하면서 고종명考終命한다는 것은 불가능에 가깝다. 이는 혼자만의 힘으로 되는 일이 아니다. 자신의 능력은 기본이고, 군주를 잘 만나야 하는 시운時運도 따라줘야 한다. 인시人時와 천시天時가 부합되는 인생이 얼마나 되겠는가? 그러나 두 시가 부합되었다고 이런 인생을 살 수 있는 것도 아니다. 하지만 황희는 그런 특이한 인생을 살았던 인물이다.

바른 말 때문에 거듭 파직되다

황희의 별명은 여러 가지가 있지만 그중 하나가 '언언시시言言是是 정승'이다. '남이 하는 말마다 다 옳다'고 하는 정승이란 뜻이다. 집안의 사내종(奴)과 여종(婢)이 싸우다가 황희에게 와서 서로 상대방의 잘 못이라고 일러바쳤다. 황희는 사내종에게 "네 말이 맞다"라고 하고 여종이 오자 여종에게도 "네 말이 맞다"라고 동의했다. 곁에서 지켜보던 부인이 "어찌 명철明哲하게 판단하지 못합니까?"라고 힐난하자 머리를 끄덕이며 "부인의 말도 옳소"라고 답했다. 그래서 '언언시시 정승'이다.

그러나 아랫사람에게는 언언시시였지만 윗사람이나 국사國事에는 '언언시비言言是非'여서 옳고 그름을 따졌다. 《문종실록》 2년(1452) 2월 8일 영의정 부사 〈황희 졸기〉에는 여러 차례 파직당한 기록이 나온다.

(태조 때) 어떤 일로써 경원교수관慶源敎授官으로 폄직貶職(지위가 낮은 자리로 떨어짐)되었다. 태종이 사직을 안정시키고 다시 습유拾遺(훗날 사간 원 정언)로 불러서 돌아왔다가 어떤 일을 말했다가 파면되었고, 조금 후에 우보궐右補闕(훗날 사간원 후헌납)에 임명되었으나 또 말이 임금의 뜻에 거 슬려서 파면되었다.

-《문종실록》 2년 2월 8일

태조 때는 함경도 경원으로 쫓겨갔다가 태종 때 서울로 돌아온 후에도 다시 파직을 거듭했다는 기록이다. 언언시시는커녕 임금에게 사사건건 언언시비였던 인물이 황희였다. 게다가 황희는 개국공신도 아니었다. 황희가 섬겼던 태조, 태종, 세종은 모두 만만한 군주들이 아니었다. 특히 철혈鐵血군주 태종에게도 할 말은 하는 재상이 황희였다. 태종에게 목숨을 잃은 신하들은 적지 않다. 그러나 황희는 고려 공민왕 12년(1363)에 태어나서 조선 문종 2년(1452)까지 만 89세를 살았다. 당시로서는 드문 구순九旬 장수였다. 그에게 내려진 시호諡號는 익성翼成인데, 사려 깊고 먼 것이 '익'이고 재상宰相이 되어 종말까지 잘 마친 것이 '성'이다. 황희의 생애를 한마디로 잘 정리한 시호라고 하지 않을 수 없다.

역사적 격변기에 구순 장수 재상이 될 수 있었던 배경은 학문과 경험의 조화에 있었다. 황희는 어렸을 때부터 유학 경전과 역사에 통달했다고 알려져 있다. 유학 경전에서는 인생의 원칙을 배우고, 역사서에서는 세상 돌아가는 이치를 배웠다. 황희는 당초 과거 공부에는 흥미가 없었지만 부모의 강권으로 과거에 응시해 만 20세 때인 우왕 9년(1383) 사마시司馬試에 합격했고, 만 26세 때인 공양왕 원년(1389)

드디어 대과大科에 급제했다. 그 한 해 전에 위화도 회군이 있었고, 급제 3년 후에는 조선이 개창되었다. 이때 그가 신왕조 개창에 반대해 두문동杜門洞에 들어갔다가 태조가 여러 차례 불러서 나왔다고 하지만 이를 입증하는 당대의 기록은 없다. 황희는 간관諫官직인 습유拾遺로 있던 태조 6년(1397) 11월, 태조에게 파직당했던 적이 있다. 상중喪中에 있던 선공감繕工監 정난鄭蘭을 기복起復(상중의 사람을 등용함)시키는 문서에 서명하라는 명령을 거부했기 때문이다. 태조는 황희를 불러서 "왜 정난을 기복시키는 서류에 서명하지 않는가?"라고 물었다.

"정난의 직책은 중요한 임무가 아닙니다."

상중의 사람을 불러 일으켜 써야 할 만큼 중요한 자리가 아니라는 뜻이다. 선공감은 토목과 건축 같은 일을 맡아보는 관직이니 황희의 말이 일리가 있었다. 그러나 태조는 화를 냈다.

> 너희들은 아는 사람에게는 은혜를 베풀고, 알지 못하는 사람은 원수처럼 대하니 공정하지 못하다. 너는 일을 보지 말라.
>
> ―《태조실록》 6년 11월 29일

태조는 황희 등의 서명 거부를 사감으로 규정짓고 파직시켰다. 황희는 이듬해에 우습유右拾遺로 복귀했지만 이 또한 오래가지 못했다. 그해(1398) 7월 이성계의 고향 동북면에서 돌아온 공조전서工曹典書 유한우劉旱雨가 사헌잡단司憲雜端 전시田時와 대화를 나누다가 이성계의 할아버지 이춘李椿(도조)의 묘소인 순릉純陵을 이장하면서 "석물이 너무 화려했다"고 비판했던 사실이 발각되었다. 이때 황희도 함께 말했던 사실이 드러나 경원교수관慶源教授官으로 쫓겨갔는데, 그의 나이 만 35세였다. 제1차 왕자의 난 이후인 정종定宗 1년(1399) 2월, 황희는 문하부의 보궐補闕로 복귀했지만 역시 오래가지 못했다.

■
40대에 비로소 출세가도를 달리다

정종 1년(1399) 9월, 황희는 회안군 이방간李芳幹의 매부였던 민공생閔公生의 비리를 적극 탄핵했다가 다시 파면되고 말았다. 문하부 보궐은 임금이나 백관의 잘못을 간쟁하는 벼슬이란 점에서 황희는 그만큼 직책에 충실한 것이었다. 혼자 파면당한 것이 아니라 문하부 낭사郎舍들과 함께 파면된 것인데, 이때 그의 인생에서 중요한 인물을 만나게 되었다. 간관의 우두머리인 정3품 좌산기상시左散騎常侍였다가 안주安州목사로 좌천된 박석명朴錫命이었다. 박석명은 고려 말에 과거에 급제해서 주요 벼슬에 나갔지만, 고려의 마지막 임금 공양왕恭讓王의 동생 귀의군歸義君 왕우王瑀의 사위였기 때문에 조선 개창과 함께 버려지고 말았다. 박석명은 만 7년간이나 향리에 은거하고 있다가 정종 1년(1399) 고려의 옛 신하들을 발탁할 때 좌산기상시로 발탁된 것이다. 그러나 발탁된 지 얼마 되지 않아서 민공생을 탄핵했다가 안주목사로 좌천되었다. 정종 때는 세제世弟 이방원이 사실상 모든 정사를 주도했기 때문에 태종이 좌천시킨 것이었다. 그런데 황희처럼 파면시키지 않고 안주부사로 내보낸 것은 그만큼 그를 우대한 것이었다.

아니나 다를까 정종 2년(1400) 9월 박석명은 도승지로 화려하게 복귀했다. 그해 11월 정종이 세제에게 선위할 때 도승지 박석명은 국보를 태종에게 바치는 역할을 맡았다. 태종은 재위 5년(1405) 12월 6일 지신사知申事(도승지) 박석명을 지의정부사知議政府事로 삼았는데, 실

■ 황희 그는 능력이 출중했음은 물론, 군
주를 잘 만나는 시운이 겹쳐 격동기에도
고위직을 도맡았으며, 제 할 말을 다하
면서도 고종명했다.

록은 "지신사에서 지의정부사로 자급을 뛰어넘어 제수된 것은 개국
이래 없던 일이었다"라고 특기할 정도로 파격적인 발탁이었다.

　박석명과 태종 이방원 사이에는 특별한 인연이 있었다. 조선 중기
학자 권별權鼈의 《해동잡록海東雜錄》에는 두 사람의 특별한 사연이
소개되어 있다.

　　소년 시절에 우리 태종과 같은 이불을 덮고 잠을 자는데, 석명의 꿈에
　그 곁에 황룡이 있는 것을 보았다. 쳐다보니 곧 태종이었다. 이것을 기이하
　게 여겨서 서로 더욱 친밀하게 지냈고, 태종이 즉위한 후에는 총애가 융성
　하고 극심하기가 근대의 인신人臣으로서는 비교할 사람이 없었다.

　　　　　　　　　　　　　　　　　　　　　　－《해동잡록》〈본조本朝 1〉

그런데 권별보다 조금 이른 시대 사람인 성현成俔은 《용재총화慵齋叢話》에서 조금 달리 설명하고 있다. 태종이 아니라 공정왕恭定王(정종)과 한 이불 속에서 자는데 꿈에 황룡이 자기 곁에 있는 것을 보고 깨어서 돌아보니 태종이었다는 것이다. 이 일화는 태종이 박석명을 얼마나 신뢰하고 있는지를 말해주는데, 박석명이 황희를 천거했다고 성현은 전하고 있다.

승지가 되었을 때 태종이 "누가 그대를 대신해서 후설喉舌(임금의 목소리, 곧 승지)의 직책을 대신할 수 있는가?"라고 물었다. 박석명이 "조정 신하 중에는 없습니다. 다만 승추부도사承樞府都事 황희가 진실로 할 수 있습니다"라고 말했다. 임금이 마침내 그를 써서 오래지 않아 승지가 되고 내명재상이 되었으니, 세상에서 박공은 사람을 안다고 일렀다.

-《용재총화》

이때부터 황희는 출세가도를 달렸다. 박석명의 천거로 승추부경력承樞府經歷이 되었다가 태종 4년 우사간대부右司諫大夫로 승진하고 태종 5년(1405) 12월 만 42세 때 지신사知申事가 되어 매일같이 임금을 보좌하게 된 것이다. 그를 천거했던 평양군平陽君 박석명은 태종 6년 (1406) 7월 13일 불과 37세의 나이로 세상을 떠나고 말았다. 박석명은 그 자신의 행각보다 황희를 천거한 이 한 번의 일로 "인재를 알아보는 능력이 있었다"는 평가를 두고두고 받는다. 그리고 박석명이 세상을 떠났어도 황희에 대한 태종의 총애는 사라지지 않았다.

인사권을 둘러싼 공신들과의 갈등

태종은 황희가 사람을 보는 눈이 있다고 생각했다. 그를 이조吏曹의 일을 관장하는 지이조知吏曹로 삼은 것이 이를 말해준다. 그런데 《태종실록》의 사관은 지이조 황희에 대해 아주 강한 비판을 남기고 있다.

> 옛 제도에 좌정승이 이조, 우정승이 병조兵曹의 일을 함께 맡아서 인사를 했다. 그런데 지신사 황희가 지이조로서 중간에서 사람 쓰는 일을 오래해서 비록 두 정승이 천거해도 많은 수가 등용되지 않았다. 그리고는 자기가 친한 사람들의 좋은 점을 왕에게 자주 말했다. 재상들이 황희를 자못 꺼렸지만 어쩔 수가 없었다. 그래서 전선銓選(인사행정)할 때가 되면 사양하고 피해서 물러갔다. 이조와 병조를 겸하는 것을 사직한 것이었다.
>
> ―《태종실록》 8년 2월 4일

조선 초 좌의정은 문관의 인사권이 있는 판이조사判吏曹事, 우의정은 무관武官의 인사권이 있는 판병조사判兵曹事를 겸임해 이조와 병조의 일도 관장했다. 정승들에게 이조와 병조의 인사권까지 있으니 그 권한이 막강했다. 국왕 자리에서 이런 제도가 좋게 보일 리 없었다. 그래서 지이조 승지 황희가 정승들의 인사권을 제한하는 악역을 맡은 것이었다. 당연히 공신들이 주축인 재상들의 반발이 극심할 수밖에 없었다. 위의 실록 기사는 황희가 불공정하게 인사를 한다는 익명서匿名書(대자보)가 두세 번 나붙은 적이 있었다고 덧붙이고 있다. "황희가 조금 뉘우치고 깨달아서 옛 제도를 복구하자고 계문을 올렸다"는 것이다. '옛 제도'란 정승들이 이조와 병조의 일을 겸하는 제도를 뜻한다. 그러나 "역시 재상의 의견을 좇지 않고 붕당朋黨을 가려서 뽑으니 사람들이 모두 그를 지목했다"고 덧붙여 황희의 인사 개입이 계속되었다고 비판하고 있다.

이런 기사를 볼 때 중요한 것은 태종의 의중이었다. 태종은 신하들의 월권을 용납하지 않는 임금이었다. 만약 황희가 자기 세력을 심으려고 재상들의 인사권을 제약했다면 그냥 넘어갔을 군주가 아니었다. 또한 익명서가 두세 번씩 나붙은 것을 몰랐을 리도 없다. 태종은 정승들과도 척지지 않으면서 황희도 살리는 방안을 생각했다. 그래서 재위 8년 1월 30일, 황희를 시켜 좌정승 성석린成石璘 등에게 이렇게 전하게 했다.

> 지난번에 경들이 사양하면서 자리를 피하는 말을 지나치게 듣고 좌정승과 우정승이 판이조와 판병조를 겸하는 것을 해임했는데, 지금에 이르러서는 후회한다. 다시 판이조와 판병조를 겸해서 전선銓選을 하려고 한다.
>
> –《태종실록》 8년 1월 30일

그러면서 성석린의 의견을 묻자 그는 이렇게 답했다.

"신은 늙고 또 부서簿書(장부나 문서)에 어둡습니다. 전하께서는 춘추가 젊으시고 학문이 정명精明하시니 사람을 쓰시는 정사에 신은 관계할 필요가 없습니다."

우정승 조영무趙英茂도 마찬가지였다.

"이는 신 등의 일이 아니니 감히 말할 수 없습니다."

그러자 태종은 다시 좌우정승이 판이조와 판병조를 겸하는 제도를 복귀시켰다. 그러나 황희에게는 아무런 책임을 묻지 않았다. 황희가 공신들의 인사권을 제한하는 것을 만족하게 여겼다는 뜻이다. 원로 공신들과 다투는 만큼 황희는 조금이라도 사私가 끼어서는 안 된다는 사실을 잘 알고 있었다. 태종이 공신들에게 가세한다면 공신도 아닌 황희의 목숨 하나 잃는 것쯤은 일도 아니었다. 황희는 원칙론에 입각해 공신들의 권력을 견제했고, 이런 황희에 대해서 태종은 흡족하게 여겼다. 재위 14년(1414) 황희가 병에 걸리자 하루에도 세네 번씩이나 병세를 물을 정도였다. 그의 병이 낫자 그해 3월 치료를 담당한 검교檢校 한성윤漢城尹 · 양홍달楊弘達 등에게 저화楮貨(지폐) 100장씩을 내려주었을 정도였다. 황희를 대하는 태종의 총애는 점점 깊어갔다.

> (황희를) 후하게 대우함이 비할 데가 없어서 중요한 기밀사무를 전적으로 관장하게 했다. 비록 하루 이틀 정도라도 보지 않으면 반드시 불러서 보았다. 태종이 일찍이 말했다.
>
> "이 일은 나와 경卿만 알고 있으니, 만약 누설된다면 경이 아니면 곧 나다."
>
> 훈구 대신들이 좋아하지 않아서 간혹 간사하다고 말하는 자도 있었다.
>
> -《문종실록》 2년 2월 8일

군주가 신하와 그들 만의 비밀을 간직한다는 것은 더할 나위 없는 총애였다. 이런 황희에게 당연히 질시가 쏟아졌다. 한편 태종 16년(1416) 6월 진산부원군晉山府院君 하륜河崙이 밀봉한 글을 태종에게 올렸는데, 황희를 공격하는 내용이었다. 하륜은 제1차 왕자의 난 때 충청도 관찰사로 있으면서도 서울까지 말을 달려와 군사를 모은 후 태종을 도왔다. 그 공로로 태종이 책봉한 정사定社 1등 공신이자 태종 즉위 직후 책봉한 좌명佐命 1등 공신이었다. 하륜은 여러 차례 명나라에 사신으로 다녀오고 벼슬도 좌정승 판이조사 및 영의정부사까지 지냈으며, 이해에는 칠순이 되어 진산부원군에 봉해진 태종의 최측근 인물이었다. 하륜의 글은 대략 이런 내용이었다.

정치를 하는 도리는 사람을 쓰는 것보다 큰 것이 없으니, 한 사람의 군자君子를 쓰면 다스려지고, 한 사람의 소인小人을 쓰면 어지러워짐을 임금께서는 깊이 알고 계실 것입니다. 그러나 큰 간신(大姦)이 겉을 꾸미면 비록 지극히 밝으시더라도 알기가 어렵습니다. 심온沈溫과 황희는 매우 간사한 소인小人이니, 정부政府(의정부)·육조에는 마땅하지 않고, 또 이조에서 전선銓選(인사전형)의 직책을 맡는 것은 더욱 불가합니다.

–《태종실록》16년 6월 22일

새롭게 떠오르고 있는 충녕대군의 장인 심온과 황희를 큰 간신이라고 비판하면서 특히 인사권이 있는 이조에 있어서는 안 된다고 직간直諫한 것이다. 하륜의 나이 이미 칠순이 넘었으니 사욕 때문에 올린 상소라고 볼 수만도 없었다. 태종이 말했다.

"진산晉山은 충직한 신하이므로 내가 그 덕의德義를 높여서 신하라고 일컫지 않고 항상 빈사賓師(스승)로서 대접했다. 그러나 이 실봉實封(밀봉한 상소)은 내가 심히 미편未便하다. 황희는 내가 일찍이 한 집안으로 대접해왔고, 더구나 심온은 충녕대군의 장인이다. 이 두 사람이 무슨 불초不肖(못나고 어리석음)한 것이 있기에 이렇게 심하게 비방하는가?"

태종은 조말생趙末生을 하륜에게 보내 그 말의 본뜻을 물어보게 했다. 그러나 하륜은 물러서지 않고, 심온과 황희를 소인배라고 비판하면서 추기樞機(중추기관)에 쓴다면 불가하다고 재차 주장했다. 조말생이 돌아와서 보고하자 태종은 이렇게 답했다.

"내가 훗날 진산을 직접 만나서 다시 말하겠다."

하륜은 훗날 한나라의 개국공신 장자방張子房(장량)으로 일컬어질 정도로 태종이 즉위하는 데 큰 공을 세운 인물이었다. 하륜은 이해 말 노구를 이끌고 함경도의 능침陵寢을 돌아보다가 정평군定平郡의 관아에서 죽었다. 부음이 이르자 태종은 크게 슬퍼하면서 눈물을 흘리며 3일 동안 조정일을 철폐하고, 7일 동안 육식을 하지 않을 정도로 애도했다. 태종은 예조좌랑 정인지를 보내서 제사문을 낭독하게 했다.

"원로대신은 인군의 팔다리요, 나라의 주춧돌이다. 살아서는 기쁜 일과 근심을 함께 하고 죽어서는 은수恩數(국왕의 특별한 은혜를 입는 것)를 지극히 하는 것은 고금의 바뀌지 않는 전례典禮이다……"

태종은 목숨을 걸고 자신의 즉위를 도왔던 공신 하륜을 아꼈지만 새로 나라의 기틀을 잡아가는 황희도 아꼈다. 이때 하륜이 지목했던 대간大姦 중에 심온은 신중치 못한 처신 때문에 세종 즉위년 태종에 의해 사형당했지만 황희는 고종명했다는 점도 비교된다.

태종은 황희가 예조판서로 있던 재위 14년(1414) 4월 17일, 의정부서사제署事制를 육조직계제六曹直啓制로 바꾸었다. 의정부서사제란 집행부서인 육조, 즉 이조·호조·예조·병조·형조·공조에서 국왕에게 보고하기 전에 먼저 의정부의 심의를 받는 제도를 뜻한다. 조선 중·후기 문신인 박동량朴東亮은 《기재잡기寄齋雜記》에서 "수상首相(영의정)은 자리가 비록 높기는 하나 맡은 사무가 없고, 좌상左相(좌의정)은 이조·예조·병조판서를 겸임하고, 우상右相은 호조·형조·공조판서를 겸임한다'고 전하고 있다. 즉 이조·예조·병조의 사무는 좌의정에게 먼저 보고해서 심의를 받고, 호조·형조·공조는 우의정에게 먼저 보고해서 심의를 받은 후 임금에게 보고한다는 뜻이다.

그러나 태종 때는 좌상이 이조, 우상이 병조를 겸했던 것으로 봐서 조선 후기와는 담당부서가 조금 달랐던 것으로 보인다. 육조직계제는 육조에서 의정부를 거치지 않고 임금에게 직접 보고하는 제도였다. 즉 의정부서사제 때는 의정부의 권한이 강하지만 육조직계제 때는 의정부가 유명무실한 반면, 육조의 직접 보고를 받는 국왕의 권한이 막강해지게 마련이었다. 그래서 《태종실록》14년(1414) 4월 17일자에 "의정부가 나누어 관장하던 서사庶事를 육조에 돌렸다"라고 기록하고 있는 것이다. 이런 육조직계제 아래에서 황희는 예조판서·형조판서·병조판서·이조판서·공조판서·호조판서를 역임해 육조판서를 모두 순회하는 진기록을 세웠다. 그중에서도 이조판서는 여러 번 역임했다. 그만큼 태종은 황희의 사람 보는 눈을 높이 산 것이다.

세자 폐위를 반대하다

황희는 인사권 문제로 공신들과도 다투었지만 태종의 뜻이라고 무조건 "예" 하는 내시급 처신을 하는 인물은 아니었다. 오히려 황희는 민감한 사항인 세자문제로 태종과 부딪치면서 다시 큰 시련에 처하게 된다. 태종은 세자 양녕이 거듭 문제를 일으키자 폐하려고 마음먹었다. 말 위에서 즉위한 태종이었지만 세자는 독서를 통해서 나라를 다스리기를 바랐다. 그러나 성현이 《용재총화》에서 "세자는 성색聲色(음악과 여색)에 빠져서 학업에 힘쓰지 않았다"라고 비판한 대로 세자는 학문보다 사냥이나 성색에 더 집중했다. 상왕 정종이 한때 관계했던 기생 초궁장楚宮粧과 어울리기도 했는데, 태종이 초궁장을 내쫓은 후에도 계속 어울렸다.

태종이 문제로 여긴 것은 세자가 어울린 인물들 중에 또 민무구閔無咎의 옥사에 연루되어 사형당한 이무李茂의 친척인 구종수具宗秀가 있었던 것이다. 세자는 구종수의 집에 가서 방복생方福生 같은 박혁인博奕人(바둑·장기 명인)들, 이오방李五方 같은 악공들, 초궁장·승목단勝牧丹 같은 기생들과 어울려 놀았다. 구종수 형제 등이 "저하께서는 길이 저희를 사반私伴(사적 수하)으로 삼아주소서"라고 청하자 허락의 증표로 옷까지 벗어주었다. 세자로서 국가 권력에 대한 공공의 개념이 없었던 것이다.

태종은 구종수 등을 귀양 보냈다가 마침내 목을 베었다. 세자와 태종이 직접 충돌했던 이유는 어리於里라는 미모의 여성 때문이었다. 전 중추中樞 곽선郭璇의 첩 어리는 전라도 적성(순창)현에 살았는데, 친족을 만나러 상경했다가 곽선의 양자인 전 판관判官 이승李昇의 집에 머물렀다. 세자는 악공 이오방으로부터 어리의 미모와 재예才藝에 관한 소식을 듣고 이승의 집으로 가서 어리를 세자궁에 납치해왔다. 이승이 고소하려 하자 세자는 사람을 보내 힐난했다.

"내가 한 일을 사헌부에 고할 것인가? 형조에 고할 것인가? 어느 곳에 고할 것인가?"

태종이 이 소식을 듣고 어리를 출궁시켰지만 세자는 장모 전씨를 시켜 어리를 다시 몰래 세자전으로 데려오게 한 것이다. 태종이 다시 어리를 내쫓자 세자는 태종 18년(1418) 5월 30일 부왕에게 항의하는 수서手書를 보냈다.

전하의 시녀는 다 궁중에 들이는데, 어찌 다 중하게 생각해 이를 받아들입니까? 가이加伊(어리)를 내보내고자 하시나 …… 이 첩 하나를 금하다가 잃는 것이 많을 것이요, 얻는 것이 적을 것입니다.

-《태종실록》 18년 5월 30일

세자는 또한 태종 2년(1402) 발생했던 조사의趙思義의 난 때 태조 이성계를 동북면까지 호종했던 신효창申孝昌은 왜 죽이지 않으면서 자신의 장인 김한로金漢老는 처벌하느냐고도 따졌다. 개국 군주 이성계의 심사를 헤아려 그 측근을 죽이지 않은 것을 자신의 외척과 비교해 비판하는 것을 본 태종은 세자 교체를 결심하고 정승들을 불러 세자의 수서를 보여주었다.

"세자가 여러 날 동안 불효하였으나 집안의 부끄러움을 바깥에 드러낼 수가 없어서 항상 그 잘못을 덮어두고자 하였다. 오직 그 잘못을 직접 깨달아 뉘우치기를 바랐는데, 이제 도리어 원망하며 싫어함이 이 지경에 이르렀으니 내가 어찌 감히 숨기겠는가?"

태종이 세자를 폐하려는 뜻을 밝히자 온 조정이 호응하고 나섰다. 태종의 왕권이 그만큼 강하기도 했지만 양녕의 행위에 대한 우려가 그만큼 컸다는 뜻이기도 했다. 즉각 의정부와 삼공신三功臣을 비롯해 모든 신료들이 공동으로 세자 폐위를 요청하는 상소를 올렸다.

그런데 뜻밖에도 태종의 측근 황희가 반대하고 나섰다. 황희의 반대는 태종으로서는 충격이었다. 태종이 세자 폐위문제를 가장 먼저 의논한 인물이 황희였기 때문에 충격은 더 컸다. 태종은 재위 17년 12월 3일 황희를 형조판서로 삼았다가 불과 한 달여 만인 재위 18년 (1418) 1월 11일 지금의 서울시장격인 판한성부사判漢城府事로 보냈는

■ 하륜 신도비 태종 16년(1416) 6월, 태종의 즉위를 도왔던 하륜은 충녕대군의 장인 심온과 황희를 큰 간신이라고 비판하면서 인사권이 있는 이조에 있어서는 안 된다고 직간했다.

데 사실상 좌천이었다. 황희의 행위에 크게 상심한 태종은 3월 6일 영의정 유정현柳廷顯과 좌의정 박은朴訔를 불러 황희 문제를 토로했다.

> 지난번 간신 구종수 사건이 발각되던 날에 나는 조종祖宗을 우러러 생각하고 어찌할 수가 없어서 황희를 불러서 구종수의 죄악과 세자의 실덕失德을 모두 말했는데, 황희는 "구종수가 한 짓은 매〔鷹〕와 사냥개〔犬〕의 일에 지나지 않고, 세자의 실덕은 나이가 어리기 때문입니다. 나이가 어리기 때문입니다"라고 두 번씩이나 말하고 다른 말은 조금도 하지 않았다.
>
> ─《태종실록》 18년 3월 6일

태종은 세자의 장인 김한로도 사직을 생각하지 않고 어리를 도로 바쳤다면서 황희와 김한로의 죄를 바로 잡아야 한다고 말했다. 태종의 입에서 두 사람을 비판하는 이야기가 나왔으니 두 정승은 즉각 맞장구치고 나왔다.

"김한로와 황희의 죄는 숨길 수가 없으니 진실로 밝게 바로잡아서 뒷일을 엄하게 하는 것이 마땅합니다."

그러나 이때만 해도 태종은 세자가 회개하기를 기다린다면서 누설하지 말라고 말했다. 그리다가 그해 5월 10일 태종이 세자를 구전舊殿으로 내쫓고 다시 황희 문제를 거론하자 박은이 강하게 황희의 처벌을 주장했다.

"황희가 임금의 은혜를 입고도 정직하게 대답하지 않았으니 그 간사하기가 이와 같았습니다. 그러나 임금께서 인자하셔서 죄를 주지 않으시면 그 밖의 간신들을 어찌 징계하겠습니까?"

태종은 박은 등이 거듭 국문을 요청하자 황희를 부르도록 했다. 항쇄項鎖(형틀)를 채우지 않은 것이 그나마 그를 예우한 것이었다. 황희를 부른 태종은 대언代言(승지)을 통해 물었다. 태종은 황희가 세자를 두둔한 것이 과거 세자의 외가인 민씨 형제를 제거하는 데 가담했기 때문에 세자에게 아부하려는 마음을 가진 것 아니냐면서 이렇게 덧붙였다.

공신이 비록 많지만 어찌 사람마다 정사를 다 의논할 수 있겠는가? 비록 공신이 아니더라도 나는 승선承宣(승정원) 출신은 공신과 같이 본다. 경 같은 자는 여러 해 동안 나를 섬겼으니 내 마음을 알 것이다. 나는 항상 그대가 나를 위해서 목숨을 바치리라고 생각했는데 내 물음에 대답이 정직하지 못하고 그랬던 것은 무슨 이유인가? 그때 내 마음이 아파서 그대 말을 듣고는 눈물을 흘렸는데, 경은 그것을 잊었는가?

-《태종실록》 18년 5월 11일

태종은 황희의 세자 폐위 반대를 권력 다툼의 문제로 바라보았다. 황희가 자신이 아닌 세자를 선택한 것으로 바라본 것이다. 황희는 이렇게 답했다.

"그때 신이 '세자의 나이가 어리기 때문입니다'라고 아뢰었는데 이제 성상의 하교가 이와 같으시니, 신의 얼굴이 붉어지고 눈물이 줄줄 납니다."

황희는 세자를 위하는 감개한 마음 때문이었다면서 구종수에 대해서 매와 사냥개 때문이라고 한 말은 생각나지 않는다고 덧붙였다.

"신은 포의布衣(벼슬 없는 백두)에서, 성상의 은혜를 입어서 여기까지 이르렀는데 무슨 마음으로 전하를 배신하고 세자에게 붙겠습니까? 신의 말이 성상의 마음을 거슬렀으니 불행할 따름입니다."

태종은 마땅히 국문해야 하지만 인정상 불러서 묻는 것이라면서 그때 상황에 대해서 이렇게 말했다.

> 그때 내가 경에게 눈짓하면서, "지금의 인심은 대저 옛것을 버리고 새것을 따르는데, 만약 옛것을 버리고 새것만 따른다면 노인老人은 생활하기 어려울 것이다. 자손에 대한 계책을 누가 세우지 않겠는가? 그러나 늙은 자를 버리고 돌아보지 않는다면 어찌 또한 옳겠는가?"라고 말했다. …… 내가 너를 형조판서에 임명했으나 육조는 조계朝啓(조참 때 각사에서 임금에게 정사를 보고하는 것)의 임무가 있으니 내가 너의 얼굴이 보기 싫어서 판한성부사로 임명한 것을 너는 어찌 알지 못했는가? 너의 죄는 마땅히 법대로 처치해야 하지만 내가 차마 시행하지 못해서 논죄하지 않는다. 너는 전리田里로 물러가되 네 뜻대로 거주하면서 종신토록 어미를 봉양奉養하라.
>
> -《태종실록》18년 5월 11일

황희는 고향인 교하交河로 돌아가야 했다. 그러나 이튿날부터 대간과 형조에서 황희를 국문해야 한다고 계속 청했다. 태종은 국문 요청은 거부하면서 추가로 형을 내렸다.

"내가 차마 시행하지 못해서 그대로 두고 묻지 않는다. 다만 직첩職牒은 거두고 폐해서 서인庶人으로 만들고 자손을 서용하지 말라."

그럼에도 대간과 형조에서는 황희의 국문을 거듭 요청했고, 태종은 끝까지 국문을 거절하며 이렇게도 말했다.

"황희는 이미 늙었으니 세자에게 쓰이기를 바란 것은 아니겠지만 자손을 위한 계책으로 세자에게 붙어서 바른대로 대답하지 않았기에 폐하여 서인으로 삼았다. 인신人臣으로서 어찌 두 가지 마음을 가지고 있겠느냐?"

황희는 자식을 위해서 세자에게 아부했다는 오명을 쓴 채 신분은 평민으로 떨어지고 자손들의 벼슬길도 막혔다. 그나마 국문을 받지 않아서 몸이 상하지 않은 것이 다행이었다. 그러나 형조와 대간에서 계속 국문하자고 요청하자 태종은 황희를 전라도 남원으로 안치하게 했다. 이때 태종이 남원으로 유배지가 옮겨졌다고 통보하게 한 인물은 황희의 누이의 아들, 즉 조카 오치선吳致善이었다. 오치선이 돌아오자 태종이 물었다.

"황희가 어떤 말을 하더냐?"

"황희가 '살갗과 뼈는 부모께서 만드셨지만 내가 먹고 입는 것과 거느리는 종복은 모두 임금의 은혜이니 신이 어찌 감히 은덕을 배반했겠는가? 진실로 다른 마음은 없었다'고 말하면서 마침내 울면서 어찌할 바를 몰랐습니다."

태종은 "이미 시행하였으니 어쩔 수 없다"고 답했다.

이렇게 황희는 폐고된 인물이 되었다. 권력은 부자지간에도 나눌 수 없다는 사실을 황희는 간과한 것이었다. 그는 지금부터가 중요하다고 생각했다. 태종의 성격상 권력문제에 국문을 하지 않은 것은 그를 우대한 것이었다. 대간과 형조에서는 연일 국문을 요청하고 있었기에 근신하지 않다가는 어떤 일이 발생할지 몰랐다. 황희는 남원에 도착해서는 문을 닫고 손님을 사절해서 동년同年 친구라도 그 얼굴을 보기가 힘들게 지냈다. 그렇게 세월은 흘러갔다.

세종에 의해 다시 천거되다

태종은 재위 18년(1418) 6월 세자 양녕대군을 폐하고 충녕대군忠寧大君을 세자로 세운 후 두 달 후인 8월 8일 왕위까지 물려주고 상왕으로 물러났다. 그러나 말이 상왕이지 세종은 여전히 아들이자 신하에 불과했고 태종이 절대 권력자였다. 여러 신하들은 세종에게 이방간 부자를 탄핵하면서 황희도 끼워 넣어서 "군부君父의 원수이니 복수하지 않을 수 없습니다"라면서 처형해야 한다고 거듭 주청했다. 황희의 처지는 위태로웠다. 자신이 지지했던 양녕은 폐세자가 되었고 세종이 즉위했으니 신왕의 즉위를 반대한 셈이 되었던 것이다. 그래서 황희를 공격하는 것은 신왕에 대한 충성이자 상왕에 대한 충성이기도 했다. 결과적으로 세종의 즉위를 반대한 황희에게 미래는 없었다. 그나마 태종이 더 이상의 가벌加罰을 반대하면서 목숨이 붙어 있을 수 있었다.

소위 복수를 아버지는 하지 못할 것이라고 하는 것이냐? 내가 19년을 재위했는데 어찌 내가 할 수 없어서 후대를 기다려서 하라고 남겨둔 것이겠느냐. …… 내 100세 후에는 알 수 없지만 내가 살아 있는 동안에는 다시 말하지 말라.

-《세종실록》, 즉위년 10월 28일

그러나 황희에 대한 처벌 주청이 신왕과 상왕에 대한 충성의 표시가 되는 판국에 의정부와 대간 등에서 이방간 부자와 황희의 처벌을 주청하지 않을 리 없었다.

"즉위한 처음에 부왕父王을 위해서 불충한 자를 베어서 강상綱常(사람이 지켜야 할 도리)을 바르게 하소서."

세종은 상왕 태종이 이미 처벌하지 않겠다는 뜻을 표시했기 때문에 더 이상 죄를 더하지는 않았다. 그래서 황희도 겨우 남원 유배지에서 목숨을 부지할 수 있었다.

그렇게 4년이 지난 세종 4년(1422) 2월 12일, 남원에 있는 황희에게 서울로 올라오라는 전교가 내려왔다. 황희의 나이 이미 만 59세였다. 그달 20일 황희가 올라오자 세종은 황희의 직첩을 돌려주었다. 다시 양반 사대부가 된 것이다. 그러자 사간원 지사간知司諫 허성許誠 등이 상소를 올려서 황희를 서울로 불러 올린 것은 "종사의 큰 계책에 어긋난다"면서 황희의 처형을 주청했다.

이때 세종의 태도에 주목해야 한다. 동부대언同副代言(승지) 곽존중郭存中이 상소를 받들고 나아가서 읽자 세종은 중도에 그치게 막은 다음 그 상소를 직접 읽고 나서 기뻐하지 않으면서 말했다.

"황희의 죄는 처음부터 명목이 없었고, 태상왕께서 스스로 결단하셨던 것뿐이다."

세종은 결과적으로 자신의 즉위를 반대한 격인 황희를 미워하지 않았다. 여기에서 세종의 인재 중시 경영이 드러나는 것이다. 세종은 황희가 양녕의 폐위를 반대한 것을 그럴 수 있다고 보았다. 14년 동안 세자로 받들던 인물에 대해 하루아침에 모두 폐위에 찬성하는 것도 정상은 아니었다. 세종은 그해 3월 황희의 과전科田(벼슬아치에게 주는 토지)을 돌려주었다. 물론 황희를 불러들인 것은 태종이었다. 〈황희 졸기〉에는 황희가 상경해서 태종을 알현하고 은혜에 감사할 때 곁에 있던 세종에게 이렇게 말했다고 전한다.

"내가 풍양豊壤(이궁)에 있을 때 매번 경卿의 일을 주상主上(세종)에게 말했는데 오늘이 바로 경이 서울에 온 날이로다."

그러면서 "후하게 대접하고 과전과 고신告身을 돌려주게 하고, 세종에게 부탁해서 임용하도록 했다"고 전한다. 이렇게 태종은 황희를 다시 불러들였다. 그가 신왕에게 꼭 필요한 사람이란 생각에서였다. 드디어 황희는 세종 4년(1422) 10월 13일, 경시서제조京市署提調가 되었다가 같은 달 28일 의정부참찬이 되었다. 비록 육조직계제 아래에서 의정부 참찬은 큰 실권은 없지만 정2품 실직으로 화려하게 복귀한 것이었다.

황희는 곧 두각을 나타냈다. 세종 5년(1423) 4월 세종이 태평관太平館에 거둥해서 명나라 사신 등에게 잔치를 베풀다가 형인 효령대군孝寧大君이 술을 돌릴 때 일어서서 술잔을 받자 명 사신이 황희에게 물었다.

"오늘 잔치에 전하께서 효령군이 술을 돌릴 때 왜 일어서셨소?"

"군신의 분의分義로서는 진실로 이렇게 할 수 없지만, 전하께서 일어서신 것은 천륜을 중하게 여기셨기 때문입니다."

그의 처세에 명나라 사신들이 감탄했고, 그 덕분인지 황희는 세종

5년 5월 예조판서로 복귀했다. 세종은 두 달 후에 황희를 강원도 관찰사로 전임시켰다. 일견 좌천 같아 보이지만 강원도 관찰사 이명덕李明德이 강원도의 기근 구제에 실패했기 때문에 황희를 대신 보낸 것이니 일종의 시험이었다.

황희가 부임해서 조사해보니 도내 각 고을의 허위 보고를 감사가 제대로 파악하지 못하고 있었다. 황희는 강원도 내 각 고을에서 환상곡還上穀(봄에 빌려준 곡식을 가을에 거두어들인 것)이 혹 4만여 석이 있어야 하는데 2~3천 석만 있거나 혹 3만여 석이 있어야 하는데 5~600석만 거둬들이고도 장부상에는 다 받은 것으로 기록되어 있다는 사실을 파악했다. 그러니 관아의 곡식을 풀어서 구황救荒해야 할 때 곡식이 없었던 것이다.

황희는 꼼꼼한 대책을 수립했다. 세종 6년(1424) 2월 도내 백성 중에서 구황이 필요한 백성이 1만 6천여 명이라고 파악했다. 황희는 이들에게 곡식을 나누어주는 문제를 호조에 품의한 후 회보를 기다리다가는 백성들의 생명도 염려되고, 농사 시기도 놓칠 수 있다면서 우선 의창義倉의 환상곡 6만 2천 400여 석을 먼저 식구 수에 따라 나누어주어 생명을 살리고 농사를 짓게 하자고 주청했다. 황희와 세종이 서로 합치된 부분은 애민愛民이었다. 세종은 황희의 구황정책에 크게 만족해서 강원도 구황문제가 정리된 그해 6월에는 황희를 의정부 찬성으로 다시 불렀다. 황희는 그해 12월 세종을 만나 구황뿐 아니라 강원도 백성들이 겪는 폐단에 대해 낱낱이 설명했다.

"공사公私 간의 건축재목은 모두 강원도에서 나오는데, 이것을 운반할 때 사람과 말의 피로함은 이루 다 말할 수 없습니다."

세종은 즉각 호응했다.

"내가 비록 눈으로 보지 못했어도 마음 아프게 생각하는데, 하물며 직접 본 사람이야 말할 게 있겠는가."

이 사건으로 세종은 황희를 크게 신뢰했다. 그래서 황희에게 대사헌을 겸직시키기도 하고 이조판서를 시키기도 하는 등 여러 관직을 순회시키다가 재위 8년(1426) 5월, 황희를 정1품 우의정으로 승진시켰다. 태종은 이미 세종 4년(1422)에 세상을 떠났으니 황희를 정승으로 승진시킨 것은 세종의 생각이었다. 이듬해 정월에는 맹사성孟思誠을 우의정으로 승진시키면서 황희를 좌의정으로 승진시켰다.

작은 과실보다 큰 역량을 인정받다

그런데 세종 9년(1427) 6월, 황희에게 다시 시련이 닥쳤다. 황희가 의정부 찬성으로 있던 시절에 사위 서달徐達이 아전을 때려죽인 사건이 뒤늦게 문제가 된 것이었다. 이때만 해도 조선은 기강이 시퍼렇게 살아 있는 나라여서 국법을 범하면 지위고하를 막론하고 죄를 용서하지 않았다. 이 사건에 황희와 맹사성이 관련되어 있다는 보고를 들은 세종은 재위 9년(1427) 6월 17일, 황희·맹사성·형조판서 서선徐選을 의금부에 가두었다. 권력형 비리 은폐사건으로 바라본 것이었다.

전 지현사知縣事 서달은 모친 최씨崔氏를 모시고 충청도 대흥현으로 가는 도중 충청도 신창현을 지나게 되었는데, 신창현의 아전이 예로 대하지 않고 달아나자 임질종仿叱宗 등 세 사람을 시켜 잡아오라고 시켰다. 임질종은 신창현의 아전 한 명을 잡자마자 구타하면서 달아난 아전의 집으로 인도하라고 윽박질렀다. 신창현의 다른 아전 표운평表芸平이 이를 보고 항의했다.

"어떠한 사람들인데 관청이 비어 있는데 이렇게 아전을 묶어 놓고 때리느냐."

임질종 등은 표운평에게 달려들어 머리채를 잡은 채 발로 차고, 또 큰 작대기로 엉덩이와 등줄기를 함부로 두들기면서 서달이 있는 곳까지 끌고 갔다. 두 아전이 피투성이가 된 것을 보고 놀란 표운평은 제대로 말을 잇지 못했다. 그러자 서달은 "일부러 술 취한 체하면서 말을 안 한다"고 수행한 서득徐得에게 몽둥이로 무릎과 다리를 50여 차례나 두들기게 했다. 표운평은 이튿날 숨을 거두고 말았다. 이에 따라 표운평의 집에서 감사에게 고소하면서 사건이 드러난 것이었다.

불법으로 아전을 구타해 죽게 한 것은 교형絞刑(교수형)에 해당했다. 서달은 황희의 사위이자 형조판서 서선徐選의 외아들이었다. 황희와 서선은 서달의 목숨을 건지기 위해서 나섰다. 황희는 신창이 고향인 판부사 맹사성에게 표운평의 집과 화해시켜달라고 요청했고, 맹사성은 때마침 서울로 올라온 표운평의 형 표복만에게 화해를 종용했다. 서선도 외아들 서달의 목숨을 살리기 위해 노력했다. 표복만은 보상금을 받고 동생 집으로 내려가서 화해하라고 설득했다.

"죽은 자는 살아날 수 없는데, 본 고을 재상과 현임 수령의 명령을 아전이 거부했다가 나중에 몸을 어디에 두겠느냐?"

표복만은 자신이 직접 소송을 취하한다는 〈사화장私和狀〉을 써서 표운평의 아내에게 주면서 제출하게 했다. 〈사화장〉이 제출되자 형조와 충청도 및 지방 수령은 서달을 무죄로 방면하고 종 임질종을 범인으로 만들어 보고했다. 그러나 꼼꼼한 성격의 세종은 사건 수사보고서의 앞뒤가 맞지 않는다는 사실을 알아차렸다. 세종은 재수사를 지시했고, 드디어 전모가 드러났다. 서달은 교수형에 해당되었지만 외아

■ 황희가 쓴 《방촌선생실기》 표지 황희는 세종이 가장 아끼던 신하 가운데 하나였다. 그가 벼슬을 그만두고 3년간 여묘살이에 들어갔을 때도 세종은 석 달이 채 지나지 않아 좌의정에 임명했다.

들임을 감안해 유배형으로 감형했다. 맹사성과 함께 구속되었던 황희는 보석으로 풀려난 후 6월 21일 파직되었다. 세종은 황희가 잘한 것은 없지만 사위의 목숨을 건지려고 한 것이니 정상 참작의 여지가 있다고 판단해서 7월 4일 황희를 좌의정, 맹사성을 우의정으로 다시 복귀시켰다.

그러나 그달 15일에 어머니가 세상을 떠나는 바람에 황희는 벼슬을 그만두고 3년간 여묘살이에 들어갔다. 하지만 세종은 황희가 필요했다. 그래서 석 달이 채 지나지 않은 그해 10월 7일 황희를 기복起復시켜 좌의정에 임명했다. 기복이란 상중의 신하를 복상기간이 다 끝나기 전에 강제로 출사시키는 것을 뜻한다. 황희는 이를 사양하는 상소를 거듭 올렸다. 태종 2년(1402) 임오년에 부친이 세상 떠났을 때도 겨우 삼시三時(세 계절)만에 기복출사한 것에 대해 지금까지 슬픔 감정이 남아 있으니 이번 모친상 때는 삼년상을 치르겠다는 것이었다. 그러나 세종은 막무가내였다.

"효孝를 옮겨서 충忠을 하는 것이 오직 이 때일 것이니 국가와 더불어 몸을 같이함이 어찌 옳지 않겠는가. 나의 간절한 마음을 힘써 직책에 나아가도록 하라. 사양하는 바는 마땅히 허락하지 않겠노라."

그래서 황희는 석 달 만에 다시 조정에 나아갔다. 황희는 다시 사직을 간청했지만 세종은 거부했다. 이 무렵 황희에 대한 세종의 신뢰는 두터웠다. 황희가 소식素食(고기 없는 식사)만 하다가 건강을 해칠 것을 우려한 세종은 재위 9년(1427) 11월 승정원에 이렇게 물었다.

"예전에는 나이 60세 이상인 사람은 비록 거상중居喪中이라도 고기 먹기를 허락했다. 지금 좌의정 황희가 기복起復했는데 나이가 60세가 넘었으니 소식만 할 수 없으니 내가 불러서 고기를 권하려고 했는데 마침 내 몸이 불편해서 친히 볼 수 없게 되었다. 너희들이 내 명으로 황희를 빈청賓廳(고관들의 회의실)에 청해서 고기 먹기를 권하는 것이 어떠하겠는가? 혹 대신을 접대하는 법을 가볍게 할 수 없다면 내 몸이 회복되기를 기다려서 내가 직접 보고 고기를 권하는 것이 어떠하겠는가?"

지신사 정흠지鄭欽之 등이 대답했다.

"전하께서 비록 직접 권하시지 않더라도 고기 먹기를 명하신다면 어찌 성의를 알지 못하겠습니까."

그래서 지신사들이 황희를 빈청으로 불러서 고기를 권했다. 황희는 머리를 조아리면서 먹을 수 없으니 세종께 잘 아뢰어달라고 부탁했다. 정흠지가 임금의 특별한 명을 따르지 않을 수 없다고 재차 권하자 이렇게 답했다.

"성상께서 신이 늙었다고 가엾게 여기시고 혹시 병이라도 날까 고기를 먹으라고 명령하시니 노신老臣이 어찌 감히 따르지 않겠는가?"

황희는 머리를 조아리면서 울다가 자리에 나가서 고기를 먹었다.

이렇게 황희를 신뢰하던 세종은 그가 만 68세가 되던 재위 13년(1431) 9월 3일 맹사성을 좌의정으로, 황희를 영의정으로 승진시켰다. 그러자 대간에서 반발했는데, 좌사간 김중곤金中坤 등은 황희가 과거 "태석균太石鈞을 비호했으며 교하의 토지를 받았다"면서 황희를 파면시켜야 한다고 탄핵했다. 태석균이 세종 12년(1430) 제주 감목관으로 있으면서 말 1천 필이 죽는 일이 발생했다. 태석균은 그 죄를 면하려고 요로에 청탁했는데 황희가 사헌부에 고신을 내주라고 요청했다는 혐의를 받았다. 또한 세종 13년(1431)에는 교하 수령 박도朴禱에게 둔전을 달라고 청해서 교하의 땅을 받았다는 혐의도 받았다. 그런데 이런 사실은 세종도 이미 다 알고 있는 일이었다. 세종은 안숭선安崇善을 불러서 "교하 수령 박도에게 토지를 청하고 태석균의 고신에 서경하기를 요청한 것은 진실로 의롭지 못했다"면서 "간원이 청하는 것이 옳다"고 말했다. 그러나 세종은 황희가 "이미 의정대신이고 태종께서 신임하시던 신하인데 어찌 이런 일로 영영 끊겠느냐?"면서 간원들에게 자신의 뜻을 전하라고 부탁했다. 안숭선은 황희의 역량에 대해서 정확한 인식을 갖고 있던 인물이었다.

교하의 일과 태석균의 일은 진실로 황희의 과실이옵니다. 그러나 정사를 도모하고 의논할 때 깊게 생각하고 멀리 고려하는 것은 황희만 한 이가 없습니다.

−《세종실록》 13년 9월 8일

세종이 맞장구쳤다.

"경의 말이 옳다. 지금 대신으로는 황희 같은 이가 많지 않다. 지나간 대신들을 논하면 하륜·박은·이원李原 등은 모두 재물을 탐한다는 이름을 얻었다. 하륜은 자기의 욕심을 채우려고 도모하는 신하이고, 박은은 임금의 뜻에 맞추려는 신하이며, 이원은 이익만 탐하고 의리를 잊어버린 신하였다."

세종이 이런 단점들을 다 알면서도 이들을 정승으로 썼던 것이다. 작은 과실보다 큰 역량이 있으면 쓰는 것이 세종의 용인술이었다. 세종은 재위 14년(1432) 6월 "만약 한 사람의 정승을 얻을 수 있다면 국사는 근심이 없을 수 있다"고 말할 정도로 정승 한 사람의 역할을 중요하게 생각했다. 세종에게 황희는 작은 문제점은 있었지만 국사의 근심을 없게 만들 수 있는 그런 정승이었다.

의정부서사제의 부활과 세종의 신뢰

세종이 황희를 얼마나 신뢰했는지는 재위 18년(1436) 4월 12일 육조직계제를 의정부서사제로 환원한 데서 알 수 있다.

> 태조께서 만드신 성헌成憲에 따라 육조는 각자의 직무를 먼저 의정부에 품의稟議하고, 의정부는 가부를 의논한 뒤 임금에게 아뢰어 지시를 받아 다시 육조로 돌려보내서 시행하게 하라.
>
> ―《세종실록》 18년 4월 12일

태종이 재위 14년(1414)에 시행했던 육조직계제를 22년 만에 폐지

■ 세종대왕 지혜로운 군주 세종은 의정부서사제에 영의정의 역할을 추가했다. 여기서 권력을 남용하지 않고 국정 운영에만 충실한 황희에 대한 신뢰가 남달랐음을 알 수 있다.

하고 의정부 서사제로 돌아간 것이었다. 다만 이조·병조의 관리 임용과 병조의 군사 기용 등은 임금에게 직접 보고해서 의정부가 왕권을 침해하는 것도 방지하게 했다. 의정부서사제는 왕권을 제약하는 제도였다. 그럼에도 세종이 의정부서사제로 환원한 것은 황희를 신뢰했기 때문이었다. 세종의 다음 명령에서 이는 분명해진다.

옛날 의정부에서 서사署事할 때 좌의정·우의정만 도맡아 다스리고 영의정은 관여하지 않는 것은 예부터 삼공三公에게 임무를 전담시켰던 본의와 어긋나니 지금부터 영의정 이하가 함께 논의해 가부를 시행하게 하라.

―《세종실록》 18년 4월 12일

이 말은 좌의정·우의정만 역할이 있는 의정부서사제에 영의정의 역할을 추가하라는 명령이었다. 세종이 의정부서사제로 환원한 것은 한 재상에 대한 신뢰가 제도까지 바꿀 수 있다는 실례였다. 세종은 태종이 피의 숙청 끝에 만든 육조직계제를 의정부서사제로 바꾸어도 왕권을 침해하지 않는다는 확신이 생겼다. 그 확신의 밑바닥에는 영의정 황희에 대한 세종의 신뢰가 있었다.

예상대로 황희는 신중했다. 의정부서사제가 부활된 만인지상의 영상이었지만 권력을 남용하지 않았다. 또한 늙었다면서 자주 사임을 요청해 권력에 뜻이 없다는 사실을 거듭 밝혔다. 그때마다 세종은 사임을 거부해 황희를 붙잡았다. 임금은 권력을 더 주려고 하고 신하는 권력을 내려놓으려 하는 풍경이 연출되었다. 군주 세종과 신하 황희는 서로에 대한 무한한 신뢰 속에서 서로의 시각으로 국정을 바라보고 운영했다. 세종이 황희의 거듭된 요청에 따라 황희의 일상 업무를 덜어준 때는 황희가 만 82세 때인 재위 27년(1445) 6월이었다.

> 영의정 황희는 나이 80세가 넘었는데 의정부의 일이 번잡해서 마음이 괴로워 편히 휴양하지 못할까 염려된다. 금후로는 전교傳敎로써 의논하게 한 공사公事와 의정부의 합좌일솜坐日(모두 모여 의논하는 날) 외에 늘 행하는 서무는 번거롭게 맡기지 말라.
>
> -《세종실록》 27년 6월 19일

비로소 황희는 매일같이 조정에 출근하지 않아도 되었다. 그렇게 조금이나마 노구를 쉬게 할 수 있었다. 세종이 황희를 완전히 놓아준 날은 그가 86세가 되는 재위 31년(1449) 10월 5일이었다. 이때 하연河演을 영의정부사로 삼았는데, 특이한 것은 자리는 그대로 놓아두고 2품의 봉록을 주었다. 말하자면 두 명의 영의정이 있는 셈이었다. 다만 황희는 조정에 나오지는 않고 국가 대사에만 관여하는 형식이었다. 이때 사관은 하연에 대해서는 "까다롭게 살피고 또 노쇠하여 행사에 착오가 많았다"고 비판하면서도 황희에 대해서는 우호적으로 서술했다.

> 황희는 재상의 자리에 20여 년간 있으면서 지론持論(주관하는 의논)이 너그럽고 후한데다가 분경紛更(뒤흔들어서 고침)을 좋아하지 않고, 나라 사람들을 잘 진정시키니 당시 사람들이 진정한 재상(眞宰相)이라고 불렀다.
> −《세종실록》31년 10월 5일

영의정은 하연이었지만 황희의 자리도 그대로 유지시켜서 두 명의 영의정이 있는 상황임에도 아무도 이 사실에 대해서 시비하지 않았다. 그만큼 황희의 존재 자체가 나라의 기둥 역할을 하는 것이었다. 두 사람이 함께 조정에 설 경우 당연히 황희가 상석이었다.

문종 즉위년(1450) 9월 의정부에서 명나라 사신에게 잔치를 베풀 때 황희는 왕명에 의해서 참석했는데, 《문종실록》은 "황희의 자리가 영의정 하연의 위에 있었다"고 특기하고 있다. 황희는 진정한 왕사王師이자 국사國師이고 국로國老였다.

문종 2년(1452) 2월 8일, 황희는 만 89세의 나이로 세상을 떠났다. 당시로서는 드문 구순 장수였다. 황희는 죽기 전에 자신의 장례절차에 대한 유서를 작성해 자손들에게 남겼다.

"내가 죽은 후의 상장喪葬의 예법은 한결같이 《가례家禮》(주자가례)에 의거하되 본토本土(조선)에서 시행하기 어려운 일은 억지로 따라할 필요가 없다. …… 그러나 《가례》의 음식에 관한 절목은 질병을 부를까 염려되니 존장尊長의 명령을 기다리지 말고 억지로라도 죽을 먹도록 하라."

《주자가례》에 따라 장례를 치르되 조선의 현실에 맞게 하라는 말이었다. 또한 《주자가례》의 음식에 관한 조항을 그대로 따르다가는 병이 날 우려가 있으니 억지로라도 죽을 먹으라는 자상한 배려였다. 뒷날을 미리 예측하고 방지책을 세우는 것이 국사의 가장 중요한 덕목이란 사실을 황희는 장례에 관한 유서에서도 보여주고 있었다.

사신은 〈황희 졸기〉에서 이렇게 평가했다.

> 황희는 관대하고 후하며 깊고 무거워서 재상의 식견과 도량이 있었다. …… 집을 다스리는 데는 검소했고 기쁨이나 노여움을 나타내지 않았다. 일을 의논할 때는 정대正大해서, 대체大體(큰 줄거리)를 보존하기에 힘쓰고 번거롭게 변경하는 것을 좋아하지 않았다.
>
> ―《문종실록》 2년 2월 8일

황희의 장점은 관대하다는 점이었다. 특히 옥사獄事를 쓸 때는 줄곧 관용을 베풀어야 한다면서 이렇게 말했다.

"차라리 형벌을 가볍게 해서 실수할지언정 억울한 형벌을 가할 수는 없다."

그의 이런 장점은 독서를 통해 쌓은 지식에 경험을 더한 것이었다. 그는 늙어서도 손에서 책을 놓지 않았으며, 시력을 보호하기 위해서 항상 한쪽 눈을 번갈아 감으면서 독서했다. 그래서 늙어서도 작은 글자를 모두 볼 수 있었다는 것이다.

"재상으로 24년간 있으면서 중앙과 지방에서 우러러 바라보면서 모두 '어진 재상'이라고 말했다. 늙어서도 기력이 강건剛健해서 얼굴빛이 붉고 머리털이 하얗기 때문에〔紅顏白髮〕 바라보면 신선神仙 같아서 세상에서 송宋나라 문노공文潞公에 비교했다."

문노공은 북송北宋의 문언박文彦博을 뜻하는데, 세상 사람들이 어진 재상이라고 불렀고, 만 91세까지 살았다는 공통점이 있었다. 황희가 세상을 떠나자 온 백성이 슬퍼했다.

> 이때 가벼운 병으로 졸卒하니, 조회를 3일 동안 폐지하고 관청에서 장사葬事를 주관했다. 조정과 민간이 놀라서 탄식하여 서로 조문弔問하지 않는 이가 없었다. 이서吏胥(아전)와 여러 관사官司의 복례僕隸(노비)들도 모두 전奠을 베풀어 제사를 지냈으니, 전고前古에 없던 일이었다.
>
> ─《문종실록》 2년 2월 8일

벼슬아치가 조문하는 것은 일종의 형식이었다. 그러나 아전과 노비들이 전을 베풀어 제사하는 것은 "전고에 없던 일"이었다. 그만큼 황희의 인품에 감복하고 그의 관대한 성품에 덕을 본 아랫사람들이 많다는 뜻이었다.

그런데 황희는 김종서에게만은 유달리 엄격하게 대했다고 전한다. 황희가 정승으로 있을 때 공조판서 김종서가 공조에서 약간의 주과酒果를 갖추어 올렸더니 황희가 크게 노해 꾸짖었다.

"국가에서 예빈시禮賓寺를 의정부 곁에 설치한 것은 삼공三公을 접대하기 위해서이다. 만일 시장하다면 당연히 예빈시로 하여금 장만해 오게 할 것이지 어찌 사사로이 제공한단 말인가."

황희가 여러 차례 김종서를 꾸짖자 맹사성이 물었다.

"김종서는 당대의 명경名卿인데 대감은 어찌 그렇게도 허물을 잡으시오?"

"이는 내가 종서를 옥玉으로 만들려고 하는 겁니다. 종서가 훗날 우리 자리에 있게 될 때 일을 신중하게 하도록 만들기 위한 것입니다."

이 말을 듣고 맹사성이 마음으로 복종했다는 이야기가《지소록識小錄》에 실려 있다.

문종이 황희의 장례에 내린 글도 그의 일생을 잘 말해준다.

"수상으로 24년 동안 있으면서 국가의 편안함을 반석磐石같이 굳게 만들었다. 아홉 번 과거를 관장했는데 모두 선비를 얻었다고 일컬었고, 열 번 사직을 청했지만 (임금은) 오히려 '나를 보필하라'고 말하고, 병이 있으면 약과 약이 되는 음식을 반드시 나누어 주었으며, 늙음을 우대해서 궤장几杖을 내렸다. 몸으로 사세四世(태조·정종·태종·세종)를 섬겼는데 충의가 더욱 독실하였다. 수명은 구순에 올랐는데 덕망과 지위가 모두 높았다."

문종은 자신도 큰 정사는 반드시 나아가서 계획을 묻고 어진 정승에게 의지하려고 했는데 "어찌 갑자기 세종을 따라가는 뜻을 이루었는가?"라고 슬퍼했다.

황희가 사람들에게 시종 관대하게 대했던 것은 그가 서출이기 때문인지도 모른다. 단종 즉위년(1452)《세종실록》을 편찬할 때 사신史臣 이호문李好問이 황희에 대한 여러 소문을 근거 없이 써놓아서 논란이 되었는데, 이런 소문 중에서 단 하나 인정된 것은 황희가 "나는 정실正室의 아들이 아니다"라고 말한 것뿐이었다.

서출로 태어난 황희는 아랫사람의 처지를 늘 생각했다. 국가의 정책을 수립할 때는 원칙을 지키면서 응용했기에 유연했지만 경직되지 않았다. 검찰총장격인 사헌부 대사헌을 역임하고, 육조의 판서를 두루 겪었으며, 세 가지 정승직도 모두 맡는 특이한 경력을 세웠다. 이처럼 그는 항상 권력자의 자리에 있었지만 권력을 남용하지 않았다. 황희는 스스로를 낮추면서 자신을 높였고, 자신이 섬기는 군주도 높아지게 만든 인물이었다.

6

정책

보통의 군주 아래
삶의 변화를 이끌다

김육

군주를 보좌하는 방식은 여러 가지가 있을 것이다. 그중에서도 좋은 정책으로 보좌하는 것은 그 어떤 보좌 못지않게 중요하다고 할 수 있다. 인조 때부터 효종 때까지 벼슬에 있었던 잠곡潛谷 김육이 그런 인물이었다. 김육은 '대동법大同法의 경세가經世家'라고 불릴 정도로 대동법 시행에 정치 인생을 걸었다. 전주田主와 전호佃戶의 이해를 동시에 살리는 정책이란 존재할 수 없다. 이런 경우 둘 중 한 방향을 선택했을 때, 선택받지 못했던 사람들까지도 훗날에는 수긍할 수 있게끔 하려면 끊임없이 연구하고 노력해야 한다. 그런 실례를 김육은 보여주었다.

네 번의 상소를 올리다

김육이 대동법에 어느 정도 열성이었는지를 말해주는 일화가 효종 즉
위년(1649)에 발생했다. 이해 좌의정 정태화鄭太和가 모친상으로 사직
하자 효종은 9월 1일 조익趙翼을 좌의정으로 승진시키면서 얼마 전
대사헌을 제수했던 김육을 우의정으로 승진시켰다. 김육은 병이 있다
면서 세 번씩이나 사양하는 상소를 올렸고, 그때마다 효종은 모두 거
절했다. 그해 11월 5일 김육은 다시 상소를 올렸는데, 논조는 과거와
확연히 달랐다. 이전에 올린 세 번의 사직 상소는 마치 이번 상소를 위
한 길 닦기라는 인상마저 있었다. 대동법 확대 실시를 주장하는 상소
였다.

왕자王者(임금)의 정사는 백성을 편안하게 하는 것보다 앞서는 것이 없

으니 백성이 편안한 후에야 나라도 편안할 수 있습니다. 옛사람이 말하기를 "천변天變(하늘의 변란)이 오는 것은 백성들의 원망이 부른 것이다"라고 했습니다. 백성들이 부역賦役의 괴로움 때문에 사는 즐거움이나 일을 일으킬 마음이 없으니, 원망하는 기운이 쌓이고 맺혀서 그 형상이 하늘에 보이는 것은 필연의 이치입니다. 임금이 재변을 만나면 두려워하면서 몸을 기울여 수성修省해야 하는 데 다른 도道는 없고 오직 백성을 보호하는 정사를 시행해서 그들의 삶을 편안케 해주는 것뿐입니다.

－《효종실록》 즉위년 11월 5일

이 무렵 조선에는 재변災變이 잇따랐다. 가뭄과 수해, 혹한酷寒과 혹서酷暑가 반복되고 각종 전염병도 들끓었다. 이런 경우 유학자들은 천명을 받은 임금이 정치를 잘못했기 때문에 하늘이 재변을 내려서 견책하는 것이라고 생각했다. 이것이 한나라 동중서董仲舒의 천인감응론天人感應論이었다. 그래서 유교국가 조선도 천재지변이 발생하면 임금이 혹시 정치를 잘못하지 않았는지 수성했던 것이다. 목욕재계하고 하늘에 제사를 지내거나 죄수를 방면하거나 고기를 먹지 않고 반찬 가짓수를 줄이는 소선素膳을 행하는 것 등이 수성의 방법이었다. 그런데 김육은 수성의 길은 "백성을 보호하는 정사를 시행해서 그들의 삶을 편안케 해주는 것뿐"이라고 주장한 것이었다. 소선素膳 등이 소극적인 수성 방법이라면 "백성들의 삶을 편안하게 하는 것"은 적극적인 수성 방법이었다. 김육은 그런 적극적인 수성 방법이 바로 대동법의 확대시행이라고 주장하는 것이었다.

대동법은 역역役을 고르게 하여 백성을 편안하게 하는 것이니 진실로 시대를 구할 수 있는 좋은 계책입니다. 비록 여러 도道에 두루 행하지는 못했지만 기전畿甸(경기)과 관동關東(강원)에서 이미 시행해서 힘을 얻었습니다. 만약 또 양호兩湖(충청도·전라도)에서 시행한다면 백성을 편안하게 하고 나라에도 이익이 되는 도로 이보다 큰 것은 없을 것입니다. 졸곡卒哭(사망 석 달 후의 정일丁日이나 해일亥日에 지내는 제사) 후에 바로 의논해 결정했어야 했는데 객사客使(청나라 사신)가 마침 왔기 때문에 미루고 있었습니다. 지금은 객사가 이미 갔는데도 묘당廟堂의 논의가 고요해서 아무 소리도 들리지 않으니, 신은 못내 괴이하게 여깁니다.

-《효종실록》 즉위년 11월 5일

공납과 방납의 폐단을 없앨 대안

대동법은 공납을 쌀로 통일해서 납부 받자는 방안이었다. 동양 유교 사회의 기본 세법은 조용조였다. 조는 농지세인 전세田稅이고, 용은 군역과 부역처럼 노동력을 제공하는 신역身役이며, 조는 그 지방의 특산물을 납부하는 공납이었다. 조용조 세법은 당나라에서 법제화되었던 세법이지만 그 이전 선비鮮卑족들이 세웠던 북위北魏에서 이미 실시했던 제도가 수隋나라를 거쳐 당나라 때 정착된 것이었다. 조용조는 북위에서 시행했던 균전제와 맞물리는 세법이었다. 국가에서 일정 규모의 토지를 백성들에게 나누어주는 대신 세금 납부를 요구하는 제도였다. 대동법은 조용조 중 조調, 즉 공납을 쌀로 대신해서 납부하게 하자는 주장이었다.

조용조 중 조租, 즉 전세는 임진왜란과 병자호란을 거치면서 1결당 최하세율인 4두를 받는 것이 관례화되었다. 그래서 효종 때 1결당

■ 대동법 기념비 대동법은 공납을 쌀로 통일해서 납부받자는 방안이었다. 부과단위를 가호에서 전결, 즉 농지 단위로 바꾸어서 일괄적으로 쌀로 납부하게 하자는 것이었다.

4두를 걷는 영정법永定法으로 정착되었다. 1결당 4두의 전세는 그리 큰 부담이 아니었다. 오히려 공납이 백성들에게 큰 부담이었다. 각 지방의 특산물을 임금에게 바친다는 소박한 충성개념에서 시작된 공납은 조선 후기에 들어서면서 전체 국가 세수의 약 60퍼센트를 차지할 정도로 중요한 세원稅源이 되면서 많은 문제가 발생했다.

먼저 그 가짓수가 수천 가지에 달했는데 어느 군현에는 생산되지도 않는 산물이 부과되기도 했다. 이 경우 먼 생산지까지 가서 사다가 납부해야 했다. 상공常貢과 별공別貢으로 나누어 시도 때도 없이 부과되는 시기도 문제였다. 무엇보다 큰 문제는 부과 단위가 형평에 맞지 않는다는 점이었다. 공납은 '중앙→군현→마을→가호家戶 단위'로 내려가는데, 각 군현의 백성수와 토지면적이 서로 다름에도 공납 부과 대장인 '공안貢案'에 정해져 있는 액수는 큰 차이가 없었다. 그러므로 인구가 적은 소읍이나 작은 마을의 부담이 상대적으로 컸다. 군현이나 마을에서 가호 단위로 내려갈 때도 문제였다. 가난한 전호佃戶(소작인) 집안이나 부유한 전주田主(지주) 집안이나 거의 비슷한 액수의 세금이 부과되었다. 거꾸로 관아에 연줄이 없는 가난한 전호 집안이 부유한 전주 집안보다 더 큰 액수의 공물이 부과되는 경우도 있었다. 그러니 송곳 꽂을 땅 한 평 없는 가난한 빈궁민들의 고통이 컸다. 그래서 김육은 "원망하는 기운이 쌓이고 맺혀서 그 형상이 하늘"까지 보여서 천변이 왔다고 주장한 것이었다.

여기에 방납防納의 폐단이 농민들을 더욱 괴롭혔다. 방납업자防納業者들은 공납을 받아들이는 경아전의 관리들과 짜고 농민들이 직접 납부하는 공물을 퇴짜 놓게 하고 자신들이 마련한 물건을 사서 납부하게 하는 상인들이었다. 그런데 관료들과 결탁한 방납업자들이 받는 수수료가 원액보다 더 많았다. 김육은 인조 16년(1638) 충청감사로 있을 때 이 문제에 대한 폐단을 지적하면서, "공납으로 바칠 꿀 한 말[斗蜜]의 값은 목면木綿 3필인데 인정人情은 4필이며, 양 한 마리의 값은 목면 30필인데 인정은 34필이라고 합니다"라고 말했다. 인정은 방납업자들의 수수료였는데, 공물값보다 수수료가 더 비싼 것이었다. 방납업자 혼자 착복하는 것이 아니라 관료들과 나누어 먹는 것이기 때문이었다.

공납의 폐단에 대한 해결책도 대동법이었다. 대동법의 논리는 간단했다. 부과단위를 가호에서 전결田結, 즉 농지 단위로 바꾸어서 일괄적으로 쌀로 납부하게 하자는 것이었다. 조광조趙光祖와 율곡 이이李珥 등 조선의 개혁정치가들은 대부분 이를 주장했다. 율곡 이이가 주장한 대공수미법代貢收米法은 글자 그대로 수많은 공물 대신(代貢) 쌀을 받자[收米]는 주장이었다.

　대동법은 한때 실제로 시행된 적이 있었다. 임진왜란 때 서애 유성룡이 영의정 겸 도체찰사 자격으로 실시한 작미법이 그것이었다. 공납 대신 쌀을 받자는 작미법은 백성들의 환영을 받았지만 양반 사대부들의 저항을 낳았다. 유성룡이 임진왜란·정유재란을 승리로 이끌고도 종전과 동시에 쫓겨난 원인 중의 하나가 작미법에 있었다. 작미법, 즉 대동법은 양반 사대부들의 격렬한 저항을 받았다. 부과 기준을 가호가 아닌 전결田結, 즉 농지결수로 삼았기 때문이다.

　가호를 기준으로 세금을 부과할 경우 부유한 양반 전주나 가난한 전호는 비슷한 액수의 세금을 내야 하지만, 농지결수를 기준으로 부과할 경우 농지가 많은 양반 전주들이 많은 액수의 세금을 내야 했다. 반면 농토 없는 전호들은 세금을 내지 않아도 되었다. 그래서 양반 사대부들은 임란 때 작미법을 실시한 유성룡을 종전과 동시에 실각시키고 이 법도 폐기했던 것이다. 그러나 작미법(대동법) 폐기에 대한 백성들의 반발은 컸다. 그래서 광해군 즉위년(1608) 영의정 이원익李元翼의 건의로 경기도에 대동법을 시범실시하게 된 것이었다. 이원익은 이렇게 주장했다.

　각 고을에서 진상進上하는 공물이 각 관청의 방납인에게 막혀, 한 물건의 값이 서너 배에서 수십, 수백 배까지 되니 그 폐해가 이미 고질이 되었는데 경기도가 특히 심합니다. 지금 마땅히 따로 하나의 관청을 설치해서 매년 봄가을에 백성들에게서 쌀을 거두되, 농지 1결 당 두 번에 8말을 거두어 본청本廳에 보내면 본청에서는 그때의 물가를 보아 가격을 후하게 산정해서 거두어들인 쌀을 방납인에게 주어서 필요한 때에 물건을 사들이게 해서 간사한 꾀로 물가가 오르는 길을 끊으셔야 합니다.

방납업자들이 관청의 관료들과 짜고 착복하는 수수료가 원래 가격 보다 서너 배에서 수십, 수백 배까지 달하는데 그중에서도 경기도가 폐단이 가장 심하니 경기도만이라도 먼저 대동법을 실시하자는 주장 이었다. 이원익은 공납 대신 농지 1결당 쌀 12두를 걷자고 주장했다. 《광해군일기》 즉위년 5월 7일에는 "왕이 이를 받아들였다. 그런데 왕 의 교지 가운데 선혜宣惠라는 말이 있어 담당 관청의 이름으로 삼았 다"고 기록하고 있다. 대동법 실시 관청의 이름이 '은혜를 베푸는 관청' 이란 뜻의 '선혜청宣惠廳'일 정도로 백성들에게는 좋은 제도였다. 실제 로 《광해군일기》에서 "경기도 전결의 역役은 여기에 힘입어 조금 나 아졌다"라고 부기할 정도로 백성들에게는 편리한 법이었다. 남인 유성 룡이 임란 때 실시했다가 폐기되었던 작미법을 남인 영의정 이원익의 건의로 경기도에 시범실시하게 된 것이니 대동법은 남인들의 당론黨 論인 셈이었다.

당론보다 백성의 안정이 우선이다

그런데 김육은 서인으로서는 드물게 대동법 실시를 적극 주장했다. 김집金集·송시열 등으로 대표되는 서인들의 당론은 대동법 반대였다. 그러나 김육은 대동법에 대한 정책적 소신으로 서인들의 당론을 따르 지 않고 확대 실시를 주장했다.

김육은 중종中宗 때 조광조와 함께 사사賜死당했던 기묘명현己卯名

■김육 인조 때부터 효종 때까지 벼슬에 있었던 그는 좋은 정책으로 군주를 보좌한 전형적인 예다. 그는 서인으로서는 드물게 대동법 실시를 적극 주장했다.

賢 김식金湜의 4대손 김흥우金興宇의 아들로 태어났다. 김육은 선조宣祖 38년(1605)에 사마시에 합격해 성균관으로 들어가 대과를 준비했다. 그런데 광해군 1년(1609)에 동료 태학생들과 오현종사五賢從祀 문제와 관련해 집단행동을 했다가 과거 응시자격을 박탈당했다. 오현이란 김굉필金宏弼·정여창鄭汝昌·조광조·이언적李彦迪·이황李滉 등을 뜻하는데, 이들을 성균관 문묘文廟에 제사 지내는 반열에 올리자는 운동이었다. 공자를 필두로 유학의 종주들을 모시는 문묘에 종사된다는 것은 인신으로서는 더할 나위 없는 영광이었다.

　그런데 광해군 때 집권 북인의 영수인 정인홍鄭仁弘이 스승 조식曹植이 누락되자 이황과 이언적의 종사를 반대하고 나옴으로써 논쟁이 벌어졌다. 성균관 태학생인 김육은 이황과 이언적의 문묘 종사를 반대

184

하는 정인홍을 유학자들의 명부인 《청금록青衿錄》에서 삭제하는 운동을 주도했고, 이 때문에 과거 응시자격이 박탈되는 정거停擧를 당했다. 이후 정거는 해제되었지만 김육은 성균관 복귀를 거부하고 경기도 가평의 잠곡 청덕동에 내려갔다. 김육의 호가 잠곡인 것은 이 때문인데 그는 10여 년 동안 직접 농사짓고 숯을 만들어 팔면서 생계를 이어갔다.

정도전이 나주 회진현 부곡에서 백성들의 질고를 직접 목격하고 혁명적인 토지개혁을 평생의 정치 신념으로 삼은 것처럼 김육도 가평 잠곡에서 백성들과 함께 생활하면서 대동법을 평생의 정치 신념으로 삼게 되었다. 광해군 15년(1623) 서인들이 쿠데타 인조반정을 일으켜 광해군을 내쫓고 정권을 장악하면서 태학생의 신분으로 북인 정권에 맞섰던 그에게 금부도사라는 벼슬이 내려졌고, 이듬해 음성현감이 되었다. 김식의 4대손이자, 북인 정권의 실세 정인홍에게 맞섰던 경력만으로도 벼슬길에는 지장이 없었다. 그러나 김육은 인조 2년(1624) 9월 실시한 증광별시增廣別試에 응시해 장원을 차지했다.

이후 김육은 사간원 정언, 예조참의, 승지 등의 요직을 거쳐 인조 16년(1638) 6월 충청감사로 부임했다. 전라도와 더불어 농토가 많은 충청도를 책임지게 되자 백성들의 생활을 개선시키는 데 무엇보다도 필요한 것은 충청도에도 대동법을 확대 실시하는 것이라고 생각했다. 경기도와 강원도에서 시행해본 결과 백성들에게도 좋고 나라에도 좋은 제도라는 사실이 입증되었기 때문이었다. 그래서 충청감사가 된지 석 달 후인 인조 16년(1638) 9월 충청도에 대동법 실시를 주장하는 상소를 올렸던 것이다.

대동선혜법大同宣惠法은 실로 백성을 구제하는 절실한 법입니다. 경기
와 강원도에서 이미 시행하고 있는데 본도本道(충청)에서 시행하는데 무슨
어려움이 있겠습니까?

-《인조실록》16년 9월 27일

광해군 즉위년에 경기도에 시범실시되었던 대동법은 인조 1년에
강원도에 확대되었다. 김육은 충청도 내의 농토 면적을 모두 계산해
보니 농토 매결每結마다 각각 면포綿布 1필과 쌀 2말씩 내는 대동법
을 실시하면 모든 경비를 다 제하고도 수만이 남는다면서 이렇게 주
장했다.

지금 만약 시행한다면 한 사람의 백성도 수고롭게 하지 않고, 호령을 번
거롭게 하지 않으면서 면포 1필과 쌀 2말 이외에는 다시 징수를 독촉할 명
목도 없게 될 것이니 지금 굶주린 백성을 구하는 방법으로 이보다 더 좋을
수 없습니다.

-《인조실록》16년 9월 27일

농지 1결당 면포 1필과 쌀 2말만 걷고 나면 더 이상 백성들에게 독
촉할 세금 명목도 없어질 것이니 백성 구제에 이처럼 좋은 법이 없다
는 설명이었다. 그런데 대동법을 충청도에도 실시하자는 주장은 김육
이 처음 한 것은 아니었다. 김육이 이 상소에서 "지난날 감사 권반權
盼이 수령들과 더불어 이 법을 시행하려고 했지만 실시하지 못했습니
다"라고 말한 대로 전 감사였던 권반도 실시하자고 주장한 법이었다.
권반은 12년 전인 인조 4년(1626) 충청도관찰사가 되자 충청도에도 대

동법을 실시하자고 주장했지만 뜻을 이루지 못했다.

이때 김육이 다시 대동법 확대 실시를 주장하자 처음에는 비국備
局, 즉 비변사도 찬성하고 나섰다. 과거 권반이 상세하게 만든 실시 규
정이 있었는데 그때 시행하지 못한 것을 지금까지 식자識者(선비)들
이 한스럽게 여긴다는 것이었다. 비변사는 나아가 "만약 이를 시행한
다면 공사公私 양쪽 모두에게 이롭고, 서울과 지방도 모두 편리할 것이
니, 해당 관서로 하여금 낱낱이 상고해서 결정하게 하소서"라고 덧붙
였고, 인조는 윤허한다고 답했다. 김육이 주장한 대로 충청도 확대 실
시는 말할 것도 없고 곧 전국 모든 도에서 실시될 것 같은 분위기였다.

그러나 대동법은 전국은커녕 충청도 확대 실시도 시행되지 못했다.
양반 부호들의 반대가 극심했기 때문이었다. 전결 단위로 과세하면
농토가 많은 양반 사대부들은 부담이 늘어나는 반면, 가난한 농민들
은 부담을 덜게 되어 있었다. 그래서 양반 사대부들의 이해를 대변하
는 벼슬아치들은 경연經筵에서 인조에게 대동법을 실시하면 안 된다
고 거듭 주장했다. 인조도 대동법 확대 실시에는 소극적이어서 이 문
제는 어느덧 조정에서 슬그머니 사라지고 말았다.

그러나 김육은 포기할 수 없었다. 그는 두 달 후인 인조 16년(1638)
11월 20일, 다시 대동법 실시를 주장하는 상소를 올렸다.

신이 고인古人(권반)이 만들어 놓은 법에 따라서 대동법을 시행해야 한
다는 뜻을 망령되게 진술하니 비변사와 해조該曹(해당 관서)에서 회계回啓
해서 시행해야 한다고 주청했습니다만 지금까지 몇 개월이 지났는데도 아
직까지 결정을 하지 못하고 있습니다. 그러다가 지난번 연신筵臣(경연에 참
석하는 신하들)들이 (반대하는 의견을) 아뢰자 특별히 다시 물어보라는 하

교를 내리셨습니다.

-《인조실록》16년 11월 20일

조선에서 백성들이 자신들의 의사를 국왕에게 직접 전달할 수 있는 통로는 사실상 봉쇄되어 있었다. 김육처럼 양식 있는 소수의 관료만이 백성들의 편에서 사고하고 행동했다. 물론 모든 벼슬아치들이 말로는 다 백성들을 위한다고 역설했다. 그러나 대동법처럼 구체적 법제화 문제가 현안이 되면 태도가 달라졌다. 부호들의 이익과 백성들의 이익이 충돌하면 부호들의 편을 드는 것이 이 시기 이른바 선비정치의 일반적인 풍토였다. 반대론자들의 논리는 다양했지만 대부분 지엽적인 것이었다. 흉년에는 어떻게 할 것이냐, 부과 액수가 문제다, 무명 1필과 쌀 2말보다는 무명 2필이 더 낫지 않느냐는 식의 주장들이었다. 이런 문제는 실시한다는 전제 아래에서 충분히 해결 가능한 것들이었다. 김육은 경연에서 근시近侍(승지 같은 시종신)가 무명 2필을 걷자고 주장했다는 말을 듣고 이렇게 말했다.

"신이 정한 무명 1필과 쌀 2말은 쌀로 합산하면 7말이고, 근시가 말한 무명 2필은 쌀로 계산하면 10말이니 신의 것보다 3말이 많을 뿐입니다."

이 무렵 무명 1필 값이 보통 쌀 5말이었으니 무명 1필과 쌀 2말은 쌀로 환산하면 쌀 7말이고, 무명 2필은 쌀 10말이었다. 김육은 쌀 3말 정도 차이는 얼마든지 해결할 수 있다는 주장이었다. 또한 풍년에는 쌀값이 싸지고, 흉년에는 비싸진다는 반대론에 대해서도 김육은 대응 논리를 가지고 있었다.

흉년에는 무명 1필과 쌀 2말을 받는데 이를 무명 2필로 규정해 쌀과 무명을 반반씩 받아들입니다. 흉년에는 무명으로 쌀값을 따르게 하고 풍년에는 쌀로 무명 값을 따르게 하되 다섯 말로 기준을 삼아서 그 수를 넘지 못하게 합니다. 그러면 풍년과 흉년에 따라서 떨어지거나 올라가고 더해지거나 감해지는 편의가 있어서 상하上下(나라와 백성)가 모두 손해 보거나 이익 보는 잘못은 없을 것입니다.

-《인조실록》16년 11월 20일

김육의 논리는 쌀값이 비싸지고 무명 값이 싸지는 흉년에는 무명 값을 기준으로 세금을 내게 하고, 풍년에는 거꾸로 쌀값을 기준으로 세금을 내게 하자는 것이었다.

금년에는 우선 신이 정한 것에 따라서 시범적으로 실시하고 서서히 풍년을 기다려서 연신筵臣의 말에 따라서 항식恒式(고정된 규정)을 만드는 것이 마땅합니다. 청컨대 묘당에서 결정해서 시행하게 하소서.

-《인조실록》16년 11월 20일

올해는 김육의 주장대로 전결 1결 당 무명 1필과 쌀 2말씩을 걷고 나중에 풍년을 기다려서 연신들의 주장대로 무명 2필을 걷었다가 양쪽을 비교해서 고정된 과세기준을 정하자는 말이었다. 그러나 이미 입장을 바꾼 비변사는 인조에게 반대론을 개진했다.

금년에는 그대로 이 법을 사용하고 내년에는 또 연신筵臣들의 말에 따라 사용한다면 국가의 법을 자주 고치게 되는 것이니 부당합니다. 금년의 공물은 과거처럼 납부하게 하고 서울과 지방의 의견을 널리 채집한 후에 이에 따라 처리해도 늦지 않을까 생각합니다.

-《인조실록》 16년 11월 20일

대동법을 시행하지 말고 과거대로 공납을 걷자는 주장이었다. 이렇게 인조 16년 김육이 충청감사로 나가서 주창했던 대동법 확대 실시는 무산되고 말았다.

쿠데타로 집권한 인조는 공신들의 눈치를 볼 수밖에 없었고, 쿠데타를 일으킨 서인들은 대부분 대동법을 반대하는 것이 당론이니 대동법은 표류할 수밖에 없었다. 충청도 확대 실시에 실패한 김육은 사세를 관망하다가 효종 즉위년 우의정에 제수되자 배수진을 친 상소를 올렸던 것이다.

대동법 반대론자들의 거센 항의

김육은 효종 즉위년에 올린 상소에 〈별폭別幅〉을 첨부했다. 별폭은 대동법에 대한 좀 더 상세한 설명문이었다. 〈별폭〉에서 김육은 대동법을 실시하면 가난한 백성들만 이익이 되는 것이 아니라 국가재정도 튼튼해진다고 역설했다. 대동법을 실시하면 "미포米布의 수가 남아서 반드시 공적인 저장과 사사로운 저축이 많아져 상하가 모두 충족하여 뜻밖의 역役에도 응할 수가 있다"고 말했다. 뜻밖의 역이란 아마도 북벌北伐을 뜻할 가능성이 크다. 효종은 북벌군주였다. 그는 소현세자를 대신해 임금이 된 이유가 북벌에 있다고 믿었다. 군사를 움직이려면 무엇보다도 재정이 튼튼해야 했다. 그래서 김육은 북벌을 단행하려

해도 먼저 대동법을 실시해 국가재정을 튼튼하게 해야 한다고 설득한 것이다. 김육은 대동법 실시를 반대하는 이유에 대해서도 잘 알고 있었다.

"다만 탐욕스럽고 교활한 아전이 그 색목色目이 간단함을 혐의하고 모리배牟利輩들이 방납防納하기 어려움을 원망하여 반드시 헛소문을 퍼뜨려 교란시킬 것이니, 신은 이점이 염려됩니다."

행정 절차가 복잡할수록 부정부패가 생기고, 간단할수록 부정부패가 줄어들게 마련이었다. 수백, 수천 가지의 공납은 그 자체로 부패의 온상이었다. 여기에서 김육은 '아전'과 '모리배'만을 거론했지만 이들이 고위 벼슬아치들에게 상납하지 않고 막대한 이익을 챙길 수는 없었다. 위로는 고위 벼슬아치를 정점으로 아래는 말단 아전과 모리배들이 피라미드식 구조를 이뤄서 가난한 농민들을 착취하는 구조가 공납이었다. 전결당 포 1필과 쌀 2말로 단순화시킨 대동법을 실시하면 아전과 모리배가 끼어들 여지가 없기 때문에 이들이 '헛소문'을 퍼뜨려 교란시킬 것이 염려된다고 말한 것이다.

김육의 예견대로 반대론은 거셌다. 반대론자들 대부분이 대토지 소유자들인 양반지주들이기 때문에 어려움은 더 커졌다. 이들은 "벼를 찧어 쌀을 만드는 작미作米에 어렵기 때문"에 대동법을 반대한다고 말하기도 하고, "서울과 지방 사람들[京外之人]이 불편하게 여긴다"고 말하기도 했다. 심지어 농민들이 불편해한다는 궤변도 늘어놓았다. 그러나 이는 김육이 "서울과 지방 사람들 중에 대동법을 불편하게 여기는 자는 다만 방납모리배防納牟利徒 뿐"이라고 반박한 데서 알 수 있는 것처럼 대동법 실시를 꺼려하는 기득권층의 논리일 뿐이었다.

신이 이 일에 급급한 것은 이 일은 즉위하신 초기에 시행해야 하기 때문입니다. 흉년이 들면 또 시행하기 어려울 텐데 올 한 해의 운수가 조금은 풍년이니 이는 하늘이 편리함을 빌려준 것입니다. 내년의 역사役事는 겨울 전에 의논해 결정해야 시행할 수 있습니다. 신이 미치지 못할까 염려하는 것은 이 때문입니다. 신에게 출사해서 회의하게 하더라도 말할 바는 이 일에 불과할 뿐입니다. 말이 혹 쓰이게 되면 백성들의 다행이지만 만일 채택할 것이 없다면 다만 한 노망한 사람이 일을 잘못 헤아린 것이니, 그런 재상을 어디에 쓰겠습니까. …… 옛사람이 말하기를 "일을 꾀하는 것은 사람에게 달려 있지만 일을 이루는 것은 하늘에 달려 있다"고 했습니다. 신이 믿는 바는 오직 전하뿐입니다.

-《효종실록》즉위년 11월 5일

김육은 이상만 앞세우는 벼슬아치가 아니었다. 효종이 즉위 초의 분위기를 이용해 대동법을 밀어붙여야지 주저하면 또다시 물 건너가고 만다는 사실을 잘 알고 있었다. 반대론자들이 대부분 사대부들이고 부호들이기 때문이었다. 김육은 효종에게 이렇게 말했다.

삼남三南(충청도·전라도·경상도)에는 부호富戶들이 많습니다. 이 법의 시행을 부호들은 좋아하지 않습니다. 국가에서 영令을 시행하는 데 마땅히 소민小民(가난한 백성)들의 바람을 따라야 합니다. 어찌 부호들을 꺼려서 백성들에게 편리한 법을 시행하지 않겠습니까.

-《효종실록》즉위년 11월 5일

양반 전주(지주)들은 대동법 확대 실시를 강력하게 반대했다. 하지만 효종은 인질생활도 오래하고 민간에서도 오랫동안 살아봤기 때문에 이 문제의 심각성을 잘 알고 있었다. 그래서 신하들에게 이렇게 물었다.

"대동법을 시행하면 대호大戶가 원망하고, 시행하지 않으면 소민이 원망한다고 하는데, 원망의 크고 작음이 어떠한가?"

여러 신하들이 모두 답했다.

"소민의 원망이 큽니다."

효종이 지시했다.

"대소를 참작하여 시행하라."

대소를 참작해서 시행하라는 말은 소민들의 바람대로 시행하라는 뜻이었다. 그럼에도 대동법 확대 실시는 쉽지 않았다. 많은 벼슬아치들이 반대하는데다 효종도 선뜻 확대 실시에는 주저하고 있었기 때문이다. 서인들이 북벌을 반대하고 있는 터에 대동법까지 밀어붙이면 저항이 커질까 염려한 것이었다. 그나마 김육에게 다행인 것은 좌의정 조익도 대동법 찬성론자라는 점이었다.

효종 즉위년 12월 3일 우의정 김육과 좌의정 조익은 다시 한 번 대동법 확대 실시를 건의했다. 먼저 좌의정 조익이 말을 꺼냈다.

"임금의 정사 가운데 대동법보다 큰 것이 없는데 어찌 한 두 가지 일이 불편하다고 해서 행하지 않겠습니까?"

우의정 김육이 가세했다.

"대동법은 지금 모든 조례條例(시행세칙)를 올렸으니, 전하께서 옳다고 여기시면 행하시고 그렇지 않다면 신을 죄주소서."

김육과 조익은 사전에 논의하고 들어온 것이었다. 좌의정 조익이 먼저 주장하면 우의정 김육이 가세해서 결정짓자고 밀어붙이기로 한 것

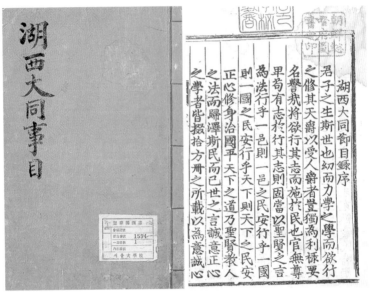

■《호서대동사목》표지와 본문 김육은 전라도와 더불어 농토가 많은 충청도를 책임지게 되자 백성의 생활을 개선시키는 데 무엇보다도 필요한 것은 충청도에도 대동법을 확대 실시하는 것이라고 생각했다.

이었다. 그런데 효종은 대답하지 않았는데, 그 이유가 있었다.

《효종실록》재위 1년(1650) 1월 13일자는 "김육이 대동법을 시행할 것을 청하자, 임금이 이조판서 김집에게 물었는데, 김집은 시행하는 것이 불가하다고 말했다"고 기록하고 있다. 서인들이 우대하는 산림 영수 김집의 반대가 효종의 생각을 흔들어놓은 것이었다. 송시열의 스승인 김집은 대동법을 반대한다고 말하고 벼슬을 내놓고 낙향해버렸다. 김육도 사직하겠다고 요청하고 성묘를 명분으로 양주楊州로 내려갔는데, 《효종실록》이 "대동법을 행하고자 했지만 반대론이 많자 떠나기를 구했다"라고 설명하는 것처럼 대동법 확대 실시가 좌절된 것에 대한 반발의 성묘였다. 허적許積이 "대동법은 일시에 모든 것을 세미稅米로 바친 뒤로는 여러 가지 잡역雜役이 없기 때문에 모두 편리하게 여깁니다"라고 효종에게 말한 것처럼 백성들에게 절실한 법이었다. 다만 토지를 많이 가진 양반 사대부들과 부호들만 불편하게 여겼을 뿐이다.

김육은 효종 2년(1651) 6월 3일에도 대동법 확대 실시를 주장했다. 그런데 이번에는 담당 장관인 호조판서 원두표元斗杓가 반대하고 나섰다. 김육은 원두표의 반대가 대동법 확대 실시의 걸림돌이라고 판단했다. 그래서 효종 2년 8월 3일 이례적으로 직접 효종에게 원두표를 비판하고 나섰다. 이때 김육의 직책을 영의정이라고 《효종실록》은 전하고 있다.

호조판서 원두표는 본래 남을 이기기 좋아하는 병이 있어서 자기 마음에 싫은 것은 절대 하지 않으려고 합니다. 어찌 다른 사람이 없어서 이 사람에게 재정의 권한을 전담하게 하십니까. 대동법에 대해 의논이 시작된 후부터 한 번도 신을 만나서 의논한 적이 없었습니다. 체통이 이렇게 무너졌는데 무슨 일을 할 수 있겠습니까?

-《효종실록》 2년 8월 3일

영의정이 직접 담당 판서를 비판하고 나섰는데 원두표가 사표를 내지 않을 수 없었다. 원두표는 다음날 사직 상소를 냈다. 이 날짜 사관은 "원두표가 대동법을 불편하다고 하다가 영의정으로부터 재정의 권한을 오래 전담하고 있다는 논척을 거듭 받게 되자 사직했다"라고 쓴 것처럼 김육의 지적을 받고 할 수 없이 사직서를 낸 것이었다. 효종이 사표를 반려함으로써 직책은 유지했지만 더 이상 대동법을 반대하다가는 영의정으로부터 직접 논박을 받게 될 것이니 조심하지 않을 수 없었다.

이런 우여곡절 끝에 효종 2년(1651) 8월 24일, 드디어 충청도에 대동법을 확대 실시하게 되었다.

> 호서湖西(충청도)에 대동법을 실시하기로 처음 정했다. 우리나라의 공법貢法은 심하게 무너져서 서울의 호활豪猾(부유하고 간사한)한 무리들이 경주인京主人이라고 칭하면서 여러 도에서 바치는 공물을 못 바치게 막고(防納)는 그 값을 본읍本邑에서 배로 징수했다. 그 물품 값이 단지 1필이나 1두에 불과하지만 교활한 방법을 써서 심지어 수십 필, 수십 석까지 이르렀다. 탐관오리들과 연줄을 타서 이익을 꾀하는데, 마치 바닷물을 빨아들이는 큰 구멍 같아서 그 폐단이 점점 불어났다.
>
> ─《효종실록》 2년 8월 24일

김육이 충청도에 대동법을 확대 실시하자고 주장했던 인조 16년(1638)부터 따지면 무려 13년, 효종 즉위년(1649) 11월 "대동법을 시행하려면 신을 쓰라"는 상소부터 따져도 거의 만 2년 가까이 걸린 셈이었다. 이때 충청도에 실시한 대동법의 내용은 이러했다.

> 한 도를 통틀어서 1결마다 쌀 10두씩을 징수하는데, 봄, 가을로 나누어서 각각 5두씩을 징수한다. 그리고 산군山郡(산이 많은 고을)은 5두마다 대신 무명 1필씩을 걷는다. 대읍大邑·중읍中邑·소읍小邑으로 나누어서 관청에서 쓸 것은 빼준다.

농토가 많은 고을들은 1결당 봄에 쌀 5말, 가을에 쌀 5말씩을 내면

되었다. 또 농토가 많지 않은 산군들은 쌀 5말 대신 무명 1필을 내면
되었다. 수많은 공납 가짓수가 쌀로 통일되니 백성들은 공납의 부담
과 방납防納의 착취에서 벗어날 수 있었다.

대동법을 두고 두 파로 나뉘다

그런데 대동법 실시를 둘러싸고 서인이 둘로 갈렸다. 한당漢黨과 산山
黨당이 그것이다. 한당은 대동법 실시를 적극 주장했고, 산당은 격렬
하게 반대했다. 한당의 당수는 잠곡 김육이었고 산당의 당수는 송시
열의 스승 김집이었다. 김육이 한강 이북에 살았기 때문에 한당으로
불렸고 김집·송시열·송준길宋浚吉 등이 회덕懷德, 연산連山 같은 지
방에 살았으므로 산당으로 불렸다. 원 뿌리는 같은 서인이지만 대동
법에 대한 입장 차이를 둘러싸고 분당된 것이다.

 김집이 대동법에 반대한다고 말하면서 조정을 떠나자 양송兩宋이
라고 불렸던 송준길과 송시열 등이 김집을 옹호하고 나섰다. 그런데
송준길은 효종 즉위년 11월 16일 올린 상소에서는 대동법을 적극 옹
호했다. 자신이 시골에 살면서 부로父老와 사대부 및 백성들의 의견을
들었는데 "대동법을 시행하기를 바라는 마음이 매우 간절했다"면서
"졸곡이 지난 지 몇 달이 지났는데도 아직 사방의 기대에 위로함이
없었다"고 실망을 표시했던 것이다. 이때만 해도 김육의 대동법 시행
상소와 같은 투로 대동법 실시를 주장한 것이었다. 그러나 스승 김집
이 대동법에 강하게 반대하고 나오자 입장을 정반대로 선회했다. 김
집이 사직 상소를 내고 낙향하자 송시열은 효종에게 이렇게 말했다.

"이조판서 김집이 그 자리에 있기가 불안해서 이제 또 물러갔으니 신은 마음속으로 답답합니다. …… 김집은 우상右相(김육)의 상소 내용 때문에 부득이 간 것입니다."

효종이 말했다.

"우상의 상소에는 공척攻斥하는 말이 별로 없었는데 어째서 이렇게 단호하게 갔는가?"

송시열이 말했다.

"대개 대동법에 관한 의논이 맞지 않아서 우상이 불평하는 마음을 가졌습니다."

-《효종실록》 1년 1월 21일

김자점의 옥사와 관련되었던 신면申冕도 한당이자 대동법을 찬성했기 때문에 죽었다는 소문이 돌 정도로 대동법은 정국의 민감한 현안이었다. 이렇듯 충청도에 대동법이 실시되었지만 반대는 계속되었다. 실시 이듬해인 효종 3년(1652) 5월 전 장령 안방준安邦俊이 김육을 격렬하게 비난하는 상소를 올린 것이다. 안방준은 전라도 보성寶城에서 상소를 올려서, "신의 눈에는 위망危亡의 화가 조석朝夕에 닥칠 것으로 보이기 때문에 마음속에 품은 회포를 부득이 성상께 번거롭게 아룁니다"라고 말했다. 조석간에 나라가 망하기라도 한다는 투였다. 안방준은 "신이 이른바 위망이 조석 간에 있다는 것은 경대동京大同의 법을 말하는 것입니다"라고 덧붙였다. 대동법을 실시하는 것이 나라를 망하게 한다는 주장이었다.

누가 전하를 위하여 이런 계책을 냈습니까? 들으니 좌의정 김육이 이 법을 주창했는데 피차의 여러 신하들이 한 사람도 힘써 다투는 자가 없었다 하니, 김육은 충성으로써 일을 그르친 자이고 여러 신하들은 불충으로 일을 그르친 자입니다. …… 전하의 가사家事(나랏일)는 오호라, 위태로워졌습니다.

–《효종실록》 3년 5월 16일

안방준은 김육을 강하게 성토하면서 "오늘날의 김육은 곧 옛날의 유성룡"이라고 말했다. 유성룡이 임란 때 작미법을 실시했던 것을 강하게 비판하는 것이었다. 그러면서 안방준은 이렇게 덧붙였다.

지금은 모두가 탄식하면서 "들으니 경대동을 먼저 호서湖西(충청도)에 시험하고 다음에 양남兩南(호남과 영남)에 실시한다는데 어서 빨리 대궐에 나아가 상소해서 우리 백성들의 생명을 살려주시오"라면서 눈물을 흘리며 우는 자까지 있었으니 인심이 원망하고 배반하는 것을 여기에서도 또한 알 수 있었습니다.

–《효종실록》 3년 5월 16일

안방준이 마치 전란이라도 일어날 것처럼 과장한 이유가 여기에 있었다. 충청도에 실시된 대동법이 호남과 영남에도 확대 실시될 것이란 소문이 돌았던 것이다. 그러니 "인심이 원망하고 배반"하고 있다는 것이었다. 여기에서 '백성'이란 말을 '농지를 많이 소유한 양반 사대부'로 바꾸면 맞는 말이었다. 안방준은 대동법을 혁파해야 한다고 주장하면서도 대동법이 왜 나쁜지는 한마디도 설명하지 못했다. 전형적인 논점 흐리기였다.

백성들은 공납의 폐단에 스스로를 보호하기 위해서 사대동私大同까지 실시하는 형편이었다. 군현에 부과된 공물을 납부하기 위해서 스스로 전토田土 1결당 쌀 1~2말씩 징수해서 공납물을 구입, 납부하는 것이 사대동이었다.

안방준의 비난 상소를 들은 김육은 사직 상소를 냈으나 효종은 허락하지 않았다. 그러나 논박을 받은 김육도 다른 지역으로 대동법을 확대하려는 동력을 상당 부분 상실한 셈이 되었다. 안방준의 상소는 개인의 상소가 아니었기 때문이다. 안방준은 서인 영수 성혼成渾의 문인이었고, 가깝게 지낸 인물들도 정철鄭澈, 조헌趙憲 같은 서인들이 대부분이었다. 안방준은 많은 양반 사대부들의 견해와 상당수 서인들의 당론을 대표해서 김육을 논박한 것이었다. 그러나 이런 반대론은 시대의 흐름을 역행하는 것에 불과했다. 흉년이 들자 그 해결책으로 대동법 확대 실시가 다시 논의되었던 것이다.

효종 5년(1654) 2월 9일 사헌부 장령 심총沈棧이 "양호兩湖에 대동법을 실시하자"고 주장했다. 효종이 심총의 상소에 대한 견해를 묻자 서인 영의정 정태화는 "애당초 시행하지 않는 것만 못합니다"라고 반대했다. 그러자 김육이 다음과 같이 반박했다.

> "신이 호서의 대동법 때문에 이 몸에 많은 비방이 쌓였으므로 감히 이 일에 대해서 참견할 수 없습니다만 신의 소견으로는 여러 도에 균등하게 실시하는 것이 사체상 대단히 편리할 것이라고 생각됩니다."
>
> －《효종실록》 5년 2월 9일

반대론은 거셌다. 심지어 사간원 대사간 이행진李行進이 "심총이 세상에 아부한다"면서 체차하라고 요구하고 나섰다. 언론권이 있는 사헌부 관료가 대동법 실시를 주장했다고 사간원에서 체차하라고 나설 정도로 이 문제는 양반 사대부들의 이익과 직접적으로 관련되어 있었다. 김육은 "간관諫官(사헌부 관원)이 생각한 바를 개진했다고 체차하라고 청하는데 이르렀으니 이러고서야 어찌 나라를 다스릴 수 있겠습니까"라면서 사직을 요청했다. 그러자 효종은 "경이 물러난다면 돈을 유통시키고 둔전을 설치하는 일 등을 누가 다시 맡아서 하겠는가?"라면서 허락하지 않았다.

효종은 김육만큼 국가와 백성들의 부를 증진시킬 수 있는 탁월한 경제관료가 없다는 사실을 잘 알고 있었다. 겉으로는 백성을 위한다면서 뜬구름 잡는 선문답이나 하고, 속으로는 제 잇속 챙기기 바쁜 벼슬아치들이 많은 상황에서 김육은 국부國富와 민부民富의 관점으로 사물을 바라보는 드문 정승이었다.

경제활성화를 위한 화폐 유통의 필요성

김육은 경제활성화에는 화폐 유통이 반드시 필요하다고 생각했다. 그러나 대부분의 관료들은 화폐 유통에 반대했다. 농업은 근본이고 상업은 끄트머리라는 '농본상말農本商末' 사상에 빠져서 상업은 무조건 억제하는 것이 상책이라고 생각한 것이었다. 그러나 김육은 경제가 살아나려면 돈이 유통되어야 한다고 믿었다. 그래서 돈의 유통이 경제활성화에 얼마나 큰 효과가 있는지를 입증해야 한다고 생각했다. 이후 두 경제 부처인 선혜청과 상평청을 주관하게 되자 이승훈李承訓이라는 역관과 정문호鄭文豪라는 서리를 발탁했다.

■ 상평통보 김육은 경제가 활성화되려면 돈이 유통되어야 한다고 믿었다. 그래서 전화의 유통이 국부와 백성들의 생활에 얼마나 도움이 되는지를 직접 선보이려고 했다.

김육은 개성유수留守로 있던 1647년에 〈양서兩西(평안도·황해도)에서 돈(錢)을 사용하기를 청하는 상소〉를 올렸던 적이 있었다. 개성은 이미 중국처럼 돈이 모든 거래에 유통되고 있으니 이를 양서지방으로 확대하게 해달라는 상소였다. 김육은 개성이 다른 지역보다 부유한 이유가 활발한 상업과 돈의 유통에 있다고 보았다. 또한 흉년에는 곡식이 모자라 굶어죽는 반면, 풍년에는 곡식을 낭비하는 악순환의 중요한 요인 중의 하나가 바로 돈이 유통되지 않는 것이라고 판단했다. 그래서 개성유수 시절 올렸던 상소에서 전화錢貨(돈)의 유통이 백성 생활에 큰 도움이 된다고 주장했지만 받아들여지지 않았다. 그런 이유로 선혜청과 상평청을 주관하게 되자 이승훈과 정문호를 시켜 전화의 유통이 국부와 백성들의 생활에 얼마나 도움이 되는지를 직접 선보이려고 한 것이다.

김육은 이시방李時昉과 상의해서 두 사람을 별장別將으로 삼아 양서에 보냈다. 이때 정문호에게는 동전銅錢 7천여 관과 황은黃銀 2천 냥을 주어 상업을 하면서 전화를 유통시키게 했다. 정문호는 1년 만에 본전을 제외하고도 쌀 8천 석을 이자로 남겨서 장부에 기록했다. 이중 4천 석은 경창京倉(중앙정부의 창고)으로 넘기고, 4천 석은 황해도와 평안도 창고로 넘겼다. 이승훈도 은 2천 냥을 가지고 1년 만에 쌀과 콩 700석씩을 상환하고 나서도 은 1천 냥의 이자를 남겨서 정문호처럼 경창京倉에 수납했다.

그런데 경기감사가 정문호 등이 도내에 폐단을 만들고 있으니 처벌해야 한다면서 두 사람을 구속시켰다. 게다가 두 사람이 이익을 남긴 곳은 평안도와 황해도인데 공격하고 나선 곳은 경기도였다. 두 도에서 전화의 유통이 큰 이익을 남기자 경기도에도 자연스럽게 전화 유통이 확대되고 있었다. 그래서 이를 막기 위해 선제 공세를 취한 것이었다. 김육은 효종에게 〈정문호와 이승훈을 감옥에 가두고 치죄하는 원통함을 논하는 차자箚子〉를 올려서 이에 항의했다. 김육은 "(두 사람이) 그에 대한 상은 받지 못하고 도리어 가두고 논죄하는 벌을 받았으니 어찌 원통하지 않겠습니까?"라면서 "신이 만약 그들을 임명해서 보내지 않았다면 죄가 어디에서 나왔겠습니까?"라면서 자신의 직책도 갈아달라고 요구했다.

두 사람이 전화를 유통시킨 결과 백성들도 좋고, 나라와 감영의 창고가 가득 차는 좋은 결과를 얻었지만 상을 받기는커녕 도리어 옥에 갇혔으니 이럴 수가 있느냐는 것이었다. 김육은 이 상소에서 옥에 갇힌 박증朴增 문제도 거론했다. 박증은 황해도 연안延安의 황무지를 개간해서 비옥한 둔전屯田으로 만들었다. 그런데 한 해 풍년이 들지 않았다는 핑계로 박증을 죄인으로 몰아서 한 자급 올려준 것을 박탈하고 옥에 가두었던 것이다. 이에 대해 김육은 "이 뒤로는 비록 사람을 모집해 농사를 짓는다고 하더라도, 아마 정문호·이승훈·박증의 일에 징계되어 다시는 국가를 위하여 힘쓸 사람이 없을 것입니다"라고 항의했다. 백성들의 부를 증진시키고 황무지를 개간해서 옥토로 만들면 도리어 옥에 갇히는 상황이었다. 효종은 "차자를 보고 그 뜻을 다 알았다"면서 "이승훈과 정문호는 가두고 치죄하지 못하게 하겠으니 마음 편히 먹고 사죄하지 말라"는 비답을 내렸다.

양반 사대부들은 대동법 확대 실시에 반대하고 백성들은 찬성하는 상황은 계속되었다. 호남의 사민土民들은 안방준의 상소와는 정반대로 호남에도 대동법을 시행해달라고 연속으로 상소를 올렸지만 조정에서 거부되었다. 그러자 김육은 효종 7년(1656) 큰 재해가 발생한 것을 계기로 상차를 올려서 "호남의 백성들이 크게 근심하면서 '왜 유독 호서만 아끼면서 우리들은 가엾게 여기지 않는가'라고 말하니 그들의 말과 뜻이 가련하고 서글픕니다"라면서 호남에도 대동법을 시행하자고 주청했다. 그래서 조정에서 다시 이 문제에 대해 논의에 부쳤는데 영의정 정태화, 대사헌 정치화鄭致和 등 서인들의 반대로 좌절되고 말았다. 그러자 김육은 호남 감사에게 대동법에 대한 관내 수령들의 여론을 조사하게 했다. 그리고 그 결과를 효종에게 보고했다.

"엎드려 호남 도신道臣(감사)의 장계를 살펴보니 수령과 아전들과 백성들의 실정과 거짓을 모두 알겠습니다. 대략 말하건대 53고을 중에 대동법을 시행하기를 바라는 곳이 34고을이고, 결정하지 못한 곳이 16고을이고, 시행하지 않기를 바라는 곳이 13고을입니다."

—《효종실록》 8년 11월 8일

■ 이원익 김육과 함께 그는 공납 대신 농지 1결당 쌀 12두를 걷자고 주장했다. 대동법 실시 관청의 이름이 '은혜를 베푸는 관청'이란 뜻의 '선혜청宣惠廳'일 정도로 백성들에게 대동법은 좋은 제도였다.

　김육은 이 상차에서 "일부에서 1결에 10말을 내는 것이 비싸다"라고 말하는 것은 "눈앞에 대놓고 속이는 것"이라면서 호남에도 대동법을 시행해야 한다고 주장했다. 김육은 "비국備局(비변사)과 상의한다면 이 일이 어느 때에 정해질 수 있을지 모르겠다"면서 "임금께서 직접 윤음綸音을 내려서 결단해 시행하시라"고 권유했다. 비변사의 논의에 붙이면 양반 사대부들의 견해를 대변해서 '불편하게 여기는 사람들이 있다'는 등의 말로 유보될 것이 뻔하기 때문이었다.

　이렇게 대동법을 둘러싸고 수십 년 째 논란이 계속되는 와중에 김육은 깊은 병이 들었다. 그는 효종 9년(1658) 9월 초 죽음을 예견하고 유차遺箚를 올렸다. 대신이 죽음을 앞두고 마지막 유언으로 견해를 표면하는 상소가 유차였다.

신의 병이 날로 심해지니 실낱같은 목숨이 얼마나 더 살다가 끊어지겠습니까? 다시는 천안天顏(임금의 얼굴)을 뵙지 못할까 생각하면서 궁궐을 바라보니 눈물이 비 오듯 흘렀습니다.

-《효종실록》 9년 9월 5일

그는 죽음에 임해서 올린 유차에서도 호남에 대동법 확대 실시를 주장했다.

호남의 일(대동법)은 신이 이미 서필원徐必遠을 천거해서 부탁했는데, 신이 만약 갑자기 죽게 되면 하루아침에 돕는 자가 없어져서 일이 심지어 중도에 폐지될까 염려됩니다. 그가 사은하고 떠날 때 전하께서 힘쓰라고 격려하고 보내셔서 신이 하려고 하던 것을 마치게 하소서.

-《효종실록》 9년 9월 5일

김육은 병이 들어 오래 살 것 같지 않자 호남의 대동법 확대 실시 문제가 걱정되었다. 그래서 서필원을 전남감사로 천거해 호남에 대동법을 시행하는 임무를 맡긴 것이었다. 자신이 비록 죽어도 대동법만은 호남에 실시해야겠다는 뜻이었다. 효종은 김육을 위로하면서 병조리를 잘 하라고 권고했다.

"호남의 일에 대해서는 이미 적임자를 얻어 맡겼으니 우려할 것이 있겠는가?"

그러나 김육은 끝내 일어나지 못하고 효종 9년(1658) 9월 5일 세상을 떠나고 말았다. 효종은 "국사를 맡아서 김육처럼 굳게 흔들리지 않는 사람을 어찌 얻을 수 있겠는가?"라고 탄식했다.

김육의 뜻은 헛되지 않아서 그해 대동법에 찬성하는 군현이 많은 호남의 해읍海邑에 대동법이 실시되었다. 그후 양반 사대부들과 이들의 이해를 대변하는 벼슬아치들의 끈질긴 반대로 시행과 혁파가 반복되었지만, 대동법 확대 실시는 도도한 시대의 흐름이었다.

대동법은 계속 확대 실시되어 1662년(현종 3년) 전라도의 산군山郡, 1666년 함경도, 1678년(숙종 4년) 경상도, 1708년(숙종 34년) 황해도를 끝으로 전국적으로 퍼졌다.

대동법이 가져온 삶의 변화

효종과 현종 때는 극심한 천재지변에 시달렸다. 특히 현종 11년(1670) 경술년과 12년(1671) 신해년에는 경신庚辛대기근이라 불리는 역사상 유례없는 천재지변이 닥쳐 굶어죽는 백성들이 속출했다. 이때는 몰랐지만 16~19세기는 세계적인 소빙기였다. 대동법 논쟁이 치열했던 데는 이런 시대상황도 있었다. 계속되는 흉년으로 줄어든 수입에 대한 분배문제가 정국의 현안이 되었던 것이다. 그러나 많은 반대에도 대동법이 확대 실시되면서 백성들은 절대적 빈곤에서 차차 벗어나게 되었다. 경신대기근을 극복하는 데 대동법이 중요한 역할을 했다는 것은 주지의 사실이었다. 그래서 경신대기근을 극복한 현종 14년(1673)에 11월 전 사간司諫 이무가 현종에게 이렇게 보고했던 것이다.

대소 사민士民이 서로 "우리가 비록 신해년(현종 12년)의 변을 겪었지만 지금까지 보존할 수 있었던 것은 대동법의 은혜입니다. 대동법 이전에는 농지 1결에 쌀을 60두씩 바쳐도 부족했지만 대동법 이후에는 1결에 10두씩

만 내어도 남습니다. 만약 대동법을 혁파한다면 백성이 굶주리고 흩어져도 구할 방도가 없을 것입니다"라고 말합니다.

-《승정원일기承政院日記》현종 14년 11월 21일

대소 사민들이 대동법 덕분에 대기근에서 죽지 않고 살아남았다고 할 정도로 백성들에게 큰 혜택을 베풀었던 법이었다. 김육을 필두로 조익·이시백李時白·이시방 형제 등 대동법 시행에 정치 생명을 걸었던 고위 벼슬아치들의 신념이 만든 변화였다. 김육이 세상을 떠난 후 그의 유지를 이어 대동법 시행을 추진한 이시방도 현종 1년(1660) 세상을 떠났는데, 문집인 《서봉일기西峯日記》에는 이시방이 의식을 잃은 상태에서도 "내가 죽은 후에 누가 다시 대동법을 주장할 것인가?"라고 탄식했다고 적고 있다.

대동법이 단순히 백성들의 생활만 개선시켰던 것은 아니다. 대동법은 조선의 경제 전반과 신분제까지 영향을 미쳤다. 대동법이 가장 큰 영향을 미친 분야는 경제였다. 이 법이 실시됨으로써 조정은 과거 공납으로 받던 물품을 충당하기 위한 새로운 체제를 수립해야 했다. 그래서 관청에 이런 물품을 납품하는 공인貢人이란 직업이 생겨났다.

공인들은 납품할 물건 값을 선불로 받는 특혜가 있었기 때문에 상당한 자본을 축적할 수 있었다. 이렇게 자본을 축적한 일부 공인들은 선대제先貸制로 수공업자를 지배하기도 했다. 수공업자들에게 자재 값을 미리 대주어 물품을 제작하게 했던 것이다. 이는 상인의 자본이 수공업자를 지배했다는 뜻으로서 자본주의 초기에 나타나는 상업 자본주의의 원초적 형태였다.

대동법이 촉진시킨 경제발전은 조선사회 내부에서 자체적으로 근대화를 지향하는 흐름을 형성했다. 대동법의 경세가 김육이 역사에 남긴 발자취는 이렇게 컸던 것이다.

7

기상

전통을 지키려다
쿠데타를 맞다

천추태후

역사를 해석할 때 사료를 남긴 사람들의 세계관을 이해해야 실수하지 않게 된다. 역사서를 저술하는 사람들은 자신의 세계관으로 한 시대와 그 시대를 움직인 사람들을 평가하기 때문이다. 특히 한국사는 유교적 관점에 숭중崇 中 사대주의 관점이 더해져 서술된 경우가 많다. 한국사회 고유의 전통을 지키려고 했던 사람들은 폄하 받게 되어 있으며, 여성일 경우 폄훼가 가중된다. 그런 폄훼를 거두어내고 그 사람을 바라보아야 그 시대의 본질에 다가갈 수 있다. 천추태후는 한 국가나 조직에서 노선을 정립하는 것이 얼마나 중요한지 알 수 있는 인물이다. 정권 획득 그 자체가 목적이 아니라, 정권으로 이룩해야 할 노선이 있을 때 권력을 차지해야 한다는 사실을 보여주고 있는 것이다.

왕건식 삼한통합이 남긴 폐해

고려는 왕건이 세상을 떠난 후 극심한 노선갈등을 겪게 되는데 이는 왕건의 건국 과정의 산물이기도 하다. 왕건의 후삼국 통일 비결을 간략히 설명하면 '중폐비사重幣卑辭'와 '혼인정책'이라고 볼 수 있다. 후백제 견훤이 신라를 비롯한 각지 호족들을 강력하게 억압한 반면, 왕건은 신라와 각지 호족들을 대부분 포용하는 정책을 실시했는데, 그것이 '중폐비사'와 '혼인정책'이었다. 중폐비사는 각지의 호족들에게 많은 예물을 주고 자신을 낮추는 말을 한다는 뜻이며, 혼인정책은 이 정책의 연장선상에서 각지 호족들의 딸과 혼인하는 것이었다. 이것이 바로 신라포용정책이고 호족융합정책이었다. 왕건은 신라 왕손들을 지배층으로 계속 존속할 수 있게 했다. 신라의 마지막 임금 경순왕敬順王의 백부 김억렴金億廉의 딸을 신성왕후神成王后 김씨로 삼고 자신의 두 딸을 경순왕 김부金傅에게 출가시켜 중첩된 혼인관계를 맺었다. 이런 정책으로 신라 상하의 민심이 왕건에게 돌아왔고, 왕건은 삼한 통합의 주역이 될 수 있었다.

왕건의 신라포용정책과 호족융합정책은 후삼국을 통일하는 과정에서는 큰 효과를 발휘했지만 왕건 사후 고려가 나아갈 방향을 잡는데는 큰 장애요소가 되었다. 혼인정책을 통해 무려 스물아홉 명의 후비를 두었는데, 이들이 낳은 자식들끼리 왕위 경쟁은 불가피한 것이었다. 그 외가가 대부분 유력 호족인 만큼 경쟁은 치열해질 수밖에 없었다. 또한 노선 경쟁도 치열했다.

왕건은 이상과 현실을 조화시키려던 인물이었다. 경순왕의 백부 김억렴을 비롯해 각지 호족들을 장인으로 모시면서도 국가 정책으로는 고구려 제국의 재건을 꿈꾸었다. 태조는 즉위 해 9월에 "평양 고도平壤古都가 황폐한 지 오래되었어도 그 터전은 여전히 남아 있다"라면서 고구려 강토 회복에 강한 의지를 내보인 것이 이를 말해준다. 중국 송나라 때 편찬된 《자치통감》에는 왕건이 즉위해 "개주開州(개성)로 동경東京을 삼고 평양으로 서경西京을 삼았다"라는 기록이 있다. 왕건이 즉위 초 개경뿐 아니라 서경까지 수도로 삼는 양경제兩京制를 운영했음을 보여주는 기록이다. 왕건은 삼한통합 후 평양을 국도로 삼아 고구려의 광대했던 옛 강역을 수복하려는 야망을 갖고 있었다. 그는 재위 26년 임종을 앞두고 후왕들에게 내린 〈훈요십조訓要十條〉에서 해마다 2·5·8·11월에 임금들이 직접 서경에 행차해 100일 이상 머물라고 유언했다. 자신이 못 이룬 꿈을 후왕後王들이 이뤄달라는 당부였다.

그러나 왕건은 고구려 강역 수복이란 이상은 남겨주었지만 그런 이상을 실현할 체제는 만들어놓지 못했다. 왕건 사후 극심한 권력투쟁이 발생한 것은 왕건이 통일방식으로 선택한 '중폐비사'와 '혼인정책'의 불가피한 산물이었다. 이는 단순히 권력을 장악하기 위한 투쟁의 성격도 있었지만 고려가 어디로 가야 하는가를 둘러싼 노선투쟁의 성격도 강했다. 왕건의 유훈을 실천하려는 진취적 세력도 있었지만 현실에 안주하려는 세력도 적지 않았다. 특히 경주세력과 유학세력들은 현실 안주를 주장했다. 이들은 고려를 황제국에서 제후국으로 격하시키고 중국의 제후국에 안주하면서 국내의 기득권을 유지하려 했다. 《고려사》가 천추태후를 시종 부정적으로 서술하는 것은 이런 노선 투쟁에서 천추태후가 유학세력들과 다른 노선을 택했기 때문이다.

천하의 악녀설은 모함이었다

천추태후 황보皇甫씨는 《고려사》〈후비 열전〉에는 "헌애왕태후 황보씨"라고 나온다. 그런데 다른 후비 열전과는 달리 비난하는 내용 일색이다.

> 천추전千秋殿에 거처했기 때문에 세상에서는 천추태후라고 불렀다. 김치양金致陽과 사통해 아들을 낳고는 그 아들에게 왕의 자리를 잇게 하려했다. 그때 현종顯宗은 대량원군大良院君이 되었는데, 태후가 그를 꺼려서 강제로 출가시켜서 삼각산三角山 신혈사神穴寺에 우거시기 때문에 세상에서는 신혈소군神穴小君이라고 불렀다. 태후가 여러 차례 사람을 보내서 해치려고 모의했다.
>
> ─《고려사》〈후비 열전〉

《고려사》〈후비 열전〉은 천추태후에 대해 "① 김치양金致陽과 사통해 아들을 낳았다. ② 그 아이에게 왕위를 잇게 하려고 대량원군(현종)을 죽이려 했다"고 비난하고 있는 것이다. 이 두 가지 내용이 사실이라면 천추태후는 불륜으로 낳은 아들을 왕으로 만들기 위해 선왕의 적자를 죽이려 했던 천하의 악녀가 될 수밖에 없을 것이다. 그러나 세상사는 모두 사연이 있고, 관점이 있는 법이다. 그 사연과 관점에 따라 간신이 충신이 되기도 하고, 역적이 혁명가가 되기도 하는 것이다.

천추태후의 부친은 대종戴宗 왕욱王旭인데, 왕욱의 부친은 태조 왕건이다. 왕건은 여섯 명의 왕후와 스물 세 명의 후궁을 두었는데, 왕욱의 어머니는 신정왕태후神靜王太后 황보씨였다. 할아버지도 왕씨, 아버지도 왕씨인데 황보씨가 된 것은 외가 쪽의 성을 딴 것이었다. 이때만 해도 외가쪽의 성을 따는 것이 드문 일은 아니었다. 왕욱은 태조가 정덕왕후貞德王后 유씨에게서 낳은 배다른 누이 선의태후宣義太后 유씨와 혼인해서 성종成宗(재위 981~997), 천추태후(헌애왕후), 헌정왕후獻貞王后를 낳았다. 왕욱이 이복누이와 혼인했다는 사실이나 자신의 딸의 성을 황보씨로 했다는 사실 등은 이 시기를 유교 사관의 관점에서만 바라봐서는 안 된다는 점을 말해준다.

천추태후 황보씨는 광종光宗의 맏아들이었던 제5대 경종景宗(재위 975~981)과 국혼을 치러서 헌애왕후가 되었다. 그런데 태조 왕건의 4남이었던 광종은 천추태후의 사촌오빠였고 여덟 살이 많았다. 그런데 천추태후의 동생 헌정왕후도 경종과 혼인해서 자매가 모두 한 남자의 아내이자 왕비가 되었다. 지금의 관습으로는 이상하게 보이지만 지배층의 족내혼은 권력을 배타적으로 유지하는 방식의 하나였다. 두 딸을 국왕 경종에게 시집보냈다는 사실은 이상한 것이 아니라 집

216

■ 고려 경종의 영릉 경종은 부친이 왜 피의 숙청을 단행했는지 이해하지 못했다. 그래서 즉위하자마자 부왕의 치세를 뒤집는 정책에 나섰다.

안 자체의 위세를 잘 말해주는 것이다. 외증조부 황보제공皇甫悌恭은 예성강 서북 패서浿西 내륙 일대를 대표하던, 왕가 못지않던 호족이었다. 황보제공의 딸이자 천추태후의 할머니가 신정왕태후 황보씨였다. 조금 복잡하지만 정리하면 그녀의 할머니는 왕건의 왕비 신정왕태후이고, 어머니는 성종의 모후 선의태후 유씨이고, 그 자신과 동생은 경종의 왕비였다. 할머니, 어머니, 자신이 왕비 아니면 왕태후였으니 당대 최고의 가문이라고 해도 과언이 아니었다.

그러나 그녀가 혼인할 당시 경종에게는 이미 두 명의 부인이 있었다. 제1비는 신라의 경순왕의 딸 헌숙왕후獻肅王后였고, 제2비는 헌의왕후獻懿王后 유씨였다. 헌숙왕후는 경순왕의 딸이니 천년 전통의 명가였고, 헌의왕후 역시 광종의 동복동생 문원대왕文元大王 정貞이 태조의 제6비 정덕왕후 유씨 소생인 문혜왕후文惠王后에게서 난 딸이었다. 역시 쟁쟁한 명가였다.

유교식 정치 이념을 수용한 성종과의 갈등

천추태후의 사촌오빠이자 남편이기도 했던 경종의 치세는 그리 빼어
나지 못했다. 경종은 광종 16년(965) 2월 11세의 나이로 태자에 책봉
되는데, 이때는 광종이 한창 호족과 공신세력 숙청에 열을 올릴 때
였다. 경종은 부친이 왜 가혹한 피의 숙청을 단행했는지를 이해하
지 못했다. 광종의 숙청은 왕건이 남긴 호족융합정책이란 유산을 정
리하기 위한 불가피한 선택이었다. 왕실과 맞먹는 호족들을 그대로
둔 채 왕실의 권위를 세울 수는 없었다. 그러나 경종은 왕가의 눈이
아니라 다분히 호족이나 공신의 눈으로 사물을 바라보았다. 그래서
즉위하자마자 광종의 치세를 부인했다. 광종의 무자비한 호족 숙청
때 태자인 그도 화를 입을 뻔했기 때문이란 시각도 있었다. 실제로
제2대 혜종惠宗(재위 943~945)의 아들 흥화군興化君과 3대 정종定宗
(재위 945~949)의 아들 경춘원군慶春院君은 역모에 휘말려 목숨을 잃
었다. 광종에게 다른 아들이 있었다면 태자였던 경종 역시 화를 입었
을 가능성은 있었다.

975년 즉위 당시 21세 성인이었던 경종은 즉위하자마자 부왕의 치
세를 뒤집는 정책에 나섰다. 먼저 대사면령을 내려 부왕 때 귀양 간
사람들과 옥에 갇힌 사람들을 석방했고, 관작을 빼앗긴 사람들을 복
작復爵시켰다. 심지어 왕선의 건의에 따라 광종 때 일에 대한 복수법
까지도 허용했다.

경종은 광종이 피의 숙청을 단행한 이유를 깨닫고, 그 토대 위에서

왕실의 권위를 강화하고 호족들의 세력기반을 약화시키는 조치를 취해야 했다. 그러나 광종의 치세를 부인하다 못해 복수법까지 허용했으니 무수히 많은 복수전이 벌어진 것은 당연했다. 그는 광종의 개혁정치는 그저 반대파를 제거하기 위한 폭정으로만 인식했다. 심지어 복수법까지 허용되자 광종의 호족 숙청보다 더 큰 부작용이 일어났다. 게다가 태조와 천안부원부인 임씨 사이에서 낳은 효성孝成태자, 태조와 숙목부인 사이에서 낳은 원녕元寧태자까지 살해되는 사태가 발생했다. 복수법은 태조 왕건의 두 아들까지 살해되는 부작용을 낳았던 것이다. 한마디로 경종은 시대의 의미를 읽을 줄 모르는 군주였다.

그러면서 경종은 정사를 게을리 하고 여색과 바둑으로 시간을 보냈다. 반면 헌애왕후는 남편 경종과 달리 정치적 지향점이 뚜렷한 인물이었다. 그는 태조 왕건의 유지가 계속 이어져야 한다고 생각했다. 그러나 경종이 허락하지 않는 한 자신의 생각을 정책에 반영할 방법이 없었다. 헌애왕후는 자신의 정치적 뜻을 펼칠 수 있는 인물을 임금으로 만들어야 한다고 생각했다. 가장 좋은 방법은 자신의 아들을 국왕으로 만드는 것이었다.

헌애왕후는 다른 왕후, 후궁들을 제치고 경종의 유일한 왕자 송誦을 낳는 데 성공했다. 순서로는 세 번째 왕후였지만 왕자를 낳은 그의 위치는 명목상의 서열을 앞질렀다. 무엇보다도 미래를 기약할 수 있었다. 그 미래는 경종의 독자를 낳은 헌애왕후의 것이었다. 이 어린아이를 잘 교육시켜 훗날 왕건의 유지를 계승하게 만들 것이었다.

그러나 1년 후 경종이 26세의 젊은 나이로 재위 6년(981)만에 죽는 바람에 이런 바람은 그야말로 꿈이 되고 말았다. 경종은 죽기 직전 21세인 헌애왕후의 오빠 왕치王治(성종)를 후사로 지명하고 세상을 떠

났다. 왜 두 살짜리 자신의 혈육을 왕으로 삼지 않았느냐고 따질 수
도 없었다.

아들이 등극하지 못할 바에야 친오빠의 즉위가 나쁠 것은 없었다.
그러나 성종의 정치철학이 헌애왕후와 다른 점이 문제였다. 그녀는
태조 왕건이 남긴 유훈의 실천을 고려 왕실이 나아가야 할 길이라고
생각했지만 성종은 그렇지 않았다. 성종은 고구려 제국의 부활이 아
닌 중국의 유교식 정치이념을 받아들인 제후국의 실현을 치세목표
로 삼았다.

《고려사》〈성종세가〉는 성종이 즉위하자마자 "팔관회八關會의 잡기
들이 떳떳하지 못하고 번쇄하다고 생각해 이를 전부 폐지하였다"고
전하고 있다. 뿐만 아니라 연등회나 선랑仙郎 같은 고려의 전통행사들
도 "떳떳치 못하다"며 없앴다. "떳떳치 못하다"는 것은 중국적 시각으
로 볼 때 그렇다는 것이었다. 즉, 중국식 사대주의 관점으로 고려의
전통행사들을 낮춰 본 것이다. 이는 태조 왕건이 사왕嗣王들에게 남
긴 〈훈요십조〉 정신과는 다른 것이었다. 태조는 〈훈요십조〉에서 팔관
회는 천령天靈·오악五嶽·명산名山·대천大川·용신龍神을 섬기는 것이
라며 이를 잘 지키라고 당부했지 마음대로 폐기하라고 하지는 않았
다. 설혹 성종이 사대주의 시각을 갖고 있다고 해도 고려의 전통행사
를 폐지할 필요는 없었다. 전통을 지키면서도 중국의 것 중 받아들일
만한 것은 받아들이면 되었다.

그러나 성종은 그 정도로 그치지 않고 고려의 전통적인 정치체제
도 중국식 정치체제로 바꾸어 체제 자체를 제후국으로 만들려고 했
다. 역대 선왕들의 신주를 모시는 중국식 태묘太廟와 토지신과 곡식
신에게 제사를 지내는 사직社稷과 공자를 제사하는 문묘文廟 등을 설

치했다. 이런 것이 꼭 나쁘다고만 할 수는 없었다. 그러나 성종은 개국 이래 사용해오던 '조서詔書'라는 용어를 황제가 쓰는 말이라며 제후의 용어인 '교서敎書'로 개칭했다. 중국식 유교 정치체제란 잣대를 들이대니 고려는 제후국으로 전락할 수밖에 없었던 것이다. 자주적 관점에서 중국의 문물을 받아들인 것이 아니라 중국의 문물이 우월하고 고려의 전통은 하등하다는 관점에서 나온 행위였다. 황제국을 지향했던 고려가 성종 즉위 후 내면까지 제후국으로 전락한 것이었다.

전통 풍습마저 바꾼 사대주의 정책

성종의 사대주의 정책은 남녀문제까지 적용되었다. 유교적 관점의 남녀관계를 적용했던 것이다. 신라의 전통을 이어받았던 고려 왕가의 성 풍습은 자유로웠다. 그러나 성종은 여동생들에게 수절을 강요했다. 18세의 헌애왕후나 더 어렸던 동생 헌정왕후는 수절하기에는 젊다기보다도 어렸지만, 유교윤리에 구애받지 않는 고려 여인이었다.

헌애왕후가 외가친척 김치양이 승려복장을 하고 나타났을 때 별다른 망설임 없이 정을 통했던 것은 근친결혼이 하나의 풍습이었던 고려 풍속으로 볼 때 그리 비난받을 일은 아니었다. 그러나 성종은 이 사실을 알고 나서 김치양을 곤장으로 친 후 멀리 귀양 보내버렸다.

동생 헌정왕후도 같은 고려 여인이어서 친족과의 사랑에 그리 주저하지 않았다. 경종 사후 궁궐에서 나온 그녀는 왕륜사王輪寺 남쪽 집에 거주했다. 그녀에게도 곡령鵠嶺에 올라 소변보는 꿈 이야기가 전해진다. 왕실이나 귀족 여인들의 산 위에서 소변보는 꿈 이야기는 아들이 왕위에 오를 조짐으로 폭넓게 해석되었다. 헌정왕후는 멀지 않은 곳에 살던 이복숙부 안종安宗 왕욱王郁과 왕래하다가 정을 통하게 되었다. 성종이 수절을 강요한다는 사실을 알고 있기 때문에 둘은 통정通情 사실을 비밀에 부쳤다.

그러나 성종 11년(992) 7월 헌정왕후가 왕욱의 집에서 자고 있을 때 들통 나는 사건이 발생했다. 왕욱의 종들이 뜰에 땔나무를 쌓고 불을 질렀는데 불꽃이 너무 치솟아 마치 불이 난 것 같았다. 백관百官이 달려가 불을 끄는 와중에 성종도 위문하러 갔다가 두 사람 사이의 간통사실을 알게 되었다. 성종은 안종 왕욱을 경상도 사수현泗水縣(사천)으로 귀양 보냈다. 안종과 헤어져 집으로 돌아오던 헌정왕후는 집 앞에서 산기를 느꼈다. 집 안으로 들어갈 새도 없어서 문 앞 버드나무가지를 붙잡고 아이를 낳았는데, 그 아이는 바로 훗날 현종(재위 1009~1031)이었다. 길가에서 아이를 낳은 헌정왕후는 산후조리를 잘못해 그만 죽고 말았다.

헌애왕후는 오빠 성종의 중국 사대주의 사상이 동생을 죽이는데 일조했다고 생각했다. 성종의 유교식 성 관념은 이복형제들끼리도 결혼시켰던 할아버지 왕건의 뜻과는 분명히 다른 것이었다. 헌애왕후의 불만은 자유로운 성관계를 억압받는 데 대한 개인적인 차원만은 아니었다. 성종은 최승로崔承老 같은 유학자들과 신라계 인물들을 적극 등용해 정책을 펼쳤다. 최승로의 유명한 〈시무 28조時務二十八條〉에는 백성들의 민폐를 해소하라는 바람직한 건의도 있지만 광종 때의 주요 개혁정책이었던 노비안검법奴婢按檢法의 중단도 요구했다. 노비안검법은 권세가들에 의해 억울하게 노비로 전락한 양민들을 원래 신분으로 환원시키는 조치라는 점에서 백성들의 민폐를 해소해야 한다는 주장과는 상반되는 것이었다. 결국 그는 광종의 왕권강화책으로 약화된 호족 및 공신세력의 정치적·경제적 입장을 옹호하는 것이었다.

중국식 유교정치체제를 받아들인 결과 고려는 문약해진데다 국제현실을 외면하고 송나라만 중시하는 외교정책으로 거란족 요나라의 반발을 샀다. 성종 12년(993) 거란의 소손녕蕭遜寧이 고려를 침략하자 중국식 유학정치체제를 지향하던 유학자들은 서경 이북 땅을 떼어주고, 황주黃州로 내려오자는 할지론割地論을 주장했다. 외적의 침략에 맞서 강토를 떼어주자는 할지론을 내세울 수 있었다는 자체가 이들의 문제점을 적나라하게 보여주는 것이었다. 이들에게 중요한 것은 국내 권력이었지 국가 자체가 아니었다. 할지론에 반대한 서희가 소손녕을 찾아가 담판을 벌인 결과 겨우 무마했지만, 천추태후에게 할지론은 한심한 패배주의로 받아들여졌다. 이 모든 것이 태조 왕건의 북진론을 저버리고 유교식 정치체제를 도입해 고려를 문약하게 만든 결과라고 판단했다.

천추태후의 섭정을 둘러싼 수수께끼

태조는 후왕들에게 북쪽 서경(평양)을 자주 행차하고 적어도 1년에 100일을 서경에 머물라는 유훈을 남겼지만 성종은 거꾸로 남쪽을 좋아했다. 태조 왕건이 고구려를 지향했다면 성종은 신라를 지향한 셈이었다. 그런데 성종은 재위 16년(997) 평소 취향대로 남쪽 옛 신라 강역에 갔다가 갑자기 병석에 드러눕게 되었다. 그해 가을 8월까지만 해도 그런 기미는 전혀 없었다. 이때 성종은 동경(서라벌)으로 가서 시종한 신하들과 군사들에게 물품을 나눠주는 한편, 의부義夫(의로운 남편)·절부節婦(절개를 지킨 부인)·효부孝子·순손順孫(조부모를 잘 모시는 손

자)에게 유교식 정문旌門과 물건을 내려주었다. 그 후 개경으로 귀경
했다가 9월에 다시 흥례부興禮府(경상도 울산)에 가서 태화루太和樓에
서 군신들에게 잔치를 베풀었다. 그때 바다 가운데에서 큰 고기를 잡
았다. 그러다가 갑자기 병이 들어서 개경으로 돌아와야 했다. 10월에
는 성종의 병이 악화되어 위독해졌는데, 이때 평장사平章事 왕융王融
이 대사면을 단행해서 병을 고치자고 주청하자 성종은 거부했다.

"죽고 사는 것은 하늘에 달려 있는데, 어찌 죄 있는 자들을 석방시
켜서 억지로 생명을 연장하겠는가? 또한 나를 계승한 자는 무엇으로
써 새로운 은혜를 베풀겠는가?"

성종은 최소한 유학자다운 원칙은 지킨 셈이었다. 성종은 문덕왕후
文德王后 유씨와 문화왕후文和王后 김씨, 연창군부인延昌郡夫人 최씨
등 세 명의 부인을 두었다. 문덕왕후 유씨는 광종의 딸이었으니 고려
왕실 전통의 족내혼이었지만 나머지 두 명은 족외혼이었다. 대부분이
족내혼이었던 역대 왕들과는 달리 이 부분도 유교식 혼인 방식을 지
킨 것이었다. 그런데 문덕왕후 유씨에게서는 자식이 없었고, 나머지
두 부인도 딸 한 명씩 두었을 뿐이었다.

이때 성종은 38세였는데 살아날 가망이 없었다. 경종이 죽기 직전
자신에게 내선內禪(살아서 왕위를 물려줌)한 것처럼 그는 개령군開寧君을
불러 직접 왕위를 물려주었다. 그리고 내천왕사內天王寺로 이어한 뒤
세상을 떠났다. 이때 성종으로부터 왕위를 이어받은 개령군이 바로
헌애왕후의 아들 왕송王誦 목종穆宗(재위 997~1009)이었다. 목종은 즉
위년 12월 어머니 황보씨(헌애왕후)를 왕태후로 높였다. 그런데 《고려
사》〈후비 열전〉은 의외의 사실을 전해주고 있다.

목종의 나이 이미 열여덟이었지만 태후가 섭정攝政했다. 천추천千秋殿
에 거주했으므로 세상에서 천추태후라고 불렀다.

-《고려사》〈후비 열전〉

이때 목종은 18세의 성인이었다. 관례冠禮만 치르면 비록 혼인하
지 않았어도 성인 대접을 해주는 것이 예법이었다. 광종은 재위 16년
(965) 2월 장남 왕주王伷(경종)에게 관례를 치러주었다. 경종의 나이
11세 때의 일이다. 목종이 즉위 훨씬 이전부터 성인 대접을 받았음은
물론이다.

그럼에도 천추태후가 섭정하게 된 이유는 무엇일까? 이는 두 가지
로 해석할 수 있을 것이다. 하나는 헌애왕후가 목종의 즉위에 큰 공
을 세웠다는 사실이다. 헌애왕후는 아들이 없는 성종의 미래를 준비
했다. 이는 그녀가 평소에는 성종의 정책에 반기를 들지 않았다는 뜻
도 된다. 반기를 들었다면 성종은 다른 종친에게 왕위를 넘겨줄 것이
었다. 헌애왕후는 성종 치세 동안 가만히 엎드려서 기회가 오기를 기
다렸다.

다른 하나는 헌애왕후가 지속적으로 아들 왕송에게 정치교육을 시
켰다는 사실이다. 아들을 왕으로 만들어봐야 이미 성인이 된 아들
이 자신의 노선을 고집하면 방법이 없었다. 아들을 왕으로 만드는 것
이 목적이 아니라 태조 왕건의 유훈을 실천하는 것이 목적이었다. 고
려를 중국의 제후국이 아니라 황제국으로 만들고, 고구려의 옛 강역
을 회복해 대 고려를 이룩하는 것이 목적이었다. 킹메이커 자체가 목
적이 아니라 나라의 방향을 바로 잡는 것이 목적이었다. 그 목적을 위
해 성종 치세에는 가만히 엎드려 있으면서 만약에 대비하다가 아들

을 왕으로 만들었다.

그리고 아들의 위임을 받아 자신이 직접 섭정에 나섰다. 이제 태후의 신분을 갖게 된 헌애왕후는 성종의 잘못된 정책을 되돌려놓기 시작했다. 목종에게 압력을 가하는 간접적 방식이 아니라 천추궁에 머무르면서 직접 정치를 주관하는 직접적 방식으로 고려의 정책방향을 되돌려 놓기 시작한 것이었다. '태후'라는 명칭 자체가 황제의 살아 있는 어머니란 뜻이었다. 제후의 살아 있는 어머니인 대비大妃가 아니었다. 그렇게 자신의 칭호부터 고려를 황제국으로 다시 격상시키려 한 것이다.

천추태후는 귀양 간 김치양을 불러들여 우복야右僕射 겸 삼사사三司使에 임명했다. 목종과 자신이 다시 추진하는 고려의 전통부활정책을 도우라는 뜻이었다. 유행간庾行簡·이주정李周禎·문인위文仁渭 등 자신의 친정 세력인 패서호족浿西豪族 일원을 등용한 것도 마찬가지 이유였다. 목종은 원년(998) 5월 문무백관들에게 "태조와 황고皇考(아버지 대종 왕욱)의 제삿날을 전후해서 각각 5일간씩 불공을 드리고 1일간 조회를 정지하라"고 명했다. 성종이 만들어놓은 유교식 정치를 다시 고려식 정치로 전환하려는 것이었다.

또한 그해 7월에는 서경을 호경鎬京으로 개칭했다. 지금의 중국 섬서성 서안西安인 호경은 주周 무왕武王이 도읍한 곳으로서 중국 역대 왕실에서 수도로 삼았던 곳이자 여러 왕조들이 정통성의 기반으로 삼았던 곳이기도 했다. 서경을 호경으로 개칭함으로써 천추태후는 고려의 정신적 수도가 고구려의 수도였던 서경이란 사실을 분명히 하고자 했던 것이다. 또한 북진을 강조했던 왕건의 유훈을 실천하기 위해 목종에게 네 번이나 서경에 행차하게 했다. 그리고 그때마다 산악과 주진州鎭 핵심지역에 제사를 지내서 전통신에게 가호를 빌었다.

천추태후는 자신을 위해 진관사眞觀寺를, 목종을 위해 숭교사崇敎寺를, 김치양의 출신지 서흥에 성수사星宿寺를, 궁성 서북에 시왕사(十王寺)를 지었는데 이런 절들은 전통행사 팔관회에서 모든 토속신앙이 어울렸던 것처럼 불교와 도교, 토속신앙을 어우르는 장소였다.

천추태후에게 전통사찰의 창건은 단순히 개인신앙이 아니었다. 이는 성종 때 억압받았던 고려 전통의 부활이었다. 천추태후는 왕궁 안에 신선신앙이 담겨 있는 낭원정閬苑亭이란 정자를 지었다. 성종 때 거란이 침입하자 많은 유학자들이 서경 이북 땅을 떼어주자는 할지론을 주장했을 때, 이지백李知白은 서희와 함께 강하게 반대하면서 연등회·팔관회·선랑仙郎 등의 일을 행해서 나라를 보존하자고 주장했다. 천추태후가 낭원정을 지은 것은 이지백의 선랑 회복 주장을 실현하기 위한 첫 단계 작업이었다. 천추태후는 연등회도 부활시켰는데, 이런 고려 전통정책의 부활이 숭무정신을 되살려 왕건의 유지인 북진을 실현할 수 있으리라는 믿음에서였다. 천추태후의 이런 정책으로 성종 때 고사될 뻔했던 고려의 전통사상들이 대거 회복되었고, 고려의 독자성이 되살아났다.

반대파의 쿠데타에 쫓기다

그러나 천추태후의 고려 전통부활정책에 대한 반발 또한 만만치 않았다. 천추태후의 집권은 곧 성종과 중국식 유교정치체제를 지향했던 유학자들의 실권失權을 의미했는데, 이들은 사사건건 목종과 천추태후에게 반대했다. 천추태후와 목종이 있는 한 자신들의 미래는 없다고 판단한 이들은 쿠데타를 결심했다. 천추태후의 정적政敵들은 목종을 내쫓고 태후의 동생 헌정왕후가 왕욱과 사통私通해 낳은 왕순王詢 (대량원군)을 국왕으로 삼으려고 획책했다.

천추태후는 당초 조카 순을 우대했다. 목종 6년(1003) 12세인 조카 순을 대량원군으로 삼은 것이 이를 말해준다. 그러나 자신의 정책에 불만을 품은 정적들이 그를 중심으로 움직이자 그를 숭교사崇敎寺로 출가시켰다. 그런데도 정적들은 단념하지 않았다.

그들은 숭교사의 한 승려가 큰 별이 절 마당에 떨어져 용으로 변했다가 다시 사람으로 변하는 것을 보았다는 소문을 퍼뜨렸다. 그가 바로 대량원군이라는 소문이었다. 천추태후는 대량원군을 정적들에게서 떼어놓기 위해 목종 9년(1006) 그를 남경南京(서울)의 삼각산 신혈사神穴寺로 내려보냈다. 그럼에도 그를 둘러싼 움직임은 그치지 않았다. 목종의 후사가 없었기 때문이었다. 아들이 없는 성종의 후사를 방치했다가 불의의 역습을 당했다고 생각한 반대파들은 같은 방법을 썼다.

목종은 비록 아들이 없었지만 천추태후는 목종 6년(1003) 김치양 사이에서 낳은 아들이 있었다. 이제 목종의 후사를 둘러싸고 이복동생인 대량원군과 조카가 경쟁하는 구도가 형성된 것이다. 천추태후는 자신의 정책을 계속 유지하기 위해서는 자신의 아들을 후사로 만들어야 한다고 판단했다. 그래야 안정적·장기적으로 고려 전통부활정책을 계속 추진할 수 있다고 여긴 것이다. 정적들이 추대하려는 대량원군에게 왕위를 넘겨줄 수는 없다고 결심한 터였다.

정적들은 천추태후의 아들이 목종의 뒤를 잇게 되는 현실을 방관할 수 없었다. 그렇게 되면 고려의 주류 세력이 바뀌기 때문이었다. 그들은 천추태후의 아들이 크기 전에 미리 손을 써야 한다고 생각했다.

목종 재위 12년(1009) 정월, 임금이 관등觀燈하는 틈에 천추태후가 거주하던 천추궁에 불이 났다. 반대파가 지른 불이었다. 정변의 시작이었다. 그런데 이 사실을 전하는 《고려사》의 기록은 모순투성이다.

> 목종은 궁전과 창고들이 다 타버린 것을 보고 슬프고 한심하게 생각하여 정무를 보지 않았다. …… 모든 궁문을 닫아 사람들의 출입을 금지하고 오직 장춘문長春門과 대정문大定門 두 문만을 열어놓았다. 그리고 구명도량救命道場을 장춘전長春殿과 건화전乾化殿 두 궁전에 설치하였다. 왕은 여러 날 편치 않아 항상 궁내에만 있고 신하들을 만나기 싫어하였다. 신하들이 두려워하여 침실에 들어가 문병을 하려고 하였으나 허락하지 않았다. 왕이 채충순蔡忠順, 최항崔沆 등과 함께 후사에 대해서 밀의하고 황보유의皇甫兪義를 보내 대량원군을 맞이하게 하였다. 서경 도순검사 강조康兆가 군사를 거느리고 와서 드디어 왕을 쫓아내고 새 임금을 세울 음모를 하였다. 2월 무자일에 강조는 왕에게 용흥龍興 귀법사歸法寺로 나갈 것을 강요하였다.
>
> ─《고려사》〈목종세가〉〈12년 봄 정월 조〉

천추궁이 불에 타자 목종은 정사를 거부했다는 것이다. 이외에도 여러 복잡한 설명들이 많지만 핵심은 목종의 몸이 편치 않자 황보유의를 보내서 대량원군을 맞이하게 했다는 점이다. 하지만 강조가 군사를 거느리고 와서 목종을 내쫓고 대량원군을 왕으로 세웠다. 목종이 후사로 세우려던 인물이 강조의 의중의 인물과 달라야 쿠데타를 일으킨 이유가 설명될 텐데 목종이 후사로 세우려던 인물을 왕으로 추대하기 위해 쿠데타를 일으켰다는 것이니 앞뒤가 맞지 않는다.

〈목종세가〉의 내용도 서로 모순되는 상황인데, 〈강조 열전〉, 〈김치양 열전〉 등 다른 내용들과 비교해보면 논리의 모순이 더 크게 드러난다. 서로 모순된 내용이지만 목종이 병석에 누워 정사를 거부하자 천추태후와 김치양이 반역을 도모하려 했다고 서술하는 점은 같다. 모두 천추태후와 김치양을 쿠데타 주역으로 삼아서 자신들의 쿠데타를 합리화하기 위한 것이다.

먼저 〈강조 열전〉은 병석의 목종이 김치양의 음모를 알고 대량원군을 세우기 위해 강조를 불렀지만 천추태후는 이를 꺼렸다는 것이다. 이 기록대로라면 현종을 세우기 위해 강조를 부른 인물은 목종인데, 강조가 목종을 죽이고 현종을 추대했다는 것이니 도무지 앞뒤가 맞지 않는다. 명분이 없는 쿠데타를 합리화하려고 하다보니 이렇게 갈팡질팡하는 서술이 중복되는 것이다.

이는 쿠데타 세력들이 천추궁 화재를 계기로 목종을 유폐한 채 사실을 왜곡한 기록이라고 보아야 할 것이다. 이때 목종이 내린 여러 명령들, 즉 김치양이 반란을 일으켰으니 진압하라는 명령이나 대량원군을 후계자로 삼는다는 명령, 서경의 도순검사 강조에게 개경으로 들어와 숙위하라는 명령 등은 모두 유폐된 상태에서 나온 조작된 명령에 불과하다. 천추태후가 쿠데타를 일으켰다는 것이나 목종이 대량원군을 후계자로 결정했다는 사실 등은 전부 정적들이 만들어낸 허위일 것이다.

이와 관련해 《고려사》〈강조 열전〉의 "천추태후는 강조가 오는 것을 꺼려 내신內臣을 보내 절령岊嶺을 수비하게 하고 행인들을 차단케 하였다"는 기사가 진실의 일단을 설명하는 것으로 보인다. 쿠데타 세력들이 강조와 그 군사를 불러들이자 천추태후가 이를 막기 위해 서북에서 개경으로 들어오는 길목인 절령을 방어하게 했던 것이다. 쿠데타를 일으킨 것은 천추태후의 반대세력들이었고, 개경은 쿠데타 세력과 이를 막기 위한 천추태후 세력이 맞부딪쳐 혼란스러운 상황이었다. 싸움의 승패는 군사력을 지닌 강조의 향배에 달려 있었다.

《고려사》〈강조 열전〉은 군사 5천 명을 이끌고 개경에 들어온 강조가 "목종이 벌써 현종(대량원군)을 맞으러 사람을 보낸 것을 모르고 분사감찰 김응인金應仁에게 군사를 거느리고 가서 맞아오게 하였다"고 적고 있다. 이는 쿠데타 세력들이 목종이 대량원군을 후사로 지목했다고 위장하기 위해 꾸민 내용이다. 쿠데타를 일으킨 세력과 이를 막으려는 세력이 같은 인물을 임금으로 추대하려 했다는 내용은 설득력이 없다. 쿠데타를 막으려는 목종과 천추태후에게 새 임금이 필요할 이유는 없었기 때문이다.

강조는 목종에게 이미 대량원군을 맞아들였다며 일단 용흥 귀법사에 나가 있으면 간신들을 제거한 후 다시 맞아들이겠다면서 출궁을 강요했다. 이미 쿠데타 세력이 주도권을 장악한 것이었다.

결국 목종은 강조에 의해 폐위당하고 대량원군이 현종으로 추대됨으로써 쿠데타는 성공한다. 강조는 김치양 부자와 유행간 등 천추태후 세력 7명을 살해하고 태후의 친척 이주정 등 30여 명을 섬으로 귀양 보냈다. 목종은 태후와 함께 울면서 법왕사法王寺로 나갔다가 다시 충주로 쫓겨가야 했다. 《고려사》〈목종 조〉는 이때 "태후가 음식을 먹으려고 하면 왕이 친히 밥상을 차려드리고 태후가 말을 타려고 하면 왕이 친히 고삐를 잡았다"고 기록하고 있다. 목종이 천추태후의 의사에 반해서 대량원군을 후사로 맞이하려 하자 천추태후 세력이 쿠데

■ 진관사(서울 은평구 소재) 천추태후는 자신을 위해 진관사를 지었다. 그녀에게 전통 사찰의 창건은 단순히 개인 신앙이 아니었다. 이는 성종 때 억압받았던 고려 전통의 부활이었다.

타를 일으켰다는 서술과는 완전히 다른 내용들이다. 목종은 시종 천추태후와 한 세력이자 한 뜻이었던 것이다.

이렇게 쫓겨난 목종은 충주에 가서 여생을 모후와 보내려 했다. 목종은 최항에게 "다만 내 소원은 시골에서 편히 살다가 늙는 것뿐이다. 너는 이런 사연을 새 임금께 아뢰고 또 그를 잘 도와드리라"고 당부했다. 자신은 정계를 은퇴해서 시골에서 지낼 테니까 목숨은 살려달라는 뜻이었다. 그러나 현종과 강조는 목종의 이런 바람마저 들어주지 않았다. 목종을 살려두게 되면 다시 재기할 가능성이 있었다. 그러면 쿠데타 세력들은 도륙될 것이었다. 그들은 목종을 죽여버리기로 결정했다.

천추태후와 목종 일행이 적성현積城縣까지 갔을 때 강조는 상약직

장尙藥直長 김광보金光甫를 보내 독약을 전했다. 목종이 마시기를 거부하자 강조에게 "목종을 죽이지 못하면 멸족시키겠다"는 협박을 들은 중금中禁 안패安覇가 한밤중에 목종을 살해한 후 자결했다고 보고했다. 목종 재위 12년(1998) 2월의 일이었다. 《고려사》〈강조 열전〉에서 "(목종을 시해한) 강조의 행위에 대해서 관리와 백성을 막론하고 통분히 여기지 않는 사람이 없었으나 현종은 이 사실을 모르고 있다가 거란이 침입하여 문죄하였을 때에야 이를 알게 되었다"고 전하고 있다. '관리와 백성을 막론하고' 다 알고 있는 사실을 현종만 몰랐다는 것도 쿠데타 세력의 궁색한 변명에 불과하다.

목종을 시해한 강조의 최후

강조는 집권 후 국왕의 측근 보좌기구인 은대銀臺와 중추원中樞院을 폐지하고 중대성中臺省을 설치하고는 중대사中臺使에 올라 정권을 장악했다. 그러나 이 무렵 북방의 패자였던 요遼나라에서 고려에서 발생한 정변을 자신들의 영향력 확대의 기회로 삼으면서 강조 정권에도 문제가 발생했다. 요나라도 나이 어린 성종聖宗을 대신해 소태후蕭太后라 불렸던 소작蕭綽이 섭정하고 있었다. 소태후는 27년간의 기나긴 섭정 끝에 공교롭게도 고려 현종이 즉위하는 1009년에 세상을 뜨고 성종의 친정이 시작되었다. 성종의 친정 무렵 요나라는 가장 국운이 융성할 때여서 그 강역이 서쪽으로는 천산天山부터 동쪽으로는 만주까지 아울렀으며 북쪽으로는 몽골 전 지역과 남쪽으로는 중국 북부 지역을 모두 장악하고 남부 일대까지 이르렀다.

성종은 더욱 강력한 대외정복활동을 벌여 자신의 친정능력을 과시하려 했는데, 그 대상으로 고려가 떠올랐다. 송과 관계를 끊는다는 명목으로 강동 6주의 영유권을 인정해주었음에도 고려는 여전히 비밀리에 송과 연결하고 있다는 의심을 받고 있었다. 이때 강조 등이 목종을 내쫓고 시해하자 요나라 성종은 현종 1년(1010) 5월 목종을 시해한 책임을 묻겠다며 직접 대군을 지휘해 고려로 출정했다. 고려는 사신을 보내 평화관계의 지속을 요구하는 한편, 참지정사參知政事 강조가 행영도통사行營都統使가 되어 직접 30만 군사를 거느리고 맞서게 했다. 성종은 그해 11월 보병과 기병 40만을 이끌고 압록강을 건너 홍화진(의주)을 공격했다. 요와 거란은 여러 차례 맞붙었는데 강조는 여러 차례 승리를 거두었다. 그러자 점차 요를 경시하는 자만심이 생긴 강조는 요의 선봉 야율분노耶律盆奴가 공격한다는 급보를 듣고는 "입에 들어온 음식과 같다. 적으면 안 되니 많이 들어오게 하라"고 호언했다. 그러나 정작 "거란의 대군이 들어왔다"는 급보를 듣자 정신을 잃을 정도로 놀라 패주했는데, 《고려사》〈강조 열전〉은 이때 목종의 영상이 나타났다고 적고 있다.

이때 강조는 정신이 아득해져 목종이 눈에 어렸는데 곧 뒤에서 목종이 "네놈도 끝이다. 천벌을 면할 것 같으냐?"라고 꾸짖는 소리가 들렸다. 강조는 투구를 벗고 털썩 꿇어앉아 "죽을죄를 졌습니다"라고 말하였는데, 이 말이 끝나기도 전에 거란군이 들이닥쳐 강조를 결박하여 전氈(양탄자)으로 싸서 메고 갔다.

-《고려사》〈강조 열전〉

강조는 신하가 되라는 성종의 권유에 "나는 고려인인데 어찌 너의 신하가 될 수 있겠는가?"라고 거절했다. 칼로 살을 도려내며 물어도 대답이 한결같았다고 전하고 있다. 이때 같이 잡힌 인물 중에 강조에게 쿠데타를 종용했던 이현운李鉉雲도 있었는데 그의 태도는 달랐다. 그는 요 성종의 귀순 권유를 받자, "내 두 눈으로 새 일월日月을 보았는데, 어찌 한마음으로 옛 산천만을 생각하랴"라며 수락했다. 분노한 강조는 이현운을 발길로 차면서 "너는 고려 사람인데 어찌 그런 말을 하는가?"라고 꾸짖었다. 강조는 끝내 요나라의 권유를 거부하고 죽음을 선택했다. 강조는 비록 목종은 시해했지만 고려를 배신하지는 않았다.

그러나 그에게 쿠데타를 종용했던 세력들은 강조가 죽자 쿠데타에 대한 모든 책임을 그에게 전가했다. 그리고 자신들이 축출한 천추태후의 모든 정책은 은폐한 채 김치양과의 사통관계만 강조해 음녀로 각인시켰다.

살해당했을 당시 목종의 나이 30세였고 천추태후는 46세였으나 쿠데타 세력은 그녀까지 죽이지는 못했다. 목종과 김치양 사이의 아들까지 모두 죽여 재기할 싹을 자른 데다 태조의 손녀이자 선왕 경종의 왕후인 그녀마저 살해하는 것에는 큰 부담을 느꼈기 때문이다. 목종이 죽은 후 그녀는 외가의 고향인 황주黃州로 이사해 21년을 더 살다가 현종 20년(1029) 정월 66세로 세상을 떠났다.

천추태후는 쫓겨났지만 반대파들도 그가 되살린 고려 전통부활정책을 전부 없애지는 못했다. 현종은 즉위 직후 교방敎坊(음악을 가르치던 곳)을 혁파하고 낭원정을 헐어버려 천추태후의 정책을 폐기하는 듯했으나 이듬해 연등회와 팔관회를 다시 열어 그 부활을 공식화했다. 현종도 그녀의 정책 모두를 폐기할 수는 없었던 것이다. 현종은 이후 불교와 전통신앙의 토대 위에서 유학을 가미해 조화를 이루려 했는데, 천추태후가 되살린 정치노선은 이후에도 끊이지 않고 계속되었다.

목종이 쫓겨나 살해된 후 약 130여 년 후에 발생한 묘청妙淸의 난도 사실은 이 두 흐름의 충돌이었다. 고려의 전통을 되살리자는 정책과 중국식 유교 정치체제를 구축하자는 두 정치세력 사이의 충돌이었던 것이다. 여기에서 묘청 등이 다시 패배하면서 고려는 끝내 제후국으로 전락하고 말았다.

킹메이커를 넘어 고려를 새로운 나라로 재편하고자 했던 천추태후. 그녀는 왕을 만드는 것보다도 그를 통해 무엇을 할 것인지가 더 중요하다는 점을 말해주는 사례로서 역사 속에 살아 있는 것이다.

8

악역

나라를 위해
희생할 운명을
받아들이다

강홍립

조직이나 나라, 시대에는 때로 악역惡役이 필요하다. 악역을 요구하는데 선역善役만을 고집하면 한 개인의 몸은 더럽히지 않을지 모르지만 전체 사회는 큰 고통을 겪게 된다. 악역을 수행한다고 해서 악인惡人이 아니다. 때로는 시대가 부여한 악역의 길을 묵묵히 걸어간 사람이 나라를 위해서 더 큰 역할을 했다고 볼 수도 있다. 강홍립이 그런 인물이었다. 그가 살았던 때는 임진왜란, 인조반정, 정묘호란 등이 잇달아 발생했던 격변기였다. 이는 중국 대륙에서 한족漢族의 명과 만주족의 청으로 교체되는 더 근본적인 변화의 유탄이기도 했다. 특히 광해군과 운명적으로 얽힌 사이였기 때문에 격변의 한가운데에 자신의 운명도 휩쓸려 들어갈 수밖에 없었다.

■
■
■

■

광해군, 우여곡절 끝에 왕이 되다

조선에서 광해군 이혼李琿처럼 파란만장한 삶을 산 왕족도 찾기 힘들다. 먼저 그는 나라가 위태롭기 때문에 세자가 될 수 있었다. 그는 선조 7년(1575) 후궁 공빈 김씨 소생으로 태어났는데 어릴 때부터 많은 신료들의 기대를 모았다. 그러나 방계승통傍系承統(왕의 적자가 아닌데 즉위한 경우)이었던 선조는 정비正妃인 의인왕후懿仁王后 박씨의 출산을 기대하면서 이혼의 세자 책봉을 계속 미루었다.

선조 25년(1592) 4월 13일, 일본은 조선을 대거 침략했고 조정은 삼도순변사 신립申砬을 보내 막게 했다. 신립이 그달 28일 탄금대에 배수진을 쳤다가 패전하면서 역으로 이혼에게 기회가 생겼다. 신립의 자결 소식을 들은 선조가 도성都城을 버리고 도주하기로 결심했던 것이다. 임진왜란을 경험했던 박동량은 《임진일록壬辰日錄》에서 "이날

(패전) 보고가 올라오자 여항閭巷(거리)이 한순간에 텅 비어서 도성을 지키려 해도 이미 사람이 없었다'고 전하고 있다. 일본군이 도성에 모습을 보이기도 전에 도성을 버리고 도주하자는 파천播遷 이야기를 가장 먼저 꺼낸 인물은 다름 아닌 선조였다. 그러자 신하들은 세자 건저建儲(세자를 세우는 것)문제를 다시 꺼냈다. 적이 보이기도 전에 도주할 생각부터 하는 선조에게 위기감을 느꼈기 때문이었다.

선조는 대신들에게 "누구를 세자로 세울 만하다고 생각하는가?"라고 물었고, 대신들은 "이것은 신하들이 감히 알 수 없는 일로서 성상께서 스스로 결단하실 일입니다"라고 대답했다. 《선조실록》은 "이렇게 서너 차례 반복하자 밤이 이미 깊었는데 상은 아직도 결정을 내리지 못하고 있었다"라고 전하고 있다.

선조는 도망갈 생각은 가득했지만 세자를 세울 생각은 없었다. 어떤 상황에서도 권력을 나눌 생각은 전혀 없었던 것이다. 세자를 세우지 않으려는 선조의 속마음을 읽은 영의정 이산해李山海가 자리를 파하고 뜨려고 하자 승지 신잡申磼이 "오늘은 반드시 청에 대한 답을 얻은 뒤에야 물러갈 수 있습니다"라고 하면서 붙잡았다. 그러다가 파천도 저지될지 모른다고 우려한 선조는 "광해군이 총명하고 학문을 좋아하니 국본國本(세자)으로 삼으려고 하는데 경 등의 생각은 어떠한가?"라고 물었다. 대신 등은 모두 일어서서 절하면서, "종사와 생민生民들의 복입니다"라고 화답했다. 이렇게 광해군은 극적으로 세자로 결정되었다.

그해 6월 평안도 영변까지 도주한 선조는 세자 광해군에게 분조分朝(조정을 둘로 나누는 것)를 이끌라고 명했다. 광해군에게 분조를 이끌게 한 이유는 선조 자신이 압록강을 건너 요동으로 도주하려고 계획했기 때문이었다. 유성룡이 "대가大駕가 조선 땅을 한 발짝만 벗어나면 조선은 더 이상 우리 땅이 아니게 됩니다"라고 강하게 반대해서 만주로 도주하려던 계획은 일단 저지되었지만, 선조는 여차하면 조선을 뜰 생각을 버리지 않았다.

그 사이 광해군은 평안도·함경도·황해도·강원도 등을 누비며 의병을 모집하고 전투를 독려해서 민심을 모았다. 근왕병勤王兵을 모집하러 갔던 광해군의 형 임해군臨海君과 순화군順和君이 함경도 회령에서 조선 백성 국경인鞠景仁 등에게 체포되어 가토 기요마사加藤淸正 진영에 넘겨진 것과 대조적이었다. 세자 광해군은 노숙도 마다하지 않았던 고된 행군으로 병을 얻기도 했지만 선조의 후사 자리는 굳어져갔다. 광해군이 적진을 헤매고 다닐 때 선조는 "나는 살아서 망국의 임금이니 죽어서 이역의 귀신이 되려 한다. 부자父子가 서로 떨어져 만날 기약조차 없구나"라는 편지를 보내 광해군을 위로했다. 선조는 명나라에 세자 책봉을 주청했고, 이제 광해군이 선조의 뒤를 잇는 것은 기정사실처럼 보였다.

그러나 명나라가 세자 책봉 승인을 거부하자 선조는 또 생각이 달라졌다. 《선조수정실록宣祖修正實錄》에는 명 신종神宗이 요동순안어사遼東巡按御史 이시얼李時孽을 통해 "적장자嫡長子를 후계로 세우는 것은 공통의 의리인데, 귀국의 장자는 어디 갔기에 둘째 아들을 세자로 삼았는가?"라고 비난하는 국서를 보냈다고 전해준다. 그간 세종·세조·성종 등 적장자가 아닌 왕자의 왕위 승습을 명나라가 거부한 적은 한 번도 없었다. 세자 책봉 거부는 원군援軍 파견을 계기로 형식적 조공朝貢관계를 실질적 지배관계로 전환하려는 명나라의 음모에 불과했다.

명나라는 또한 선조와 광해군 사이를 이간질했다. 명 신종神宗은 선조 28년(1595) 윤근수尹根壽를 통해 전달한 국서에서 이렇게 말했다.

> 황제가 조선국 광해군 이혼에게 칙유勅諭한다. …… 그대는 마땅히 분발하여 마음을 다해 부왕父王의 실패를 만회하여…….
>
> ―《선조실록》 28년 3월 27일

명 신종은 "부왕의 실패"를 거론하면서 동시에 광해군을 "영발英發한 청년이어서 신민이 복종한다"는 이유로 전라도와 경상도를 맡아 주관하라고 말했다. 세자 책봉은 거부하면서도 전라도·경상도를 맡으라고 한 것은 선조와 광해군 사이를 갈라놓으려는 것이었다. 이는 선조를 자극해서 임란 와중에만 15차례나 양위 소동을 벌였다. 광해군과 신하들의 충성심을 확인하려는 처사였는데 그때마다 광해군과 신하들을 여러 날 동안 정청庭請을 열어 명의 환수를 청해야 했다. 선조는 전쟁이 끝나자 노골적으로 광해군을 견제했다.

게다가 설상가상으로 선조는 늦은 나이에 재혼까지 했다. 재위 33년(1600) 의인왕후 박씨가 세상을 떠나자 재위 35년(1602) 김제남의 딸을 계비繼妃로 맞아들였는데 그녀가 인목왕후仁穆王后였다. 재혼 당시 선조는 만 50세였고, 인목왕후는 만 18세로서 광해군보다 아홉 살이나 어렸다.

《당의통략黨議通略》은 의인왕후가 세상을 떠난 후 예관禮官이 명나라에 다시 세자 책봉을 주청하자고 건의하자, "왕비 책봉은 청하지 않고 세자 책봉만 청하는 것은 무슨 까닭이냐?"라고 꾸짖었다고 전한다. 이런 상황에서 인목왕후는 선조 39년(1606년) 영창대군永昌大君을 낳았다. 방계승통의 콤플렉스를 갖고 있는 선조는 만 31세의 광해군 대신 강보에 싸인 어린 적자嫡子에게 눈길을 주었다. 광해군은 아직 명나라의 승인을 받지 못한 상태였다.

그러자 조정이 광해군 지지파와 영창대군 지지파로 갈라졌다. 선조의 마음이 광해군에게서 멀어졌다고 생각한 신하들은 강보에 쌓인 영창대군을 주목했다. 집권세력인 북인도 광해군과 영창대군 지지세력으로 갈라졌다. 광해군 지지세력은 정인홍 중심의 대북大北이었고, 영창대군 지지세력은 영의정 유영경柳永慶 중심의 소북小北이었다. 양자 사이에서 선조가 유영경의 손을 들어주면서 광해군의 운명은 풍전등화가 되었다. 이때 조식의 수제자 정인홍은 "전하께서는 유영경이 동궁의 지위를 불안하게 하여 종사를 위태롭게 하려 한 죄를 거론하시어 상형常刑을 바르게 하소서(《선조실록》 41년 1월1일)"라고 유영경을 공격하는 상소를 올렸다. 그러나 선조는 정인홍을 귀양 보내는 것으로 유영경의 손을 들어주었다.

이 당시 정인홍의 직위는 전 공조참판에 지나지 않아서 영의정 등이 포진한 소북에 비교가 되지 않았다. 그러나 그다음 달 선조가 세상을 떠나면서 상황은 다시 극적으로 역전되었다. 영의정 유영경은 영창대군에게 보위를 잇게 하고 싶었지만, 이미 16년 동안 세자 자리에 있었던 만 33세의 광해군을 제치고 만 2세의 영창대군에게 보위를 잇게 할 수는 없었다. 유영경·박승종朴承宗 등 소북의 강력한 반대 속에 광해군은 왕위에 올랐다.

그러나 광해군은 즉위 후 소북 다수를 포용했다. 소북 영수 유영경은 처벌했지만, 유희분柳希奮(광해군의 처남)·박승종·최유원崔有源 등 다른 소북은 중용해 대북의 정인홍·이이첨李爾瞻 등이 불만을 가질 정도였다. 실권은 북인들에게 주었지만 남인 이원익을 영의정, 서인 이항복李恒福을 좌의정으로 삼아서 전 당파를 아우르는 연립정권을 구성했다. 광해군의 대부분의 업적은 이런 연립정권 시절 이룩한 것이었다. 전란으로 황폐화된 나라를 재건하기 위해서는 모두의 힘을 모아야 한다고 생각했던 것이다.

즉위 원년 이원익의 건의로 대동법을 경기도에 시범실시하고, 허준許浚에게 《동의보감東醫寶鑑》을 편찬시키고, 적상산赤裳山 사고史庫를 설치해 왕조실록 등 중요한 전적典籍들을 보존하고, 《신증동국여지승람新增東國輿地勝覽》, 《국조보감國朝寶鑑》 등을 다시 편찬했다. 또한 재위 3년(1611)에는 양전量田사업을 실시해 전란으로 황폐해진 농지를 재정비하고 숨은 은결隱結(세금을 안 내는 농지)을 찾아내 국가재원을 확보했다. 이런 조치들로 조선은 점차 전란의 상처를 씻고 안정을 찾아갔다.

명청 교체기의 혼란에 흔들리는 조선

이렇게 광해군의 화합정책으로 국내는 안정되어 갔지만 문제는 오히려 밖에서 발생했다. 선조가 세상을 떠나고 광해군이 즉위한 지 넉 달 만에 명나라는 요동도사遼東都司 엄일괴嚴一魁를 사신으로 보내 광해군의 즉위가 타당한지 조사하겠다고 나선 것이다. 형 임해군이 살아 있는데 동생이 즉위한 것이 정당한지 알아보겠다는 것이었다. 그 속내는 임진왜란 때 파병으로 커진 영향력을 왕위계승문제까지 확대하겠다는 속셈이었다.

조선의 국왕세습문제는 명나라가 관여할 사안이 아니었다. 실제로 살아 있는 형을 제치고 즉위했던 태종·세종·성종 같은 경우에도 명나라는 전혀 관여하지 않았다. 명과 조선은 형식상 조공관계였지만 내용은 완전한 독립국이었던 것이다. 게다가 명나라는 조선 초기처럼 강력한 국가도 아니었고, 숱한 내부 문제를 안고 있었다.

엄일괴가 광해군과 임해군의 대질문제까지 언급하자 분개한 대사헌 정인홍은 임해군의 머리를 베어서 보여주자고 주창했다. 결국 엄일괴는 서강西江에서 임해군을 만났다. 《광해군일기》는 중초본과 정초본의 두 가지 실록이 전해지는데, 중초본은 "엄일괴 등이 서강으로 가서 임해군을 보고 그날로 서쪽으로 돌아갔다"고 간단하게 적고 있다. 반면 정초본은 임해군이 엄일괴에게 "일찍이 왜적에게 체포되었기 때문에 실성해서 행동이 광패스럽다. 또 풍질風疾이 있어서 손과 다리를 움직일 수 없다"고 말했다고 조금 자세하게 적고 있다. 《연려실기술》은 이때 "임해가 …… 일부러 병으로 미친 체하면서 차관差官(엄일괴)를 보고 그날로 배소配所로 돌아갔다"라고 병을 칭탁했다고 전하고 있다. 정초본 《광해군일기》는 대신이 임해군 이진李珒에게 대답할 말을 미리 가르쳐주었다면서, "엄일괴 등이 이런 말들을 모두 사실로 믿지는 않았지만 성질이 탐욕스럽게 때문에 은자 수만 냥을 받고는 평범하게 조사하고 돌아갔다"고 설명하고 있다. 결국 명나라가 전례 없이 조선의 왕위계승문제까지 관여하겠다고 나온 배경에는 막대한 은자에 대한 욕심이 있었던 것이다.

명나라는 돌이킬 수 없을 만큼 부패해 있었다. 이후 명나라 사신들은 막대한 은을 챙겨갔다. 광해군 책봉례冊封禮를 주관했던 유용劉用은 6만 냥의 은을 챙겼고, 세자 책봉례를 주관했던 염등冉登은 "호조에서 1년 동안 모은 은을 열흘 만에" 챙겨 돌아갔다. 조선 중기 문신

윤국형尹國馨은 《갑진만록甲辰漫錄》에서 임란 이후 명나라 사신들의 행태를 비교한 글을 남겼는데, 그중 고천준顧天峻에 대해서는 이렇게 말했다.

"고천준의 탐욕은 비길 데가 없어서 음식과 공장供帳(장부에 올린 물건)의 아주 작은 물건들까지 모두 내다 팔아서 은자로 바꾸었으니, 말하면 입이 더러워진다."

이 글에서 윤국형은 사신으로 온 인물들을 문관과 태감太監(환관)으로 나누면서 "문관으로서 아무리 청렴치 못하다는 비난을 듣는 사람이라도 태감의 무리들보다는 나았다"고 말하고 있는데, 고천준은 한림, 즉 문관이었다. 명나라는 문관까지도 이미 염치를 상실했을 만큼 위부터 아래까지 모두 부패한 사회였다. 심지어 광해군 14년(1622) 후금 공격을 위한 원병 요청을 하러 온 양지원梁之垣까지도 수만 냥을 뜯어갈 정도였다.

반면 만주의 여진족들은 누루하치努兒哈赤(청 태조)를 중심으로 결집하고 있었다. 1588년경 건주建州여진(남만주에 살던 여진족)을 대부분 통일한 누루하치는 임진왜란 때인 선조 25년(1592)과 31년(1598) 조선에 원병을 파견하겠다고 자청할 정도로 성장했다. 조선측의 거부로 실현되지는 않았지만 그만큼 만주족은 자신감을 갖고 있었다. 누루하치는 광해군 8년(1616) 만주족이 세웠던 금金나라를 계승하겠다면서 후금後金을 건국했다.

누루하치는 광해군 10년(1618) 정월 만주족 팔기八旗 수령들과 군사들을 모아놓고, '내 뜻은 이미 결정되었다. 올해는 반드시 명나라를 정벌하겠다'고 선포했다. 누루하치는 같은 해 4월 본격적인 명나라 정벌에 나서는데, 2만 군사를 거느리고 출정하기 전날 '일곱 가지 원한

■ 누르하치 1588년경 여진을 대부분 통일한 누루하치는 후금을 건국하고, 명나라를 정벌할 것을 선언했다.

〔七大恨〕'을 하늘에 고했다. '일곱 가지 원한'은 "명나라에서 누루하치의 할아버지와 아버지를 살해했다. 명나라에서 건주 여진을 속이고 억압했다. 명나라에서 이간책을 썼다"는 등의 내용으로서 명나라가 자신의 집안과 만주족을 억압한 사례를 열거하며 복수를 다짐한 것이었다. 누루하치는 요충지역인 무순撫順을 공격해 순식간에 함락시켰다. 위기를 느낀 명나라는 광해군 11년(1619) 병부시랑 양호楊鎬를 요동경략으로 삼아 나가서 막게 했다. 나아가 명나라는 조선에도 원병을 보내라고 요청함으로써 임란의 피해가 채 가시지도 않은 조선은 다시 전화에 휩싸이게 되었던 것이다.

문관 출신으로 조선군을 이끌다

명나라에서 군사를 요청했을 때 광해군과 신하들의 생각은 달랐다. 명나라 경략經略 왕가수汪可受가 그해 윤4월 27일 광해군에게 글을 보내 군사 파견을 요청했다. 수만 군사를 보내 여진족을 협공하면 반드시 승리할 것인데, 이것이 명나라에 보답하는 길이자 조선에도 무궁한 복을 안겨 주는 일이 될 것이란 논리였다.

그러나 광해군은 조명군助明軍을 보내고 싶은 생각이 없었다. 명이 임란 때 파병한 것은 조선을 위해서가 아니었다는 사실을 광해군은 잘 알고 있었다. 일본은 조선에 명나라를 칠 길을 빌려달라는 '정명가도征明假道'를 주창하고 있었기에 파병하지 않으면 명나라가 전쟁터가 되었을 것이다. 그래서 조선 땅에서 싸우기 위한 고육지책으로 파병했다는 사실을 광해군은 간파하고 있었다.

광해군은 고민 끝에 그해 5월 1일 전교를 내렸는데, 국경 넘어 군사를 보내는 대신 "급히 수천 군병을 뽑아 의주義州 등지에 대기시켜 놓고 기각掎角(협격)처럼 성원하는 것이 지금의 상황에 적합할 듯하다"라는 내용으로서 군사를 파견하지 않겠다는 뜻이었다.

광해군의 이 전교에 조정이 발칵 뒤집혔다. 서인, 남인은 물론 북인도 조명군 파견을 주장했다. 집권 대북의 실세 이이첨과 광해군의 처남 유희분도 마찬가지였다. 대북은 다섯 달 전 서인·남인의 격렬한 반발을 무릅쓰고 인목대비를 폐위시켰다. 폐모廢母라는 이념적·소모적 정쟁에는 목숨 걸고 싸웠던 당파들이었지만 국익에 반하는 조명군 파견에는 당론이 일치했다. 대제학 이이첨은 승문원 관원을 통해 이렇게까지 말했다.

신은 성상께서 염려하시는 뜻을 잘 알고 있습니다만 중국에 난리가 났
을 때 제후가 들어가 구원하는 것이 《춘추春秋》의 대의이자 변방을 지키
는 자의 직분입니다. 더구나 우리나라는 재조再造(조선을 구해줌)의 은혜
로 오늘에 이른 것이니 추호라도 황제의 힘을 보답할 길을 모를 수 있겠습
니까?

-《광해군일기》 10년 5월 5일

모든 당파가 이구동성으로 파병을 요구하는데 국왕 혼자 어쩔 도
리가 없었다. 광해군은 당초 중요한 것은 원병 파견이 아니라 정보
수집과 국방력 강화라고 생각했다. 그래야 다시는 전화戰禍가 일어
나지 않도록 예방할 수 있다고 판단했다. 그래서 광해군은 즉위 후 국
방력 강화정책을 추진했다. 여진어(만주어) 역관 하세국河世國 등을 보
내 정보를 수집했으며, 화기도감火器都監을 다그쳐 조총과 화포를 개
량하게 했다. 광해군 4년 호서湖西의 조천종曹天宗이 만든 파진포破陣
砲는 이렇게 만들어진 신무기였다.

파진포를 쏘아 보니, 아륜철牙輪鐵이 돌과 서로 마찰하면서 금세 저절
로 불이 일어나 철포가 조각이 나고 연기와 화염이 공중에 가득하였으며
불덩이가 땅 위에 닿으면서 절반쯤 산을 불태웠습니다. 만일 적이 오는 길
에 다수를 묻어 둔다면 승패의 변수에 크게 유익하겠습니다. …… 비록
수천 명의 군사일지라도 한 발의 포탄이면 소탕할 수 있으니, 싸움터의 무
기로는 이보다 교묘한 것이 없습니다.

-《광해군일기》 4년 11월 12일

이렇게 광해군은 군비 강화를 통해 전쟁을 미연에 방지하려고 했다. 광해군은 조선이 중원을 차지하지 못할 바에 대륙의 분쟁에 말려들 필요가 없다고 판단했다. 이기는 쪽과 외교 관계를 맺으면 된다고 판단한 것이다. 명나라 사신들의 비루한 행태는 이미 명나라가 끝난 국가임을 말해주고 있었다. 반면 후금은 파죽지세였다. 광해군은 두 나라의 분쟁에 끼어들 필요가 없다고 생각했다. 그러나 여야 모두 파병을 주장하는 사면초가의 상태였다. 모든 당파들은 한 목소리로 '재조지은再造之恩(망한 나라를 다시 살려준 것)'에 보답해야 한다고 주장했고, 광해군은 조명군을 보내지 않을 수 없었다.

광해군은 결국 도원수를 천거하라고 명령했다. 대신들은 광해군 10년(1618) 윤4월 말 강홍립을 도원수로 천거했다. 하지만 강홍립은 광해군 10년(1618) 6월 상소를 올려서 자신은 적임자가 아니라고 사양했다.

지난번 명나라 군대가 패해서 요좌遼左(요동 왼쪽)에서 경보를 알려오자 성상께서 부지런히 주선하시면서 체찰사와 원수를 의논해 천거하라고 하교하셨습니다. 온 나라가 두려움에 휩싸여서 어떤 사람이 이 임무를 맡아 이 일을 처리하게 될 것인지 모두 바라보았습니다. 심지어 어리석은 남정네와 아낙네들까지도 크게 우러러 보았으니 이는 그 사람의 득실에 따라 일의 성패를 점칠 수 있기 때문이었습니다.

그 뒤에 삼가 들으니 신의 성명도 원수를 의망해서 천거한 명단 중에 있다고 하기에 신은 혼자 웃으면서 마음속의 말로, '당당한 대국에 어찌 인재가 부족해서 나 같은 사람까지도 장수 선발 대상에 끼어들었단 말인가. 비국備局(비변사)의 신하가 혹 잘못 천거했다 해도 명철하신 성상께서 어찌

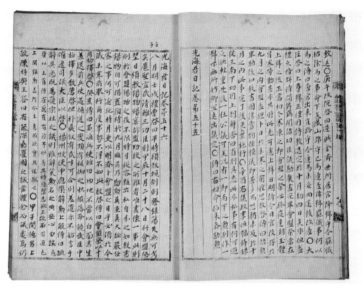

■《광해군일기》 본문 일부 광해군은 명나라와 후금 사이의 분쟁에 끼어들 필요가 없다고 생각했다.
하지만 모든 당파들은 명나라에 파병할 것을 요청했고, 결국 강홍립을 도원수에 천거한다.

잘못 제수하시겠는가라고 했습니다. 신은 단연코 의심도 하지 않았으며
꿈속에서도 이렇게 되리라고는 생각하지 않았습니다.

－《광해군일기》 10년 6월 12일

강홍립이 사양한 것은 이유가 있었다. 그는 무관이 아니라 선조 30년
(1597) 알성문과謁聖文科에 급제한 문관이었다. 조선은 고위 문관이
장군을 지휘하는 도체찰사 제도가 있기는 했지만 해외 파병군은 다
른 문제였다. 해외 파병군은 전투 경험이 풍부한 장군이 현장에서 지
휘해야 하는 부대였다. 강홍립이 선정된 것은 그가 선조 39년에는 어
전통사御前通事를 맡았을 정도로 중국어에 능했기 때문일 것이다. 중
국어에 능통한 강홍립이 명나라와 연합 작전을 펼치는 데 적격이라고

판단한 것이었다. 뛰어난 중국어 실력이 그의 운명을 바꿔놓았던 것이다.

강홍립은 정말 가고 싶지 않았다. 그래서 어머니가 병에 걸렸다는 이유로 다시 사직 상소를 올렸다. 그러나 광해군은 "경의 연로한 부모가 병에 걸렸다는 말을 듣고 내가 이미 내의內醫(어의)를 보내 약을 가지고 가서 구완하도록 조처했다"면서 받아들이지 않았다. 천거 당시 강홍립은 의정부 좌참찬이었는데, 광해군은 "비국備局에서도 모두 경을 천거했으므로 내가 마음속으로 흡족하게 생각하고 있다"고 강홍립을 만족스럽게 생각했다. 이렇게 강홍립의 운명은 자신의 의지와는 다르게 결정되었다. 강홍립도 결국 이것이 자신의 운명이라고 생각했을 것이다.

당초 조선군은 포수砲手(대포나 소총수) 3,500명, 사수射手(활 쏘는 군사) 3,500명, 살수殺手(창검 사용 보병) 천 명으로 도합 1만 명 규모의 부대였다. 세 번의 사양 상소가 모두 거부되면서 강홍립은 광해군 11년 (1619) 2월 21일 부원수 김경서金景瑞와 1만 3천 명의 군사를 거느리고 평안북도 서북부의 창성昌城에서 압록강을 건넜다. 그리고 창성을 건너 대미동大尾洞에서 명나라 요동경략遼東經略 양호楊鎬가 파견한 명나라 유격장 교일기喬一琦를 만나 전선으로 향했다.

사면초가에 빠진 조선군

압록강을 건넌 강홍립은 후금군의 기세가 심상치 않다고 판단했다. 반면 명나라 군사는 기가 꺾여 있었다. 강홍립은 2월 26일 조정에 보낸 치계馳啓(급한 보고)에서 명나라가 후금을 꺾기는 쉽지 않으리라는 전망을 피력했다.

큰 눈보라 속을 행군하느라 각 영營 병사들이 가진 군장과 의복이 모두
젖은 데다가 도독의 전진하라는 명령도 없었으므로 신들은 주둔하여 그대
로 머무르고 있었습니다. 조금 뒤에 도독이 강안찰康按察과 함께 양마전
亮馬佃으로 와서는 사람을 보내어 신들을 전진하도록 재촉했으므로 신들
은 즉시 삼영三營의 병마兵馬에게 명하여 먼저 출발하였습니다. 양마전에
서 15리 되는 전두산轉頭山에 닿았을 때에는 날이 이미 저문 뒤였으므로
여섯 장수와 함께 모두 진을 치고 밤을 지냈습니다.

-《광해군일기》11년 2월 26일

강홍립은 이 치계에서 명군 도독 유정劉綎에게 거느린 군사의 숫자
를 물었더니 유정이 거느린 동쪽 방면의 군사는 모두 합쳐서 1만 명
을 넘지 않을 것이라고 답했다고 전했다. 그래서 강홍립이 "그렇다면
동쪽 방면의 군대가 매우 고립될 텐데 대인大人은 왜 군대를 요청하지
않습니까?"라고 되묻자 유정은 이렇게 답변했다는 것이다.

"양 대인(양호)과 나는 전부터 사이가 좋지 않았으므로 반드시 내가
죽기를 바랄 것이오."

강홍립이 다시 물었다.

"왜 이렇게 빨리 전진하는 것입니까?"

"병가兵家의 승산은 오직 천시天時와 지리地利를 얻고 인심을 따르
는 데 있을 뿐이오. 날씨가 아직 추우니 천시를 얻었다고 할 수 없고,
도로가 질척거리니 지리를 얻었다고도 할 수 없지만, 내가 병권을 잡
지 못하였으니 어떻게 하겠소."

■ 만주에서 바라본 압록강 강홍립은 광해군 11년(1619) 2월 21일 부원수 김경서와 1만 3천 명의 군사를 거느리고 압록강을 건넜다. 자신의 의지와 다르게 결정된 운명이었지만 이를 받아들였다.

임란에도 참전했던 명나라 총사령관 양호와 도독 유정 사이의 지휘부 분열이 심각한 상황이었다. 강홍립은 유정이 매우 기분이 나쁜 기색이었다면서 자신이 명나라 진영을 살펴 본 소감을 보고했다.

"기계가 허술하고 대포와 대기大器도 없었으며, 오직 우리 군사들을 믿고 있을 뿐이었습니다."

강홍립이 볼 때 명나라 군사들이 승리할 가능성은 낮아 보였다. 강홍립의 고민은 커질 수밖에 없었다. 다음 날(27일)의 장계도 마찬가지 상황을 담고 있었다. 강홍립은 이날 동쪽 방면의 명나라 장수들이 거느린 군사 숫자에 대해 "말로는 3만 명이 넘는다고 하지만 신이 보기에는 1만여 명을 넘지 않을 듯합니다"라고 보고했습니다. 지휘관들 사이의 원망도 여전했다.

도독(유정)은 뒤따라오는 군대를 기다리지 않고 서둘러 출병하게 한 것에 대해 드러내놓고 원망하는 말을 했으며, 교유격(교일기)도 창졸간에 군사를 일으킨 것을 염려하고 있습니다.

-《광해군일기》 11년 2월 27일

명나라 군대는 한마디로 오합지졸이었다. 기마민족은 흩어져 있을 때는 모래알 같지만, 칭기즈칸이나 누루하치 같은 영웅이 나타나 결집시키면 삽시간에 만리장성을 건너 중원 전체를 정복할 수 있었다. 지휘관부터 마지못해 끌려나온 명나라 군대의 상대가 아니었다.

명나라 군대가 믿고 있는 조선군도 문제가 심각하기는 마찬가지였다. 이날 강홍립은 "(조선)군사들은 각자 행장을 소지하고 있는데 아직 반도 채 못 왔습니다만 이미 지칠 대로 지쳤으며, 또한 가지고 온 군량은 벌써 다 떨어져 가는데 군량과 건초(말먹이)가 아직 오지 않고 있으니 앞으로의 일이 매우 염려스럽습니다"라고 토로했다.

조선의 벼슬아치들은 앞다투어 파병을 주창해놓고도 정작 파병군에게는 식량도 제때 공급하지 않았다. 말로만 파병을 외쳤지 파병 후에는 아무런 후원도 하지 않았던 것이다. 남의 싸움에 원치 않게 휩쓸려온 판국에 보급도 제대로 받지 못하는 조선군의 고초는 이루 말할 수 없었다. 다음 날(28일) 강홍립의 치계는 이런 사정이 고스란히 담겨 있다.

(도독에게) "보병의 짐이 무거워서 말 탄 군사들을 쫓아갈 수는 없다"고 했더니, 도독은 "나도 알고 있지만 기일이 이미 박두했으니 다른 방면의 군대보다 늦어서는 안 되오. 오늘 내가 우모채牛毛寨에서 밤을 유숙할 것이

니 귀영貴營(조선군)의 병사들은 조용히 뒤쫓아 오시오"라고 말하고는 즉시 먼저 출발했습니다. 우리 군대는 뒤를 쫓아 재를 넘었는데 이른바 우모령牛毛嶺은 (조선의) 철령鐵嶺보다 더 험해서 나무가 하늘을 찌르는데, 적들이 새로 큰 나무를 베어 골짜기와 시내에 종횡으로 막아놓아서 사람과 말이 지나갈 수 없게 해놓은 곳이 세 군데였습니다. 한편으로는 나무를 베면서 한편으로는 행군해서 해가 질 무렵에야 우모채에 도착했습니다.

-《광해군일기》 11년 2월 28일

보급품이 제때 도착하지 않는 부대의 사기가 강할 수가 없었다. 강홍립은 이 치계에서 다시 식량보급문제를 제기했다. 강홍립은 "창성에서 강을 건너던 날에 군사들은 제각기 10일치 양식을 가지고 출발했는데 지금 거의 다 되어 양식이 떨어질 날이 눈앞에 닥쳤습니다"라고 식량문제를 호소했다.

《광해군일기》는 "박엽朴燁과 윤수겸尹守謙이 군량길을 끊어서 강홍립 등이 큰 곤경에 빠진 것이다"라고 덧붙이고 있다. 평안감사 박엽과 분호조참판으로 관향사館餉使(군량공급책임자) 윤수겸이 군량 수송을 제때 하지 않았다는 비판이었다. 평안감사 박엽은 이 무렵 자신의 코가 석자였다. 그도 선조 30년(1597) 문과 별시에 급제한 문관이었으나 강홍립처럼 무관의 임무를 겸임했다. 광해군의 명으로 후금군이 공격할 것을 대비해서 함경도와 평안도에 성지城池를 수축하라는 임무를 받아 수행했던 것이다. 박엽은 성지 수축 과정에서 사람을 죽이는 것으로 위엄을 세웠다. 그러다 광해군 10년(1619) 말 순안어사 이창정李昌廷이 무고한 사람을 죽였다고 탄핵하는 바람에 광해군 11년 초까지 한창 시끄러웠다. 박엽은 강홍립의 조선군이 한창 진격하던 1월 26

■〈시진검객도矢盡劍擊圖〉에 등장하는 강홍립 조선의 벼슬아치들은 파병군의 식량도 제때 공급하지 않았다. 원치 않은 파병으로 끌려온 판에 보급도 제대로 받지 못한 조선군의 고초는 이루 말할 수 없었다.

일 탄핵 받은 문제로 사직 상소를 올렸다. 광해군이 비록 사직 상소를 만류했지만 자기 코가 석자인 마당에 조선군의 식량 보급문제에 전력을 다할 수 없었던 것이다. 그만큼 강홍립이 이끄는 조선군은 사면초가였다.

군량이 떨어진 강홍립은 명의 유격遊擊 교일기에게 소미小米 10포와 마두馬頭 2포를 겨우 얻어 군량이 바닥난 우영右營에 나누어 주었다. 강홍립이 치계에서 "화가 눈앞에 닥쳤는데 어떻게 해야 할지 모르겠습니다"라고 호소할 정도로 조선군의 사기는 크게 저하되었다. 목소리 높여 파병을 제창하던 당파들은 막상 조선군이 압록강을 건너자 언제 그런 일이 있었느냐는 듯 외면하다시피 했다. 명군과 조선군 모두 심각한 내부문제를 안은 채 욱일승천하는 후금군과 싸워야 하는 상황이었다.

후금의 복병을 만나 전멸하다

강홍립과 함께 종군했던 장수 이민환李民寏은 《책중일록柵中日錄》에서 조선군은 3월 2일 심하沈河에서 처음으로 만난 후금군 600여 명을 격퇴했다고 적고 있다. 그러나 승리한 조선군은 승전의 기쁨 대신 양식을 찾아 헤매야 했다. 강홍립은 28일자 치계에서 "원래 있던 호가胡家(여진족 가호) 30가구는 이미 불타버렸는데 그들이 묻어놓았던 곡식은 도독(교일기)의 군사들이 파내어 식량으로 사용했습니다"라고 보고했다. 중국군들은 서로에 대한 정보가 있었으므로 여진족들이 도주하면서 식량을 어떻게 숨기는지 알고 있었다. 그러나 낯선 곳에 파견된 조선군은 그렇지 못했으므로 더욱 고생이었다.

여진족 부락에서 약간의 곡식을 찾아 죽을 끓여 허기를 속인 조선군이 후금의 주력부대와 맞닥뜨린 것은 3월 4일이었다. 명나라 유격 교일기가 선두에서 행군했고 도독 유정이 그다음에 행군했으며, 이어서 조선의 좌·우영이 행군했다. 그런데 4일 전투 이전부터 조명朝命 연합군에는 암울한 전조가 끼어 있었다. 공명심에 눈이 먼 명의 총병總兵 두송杜松이 계획보다 하루 먼저 출발했다가 복병을 만나 전멸했던 것이다. 그 복병이 산골짜기에 매복해서 기다리고 있는 것을 조명연합군은 모르고 전진하고 있었다.

선두에서 행군하던 유격 교일기 부대는 갑자기 부거富車 지방에서 나타난 후금 군사에게 전군이 패하고 교일기만 겨우 목숨을 건졌다. 평안감사 박엽은 조선군에게 들은 이후의 상황을 이렇게 보고했다.

도독(유정)이 앞의 군대가 불리한 것을 보고 군사들을 전진시켜 다가갔는데, 적의 대군이 갑자기 나타나 산과 들판을 가득 채웠으며, 철기鐵騎가 돌격해오니 기세를 당해낼 수가 없었습니다. 유린하면서 마구 죽여대서 일군一軍이 다 죽었고, 도독 이하 장관將官들은 화약포 위에 앉아서 불을 질러 자살했습니다.

-《광해군일기》11년 3월 12일

교일기의 선봉부대는 물론 도독 유정의 본대까지 모두 전멸당한 상태였다. 조선군 중 후금군의 주력과 맞선 것은 선천부사 김응하金應河가 이끄는 좌영이었다.

좌영장군 김응하가 계속 전진해서 들판에 진을 치고 기병을 막는 나무를 설치했지만 군사는 겨우 수천에 불과했습니다. 적이 승세를 타고 다가오자 김응하는 일제히 화포火砲를 쏘도록 명해서 적의 기병 중에 탄환에 맞아 죽은 자가 매우 많았습니다. (적이) 재차 진격했다가 재차 후퇴하는데 홀연히 서북풍이 크게 일어서 먼지와 모래로 천지가 캄캄해졌고, 화약은 날아가고 불은 꺼져서 화포를 쓸 수 없었습니다. 그 틈을 타서 적이 철기로 짓밟아대서 좌영 군대가 마침내 패하여 거의 다 죽고 말았습니다.

-《광해군일기》11년 3월 12일

조선군은 대포나 소총을 쏘는 포수와 궁시弓矢를 쏘는 사수로 구성되어 있었다. 지원만 원활했다면, 그래서 사기가 충천했다면 사정은 달라질 수 있었다. 사기가 떨어진 상태에서도 후금의 막강한 철기군을 두 번이나 막을 수 있었던 것은 포수와 사수로 구성된 정예군사였기 때문이다. 그러나 갑자기 모래바람, 흙바람이 불어 화약이 날아가

■ 김응하 조선군 가운데 후금군의 주력과 맞선 것은 그가 이끄는 좌영이었다. 이 전투에서 의미 있는 저항을 한 것은 좌영뿐이었고, 우영은 진을 치기도 전에 전멸당했다.

고, 화약에 불붙일 불마저 꺼지는 바람에 패전하고 말았던 것이다. 그야말로 천시가 따라주지 않았던 것이다. 화약을 사용하지 못한다고 조선군이 그냥 앉아서 당한 것은 아니었다. 조선군은 궁시로 맞섰다. 박엽은 이렇게 보고했다.

"김응하는 큰 나무에 의지해서 큰 활 세 개를 번갈아 쏘았는데, 시위를 당기는 족족 명중시켜 죽은 자가 매우 많았습니다."

이때 김응하가 의지했던 나무가 버드나무였는데, 박엽은 후금군조차도 이런 김응하에게 감탄해서 '의류장군依柳將軍'이라고 불렀다고 덧붙였다. 조선에서는 김응하를 '유하장군柳下將軍'이라고 부르고 충무공이란 시호를 내렸다.

결국 이 전투에서 의미 있는 저항을 한 것은 좌영뿐이었고, 우영은 진을 치기도 전에 전멸당했다. 강홍립은 중영을 이끌고 산으로 올라갔다.

후금의 화의 제의를 받고 항복하다

산속으로 올라간 조선군은 이미 이틀을 굶은 상태였다. 그런데 인조반정 이후 서인들은 조선군이 "강홍립이 광해군의 밀서를 받고 일부러 패전하고 항복했다"는 말을 유포시켰다. 그리고 이런 말은 지금까지 사실인 것처럼 전해지고 있다. 강홍립은 진짜 광해군의 밀서를 받고 일부러 패전했을까? 아니 광해군의 밀서가 정말로 존재할까?

앞에 나온 박엽의 장계에 따르면 "(조선군 중영은) 적이 무리를 다 동원하여 일제히 포위해오자 병졸들은 필시 죽게 되리라는 것을 알고 분개하여 싸우려 하였다"고 전하고 있다. 좌영과 우영이 전멸당한 상태에서 조선군 중영은 일단 전력을 보존하기 위해서 산 위로 올라갔다. 그러나 식량이 없었고, 후금군이 포위한 상태였다. 이 상태에서 조선군은 최후의 결전을 준비했다. 그러나 승리할 가능성은 없었다.

그런데 이때 돌발상황이 발생했다. 박엽은 그 상황을 이렇게 보고했다.

"(조선군이) 싸우려 하였는데, 적이 우리나라의 호역胡譯(여진어 역관) 하서국을 불러 강화를 하고 무장을 풀자는 뜻으로 말하였습니다."

후금군이 역관 하서국河瑞國에게 강화하자고 먼저 요청했던 것이다. 그러나 《광해군일기》 11년 4월 2일자에서 사관들은 광해군의 밀명이 있었다고 하면서 광해군을 비난하고 나섰다.

이에 앞서 왕이 비밀리에 회령부會寧府의 장사꾼 호족胡族(여진족)에게 이 일을 통보하게 하였는데, 그 호족이 미처 돌아가기도 전에 하서국이 먼저 오랑캐의 소굴로 들어갔으므로 노추가 의심하여 감금하였다. 얼마 후

회령의 통보가 이르자 마침내 하서국을 석방하고 강홍립을 불러들이게 하였다. 강홍립의 투항은 대체로 미리 예정된 계획이었다.

–《광해군일기》 11년 4월 2일

《광해군일기》 사관의 주장은 이렇다. "①광해군이 회령부의 여진족 장사꾼에게 밀명을 내렸다. ②하서국이 그 장사꾼보다 먼저 후금 진영에 들어갔다. ③후금이 하서국을 감금했다. ④얼마 후 회령의 여진족 장사꾼이 소식을 알리자 하서국을 석방하고 강홍립을 불러들였다."

이 주장의 문제점은 광해군이 회령부의 여진족 장사꾼에게 밀명을 내렸다는 데서 이미 창작임이 드러난다. 한 나라의 임금이 자국민도 아닌 이민족 장사꾼을 어떻게 알아서 밀명을 내릴 수 있었을까? 인조반정을 일으킨 세력이 작성한《광해군일기》에는 "광해군이 밀명을 내렸다"라고만 주장할 뿐 그 근거는 전혀 제시하지 못하고 있다. 이런 주장은 앞에 인용한 박엽의 장계에 의해서도 그 모순이 드러난다. 박엽은 이렇게 보고했다.

적이 우리나라의 오랑캐말 역관인 하서국을 불러 강화를 하고 무장을 풀자는 뜻으로 말하였습니다. 그래서 김경서가 먼저 오랑캐 진영으로 가서 약속을 하고 돌아왔는데 또 강홍립과 함께 와서 맹세하라고 요구했습니다.

–《광해군일기》 11년 3월 12일

《광해군일기》 사관의 주장처럼 하서국이 먼저 후금 진영에 갔고,

후금이 하사국을 감금했다가 회령의 장사꾼이 소식을 알리자 강홍립을 불러들인 것이 아니었다. 후금군이 먼저 하서국에게 강화를 요청하자 평안도 병마절도사이자 부원수였던 김경서가 먼저 후금 진영으로 갔고, 그 후 후금에서 도원수가 오라고 요청해서 강홍립이 갔던 것이다. 《광해군일기》가 본문이 아니라 사관의 평으로 강홍립이 광해군의 밀명을 받고 계획적으로 항복했다고 비난할 수밖에 없었던 이유가 여기에 있다. 현장 상황을 보고한 박엽의 장계를 보면 '의도적 항복'은 존재할 수 없었다. '의도적 항복설'은 주로 인조반정 후에 사관들이 의도적으로 삽입한 내용들이다. 《광해군일기》 11년 4월 8일자도 마찬가지로 사관의 평으로 광해군과 강홍립을 비난하고 있다.

> 당초에 강홍립 등이 압록강을 건너게 된 것은, 상(광해군)이 명나라 조정의 징병 독촉을 어기기 어려워 억지로 출사出師시킨 것이었지, 우리나라는 애초부터 그들을 원수로 적대하지 않아 실로 상대하여 싸울 뜻이 없었다. 그래서 강홍립에게 비밀리에 하유하여 노혈虜穴(후금 진영)과 몰래 통하게 했기 때문에 심하深河의 싸움에서 오랑캐 진중에서 먼저 통사를 부르자 강홍립이 때를 맞추어 투항한 것이다.
>
> -《광해군일기》 11년 4월 8일

이 역시 아무런 물증 없이 "강홍립에게 비밀리에 하유하여 노혈과 통하게 했다"는 주장일 뿐이다. 광해군이 강홍립에게 독자적인 판단을 요구한 사실은 있다. 재위 11년 2월 3일, 강홍립이 명나라 경략 양호의 요구에 따라 일부 포수를 명나라 진중으로 보내자, "중국 장수의 말을 그대로 따르지만 말고 오직 패하지 않을 방도를 강구하는 데 힘을 쓰라"고 질책한 것이 이를 말해준다. 이는 항복하라는 말이 아니라 중국 장수의 말을 무조건 따르지 말고 조선군의 지휘권은 도원수가 행사해 군사의 보존을 최우선적 가치로 생각하라는 명령이었다. 게다가 이는 밀령이 아니라 공개된 명령이었다. 전투 현장에 있었던 이민환의 《책중일록》도 투항이 우발적이었음을 말해주고 있다.

거의 몰살당한 좌영의 한 군졸이 달려와 "적이 좌영에 와서 거듭 역관을 찾았으나 진영에 역관이 없어서 답하지 못했다"라고 보고하자 강홍립이 역관 황연해黃連海를 보냈다. 적이 "우리가 명과는 원한이 있으나 너희 나라와는 그렇지 않다. 그런데 왜 우리를 치러 왔느냐?"고 힐문하자 황연해가 "두 나라 사이에는 원한이 없었다. 이번 출병은 부득이한 것이다"라고 응답했다. 황연해가 두세 차례 왕복한 뒤에 적이 다시 사람을 보내와 화약을 맺자고 청했다.

-《책중일록》

현장의 기록은 일관되게 후금이 먼저 강화를 요청했다고 전하고 있다. "이번 출병은 부득이한 것이다"라는 말도 강홍립이 아니라 황연해의 말이라고 기록하고 있다. 또한 실제로도 후금군은 명나라 군사들은 잡는 즉시 다 때려죽였지만 조선군에 대해서는 그렇게 대하지 않았다.

3월 4일 밤, 항복이냐 결사항전이냐를 논의하는 와중에 포위망을 뚫자는 견해도 나왔지만 아무도 응하지 않았다. 막강한 철기군의 포위망을 뚫기도 어렵지만 설사 포위망을 뚫었어도 전군이 전멸하다시피 한 마당에 갈 곳도 없었다. 명나라 군대가 전멸하면서 조선군은 전략적 목표를 상실한 군대가 되었다. 그래서 강홍립과 김경서는 항복함으로써 전력을 보존하기로 결정했고, 3월 5일 홍경興京으로 들어가 후금 국왕 누르하치를 만나 항복했다. 강홍립·김경서는 홍경에 억류되었고, 나머지 장수들은 조선으로 송환되었다. 이로써 기나긴 8년 동안의 억류 생활이 시작된 것이다.

외교정책의 새로운 길을 모색하다

군량 수송의 임무를 소홀히 했던 평안감사 박엽은 강홍립의 항복 소식이 들리자 가장 먼저 가족들을 잡아 가두었다. 조정에서는 강홍립을 역장逆將으로 다스리고 가족들을 주살해야 한다는 주장도 나왔다. 명나라의 우승은于承恩은 강홍립이 계획적으로 항복한 것으로 의심해 조카를 창성昌城으로 보내, 강홍립의 가속을 구금했는지를 탐문했다. 계획적 항복설의 진원지가 명나라임을 시사하는 것이다. 가족 구금 주장에 대해 광해군은 이렇게 일갈했다.

"경들은 이 적을 어떻게 보는가? 우리나라의 병력을 가지고 추호라도 막을 형세가 있다고 여기는가(《광해군일기》 11년 4월 8일)?"

조선군으로서는 후금과 싸워 이기기 어렵다는 판단에서 파병에 소극적이었으나 친명 사대주의에 물든 신하들 때문에 할 수 없이 파병했던 광해군으로서는 당연한 질책이기도 했다. 또한 군이 무모한 결전을 하다가 전원이 전사하는 것보다 항복함으로써 일부의 생명이라도 유지한 강홍립의 판단이 맞다는 추인이기도 했다.

후금에 억류된 강홍립은 새로운 길을 찾았다. 홍경에 억류된 강홍립은 비밀 장계를 써서 종이 노끈 등을 만들어보냈는데, 대부분 후금

과 '화친을 맺어 병화를 늦추자는 뜻'을 담은 내용들이었다. 조선으로
서는 후금과 목숨 걸고 싸울 필요가 없었다. 어차피 중원을 두고 다
투는 것은 후금과 명나라였다. 광해군은 강홍립의 밀서 덕분에 후금
에 대한 생생한 정보를 입수하고 명과 후금 사이에 등거리 외교를 수
행할 수 있었다. 이는 조선을 전란에 휩싸이지 않게 하는 최선의 방책
이었다. 아마 이 정책이 그대로 유지되었다면 조선은 정묘호란과 병자
호란을 겪지 않았을 것이다.

광해군은 이처럼 외교를 바라보는 시각은 탁월했지만 내치는 그렇
지 못했다. 광해군은 재위 5년(1613) '칠서七庶의 옥獄' 때 인목대비의
부친 김제남金悌男과 영창대군을 사형시키고, 나아가 재위 10년(1618)
에는 인목대비도 역모에 연루되었다는 명분론을 내세워 폐모廢母시
켰다. 폐모론에는 정인홍·이이첨·허균許筠 등 대북 일부만 찬성했을
뿐 서인·남인은 물론 소북의 남이공南以恭도 반대했고, 기자헌奇自獻
같은 일부 대북도 반대했다. 그러나 대북 일부는 이를 일당독재 구축
의 계기로 삼아 폐모에 반대하는 다른 모든 정파를 내쫓고 정권을 독
차지했다. 《연려실기술燃藜室記述》이 "서인은 이를 갈고, 남인은 원망
하며, 소북이 비웃는다"고 적는 고립된 상황에서 일당독재체제를 구
축한 것이다.

인목대비 폐위는 광해군의 실책이었다. 또한 대북 일당독재도 광해
군의 실책이었다. 대북도 파병을 적극 주장한 것처럼 외교 사안에서
는 서인과 큰 차이가 없었던 것이다. 북인들만으로 정권을 꾸릴 필요
가 없다고 판단한 광해군은 재위 14년(1622) 무렵 인목대비 폐위를 반
대하다 쫓겨난 이정구李廷龜·이귀李貴·최명길崔鳴吉·이서李曙·남이
공·이수광李睟光·정경세鄭經濟 등의 서·남인들을 다시 등용했지만

이미 때는 늦었다. 광해군을 상국上國(명나라)을 배신하고 어머니를 내쫓은 패륜으로 규정해서 광해군 12년(1620)부터 쿠데타를 준비한 서인들에게 광해군의 화해조치는 쿠데타를 더욱 용이하게 하는 발판일 뿐이었다. 광해군 15년(1623) 3월, 김류金瑬·이귀·김자점金自點·이괄李适 등의 서인들은 선조의 서손庶孫 능양군綾陽君(인조)을 추대하고 광해군을 내쫓는 쿠데타를 일으켰다. 인목대비의 광해군 폐출교지는 쿠데타 세력들의 대외인식을 잘 보여준다.

우리나라가 중국을 섬겨온 지 200여 년이 지났으니 의리에 있어서는 군신 사이지만 은혜에 있어서는 부자 사이와 같았고, 임진년에 나라를 다시 일으켜준 은혜는 영원토록 잊을 수 없었던 것이다. 그래서 선왕先王(선조)께서 40년간 보위에 계시면서 지성으로 중국을 섬기시며 평생에 한 번도 서쪽으로 등을 돌리고 앉으신 적이 없었다. 그런데 광해는 은덕을 저버리고 천자의 명을 두려워하지 않았으며 배반하는 마음을 품고 오랑캐와 화친하였다. …… 황제가 칙서를 여러 번 내렸으나 군사를 보낼 생각을 하지 아니하여 …… 위로는 중국 조정에 죄를 짓고…….

−《광해군일기》15년 3월 14일

인조반정의 주요 명분 중의 하나는 광해군이 명나라의 은덕을 저버렸다는 주장이었다. 그래서 명나라 임금의 명을 두려워하지 않고 후금과 화친했다는 것이었다. 그야말로 시대착오적인 숭명 사대주의였지만 현실은 사대주의 세력이 장악했다.

광해군을 쫓아낸 인조정권에게 강홍립의 동향은 비상한 관심거리였다. 그가 광해군의 복위를 주장하며 후금군을 이끌고 남진하면 조

■ 강홍립의 무덤 후금에 억류된 강홍립은 후금의 남하를 저지하면서 화의를 맺도록 종용했다. 후금군
이 황해도 평산까지 남하하고 더 이상 내려오지 않은 배경에는 강홍립이 있었던 것이다.

선군으로서는 막을 방법이 없기 때문이었다. 인조 1년(1623) 윤10월,
특진관 박정현朴鼎賢이 "강홍립과 김경서가 호병胡兵 4만을 거느리고
얼음이 얼기를 기다려서 나올 것"이라는 소문을 전한 것은 이런 두려
움의 반영이었다. 그러나 인조는 "강홍립은 본국을 배반할 것 같지도
않고 얼음이 언 뒤에 나온다는 말도 믿을 수 없다"라고 일축했다.

후금에 투항한 강홍립은 다른 조선인 포로들이 석방된 후에도 부
원수 김경서와 함께 계속 억류되었다. 강홍립에 대한 대우는 나쁘지
않아서 《연려실기술》에 따르면 누르하치의 둘째 아들 다이샨의 양녀
와 결혼을 하고 명나라 포로 500명을 하인으로 받았다고 적고 있다.

인조 4년(1626)에는 이괄의 난 때 봉기했다 죽임을 당한 한명련韓明
璉의 아들 한윤韓潤이 후금으로 망명했는데, 이때 인조정권이 강홍립
의 노모와 처자를 죽였다고 무고했다는 소문이 돌아서 긴장하기도

했다. 같은 해 평안감사 윤훤尹暄은 "도원수 강홍립은 아직 머리를 깎지 않았기 때문에 달녀㺚女(여진족 여성)를 주지 않고 한녀漢女(명나라 여성)를 아내로 주어 아들을 낳았다"라는 치계를 전했다.

광해군의 외교정책을 명나라에 대한 배신으로 규정하면서 쿠데타를 일으킨 서인정권은 후금과 단절할 수밖에 없었다. 그 결과는 인조 5년(1627) 후금군이 압록강을 건너 조선을 침략하는 정묘호란으로 나타났다. 조선은 장만張晩을 도체찰사로 삼아 막게 했으나 역부족이어서 후금군은 안주와 평양을 거쳐 황주까지 남하했다. 인조는 부랴부랴 강화도로, 소현세자는 전주로 피신했으나 후금군은 황해도 평산까지 남하하고 더 이상 내려오지 않았다. 그 배경에 강홍립이 있었던 것이다. 그러자 인조 5년(1627) 2월 비변사에서도 강홍립을 인정하는 보고를 했다.

> 강홍립은 적에게 함몰당한 지 10년이 되도록 신하의 절개를 잃지 않았으며 지금은 또 화친하는 일을 강력히 주장하고 있으니, 종국宗國을 잊지 아니한 그의 마음을 이에 의거하여 알 수 있습니다.
>
> ─《인조실록》5년 2월 1일

강홍립이 후금의 남하를 저지하면서 화의를 맺도록 종용했던 것이다. 정묘호란 때 부원수를 지낸 정충신鄭忠信이 "그대의 혀끝으로 수만의 후금군이 물러갔으니 조선 백성 가운데 누가 그대의 덕에 감사하지 않겠는가"라는 편지를 보낸 데서도 이를 알 수 있다.

두 나라는 형제의 의를 맺는 화약을 맺었고, 강홍립도 오랜 억류생활을 끝내고 석방되었다. 그러나 고국에 정착하자 긴장이 풀렸던 탓인지, 강홍립은 그해 7월 27일 68세의 나이로 병사하고 만다. 인조가 그의 관작을 회복시키고 장례물품도 지급하게 했으나 승정원과 대신들의 반대가 잇따라 취소할 수밖에 없었다.

강홍립의 신산스러운 삶에 아무 교훈을 얻지 못한 조선은 여전히 친명 사대주의 명분론이 횡행했고, 이는 10년 후인 인조 14년(1636)에 정묘호란보다 훨씬 뼈아픈 결과를 가져온 병자호란으로 되돌아왔다. 그의 삶은 역사에서 교훈을 얻지 못하는 집단에게 역사는 거듭 혹독한 시련을 내리는 것으로 대응한다는 교훈을 가르쳐주고 있다.

9

실력

성실과 기술로
한양도성을 쌓다

박자청

국왕을 보좌하는 방법은 여러 가지가 있다. 정도전처럼 새 나라의 이념을 제공하거나 김육처럼 국가정책으로 보좌할 수 있다. 이런 방법들에 비해서 덜 주목받지만 그 중요도는 결코 덜하지 않은 경우가 전문적인 지식으로 보좌하는 경우다. 정도전이나 김육 같은 경우가 이념형 보좌라면 이 경우는 실무형 보좌다. 조선 역사에서 문관이 아닌 실무형 참모는 주목받기 어려웠다. 문과 급제는커녕 양반 사대부 신분이 아닌 경우가 많았기 때문이다. 조선 초기의 역동성은 사대부가 아닌 경우에도 전문 지식만으로 고위직까지 진출할 수 있었다는 데서 확인할 수 있다. 뛰어난 토목건축 기술로 활약한 박자청은 사대부에게 굽히지 않았던, 대표적인 실무형 참모였다.

토목건축의 대가로 태종의 신임을 받다

태종 12년(1412) 5월 14일, 형조에서 공조판서 박자청의 죄를 청했다. 그런데 정2품 판서의 혐의로는 어울리지 않았다. 종5품 무관인 부사직副司直 이중위李中位를 폭행했다는 것이었기 때문이다. 판서의 혐의치고는 특이한 사례였다. 신분제 사회인 조선에서 정2품 판서가 종5품 무관 부사직과 다툼을 벌인 자체가 이례적이었다.

《태종실록》이 전하는 사건의 경위는 이러하다. 지금의 건설교통부에 해당하는 부서가 공조工曹인데, 장관 박자청이 도성공사를 감독하면서 앉아 있었다. 그때 부사직 이중위가 말을 탄 채 그 앞을 그냥 지나갔다. 종5품 무관직이 정2품 장관을 만났으니 말에서 내려서 읍하고 지나가는 게 예법인데, 이중위는 그렇지 않았다. 그래서 박자청이 이중위를 구타했다는 것이 형조의 논죄論罪 내용이었다.

이중위가 형조에 고소해 형조에서 수사에 나서자 박자청은 때리지 않았다고 부인했다. 그래서 목격자 진술 확보에 나섰는데, 감역관監役官으로 현장에 있던 종부판사宗簿判事 이간李暕, 선공감繕工監 조진趙瑠, 공조정랑工曹正郞 홍선洪善 등은 모두 박자청이 때리지 않았다고 부인했다. 그러자 형조는 이들을 "대신大臣에게 아부하는 것으로 죄를 주어야 한다"고 주청했다. 그런데 이때 형조에서 박자청을 논죄하면서 그의 출신을 규정한 말이 특이하다.

"박자청이 한미한 데서 일어났는데 성품이 본래 사납고 망령되었지만 토목건축공사〔工役〕를 잘 이루어서 주상의 총애를 받고 있습니다."

사건의 발단이 박자청이 '한미한 데서 일어난' 인물이란 데 있다는 시사였다. 부사직 이중위가 현직 판서가 앉아 있는 것을 보고도 무시하고 말 탄 채 지나갈 수 있었던 배경이 여기에 있었다. 태종은 곧바로 이런 배경을 알아차렸다.

> 박자청은 다만 외로운 발자취일 뿐이고 대가거족大家巨族이 아닌데, 어찌 그에게 붙을 사람이 있겠는가? 박자청은 태조 때부터 성실하게 근무한 것이 오래되어 지위가 대신에 이르렀는데, 사소한 일 때문에 법을 다할 수 없다. 그대로 두는 것이 마땅하다.
>
> ―《태종실록》 12년 5월 14일

그런데 형조는 물론 사헌부와 사간원까지 나서서 박자청을 처벌해야 한다고 주청했다. 그래서 태종은 이렇게 따졌다.

"박자청의 죄는 작은 일인데, 어째서 삼성三省이 모두 핵문하는 데 이르는가? …… 죄가 사직社稷에 관계된 것이 아닌데, 너희들은 어찌 다시 말하는가? 대저 삼성이 죄를 청하는 것은 죄가 종사에 관계된 뒤에야 할 수 있다."

삼성은 의정부·의금부·양사兩司(사헌부·사간원)를 뜻하기도 하고, 형조·사헌부·사간원을 뜻하기도 하는데, 주로 역모나 국사범 수사에 적용되는 합동 수사본부이자 국가 최고 사법 시스템이었다. 태종은 박자청의 혐의가 사실이라고 할지라도 상급자가 하급자를 구타한 작은 사건에 지나지 않는데 왜 삼성까지 나섰느냐고 꾸짖은 것이었다. 태종은 이런 사건의 처리방식을 잘 알고 있었다.

> 지금 박자청은 의흥부義興府 당상관堂上官(정3품 통정대부 이상)이고, 이중위는 군사軍士이다. 비록 그 무례한 것을 다스렸다 하더라도 무슨 죄가 있겠는가? 만일 조사朝士(조정의 관리)를 임의로 욕보였다고 하여도 이것은 작은 죄이다. 대간臺諫(사헌부·사간원)에서 또 이런 일에 참여하면, 큰일에는 어찌하겠는가? 지금 이와 같이 하는 것은 박자청을 미워하기 때문이고, 미워하는 까닭은 공역을 맡았기 때문이다.
>
> ─《태종실록》12년 5월 14일

태종의 말대로 박자청의 혐의가 사실이라고 하더라도 상급자가 무례한 하급자를 구타한 작은 죄였다. 국사범을 다스려야 할 대간이 나설 일은 아니었다. 그래서 태종은 이런 작은 일에 대간이 나서면 국가 차원의 큰일이 발생하면 어떡하겠느냐고 꾸짖은 것이었다. 더구나 이 사건은 목격자들의 진술도 일치하지 않았다. 당초 때리는 것을 보았다고 진술했던 참찬參贊 김승주金承霔는 "박자청이 실제로는 김중위를 때리지 않았는데 모호하게 진술했습니다"라고 당초의 진술을 바꾸었다. 그래서 태종은 "이것은 의심스러운 옥사이니 다시 거론하지 말라"고 명령했다. 그러나 사헌부 대사헌 유정현이 다시 "박자청과 이중위 사건은 반드시 하나는 옳고 하나는 그를 것이니, 분별하지 않을 수 없습니다"라고 그치지 않았다. 태종은 거듭 박자청을 옹호했다.

"내가 박자청을 아끼는 것이 아니라, 박자청은 질박하고 정직한 사람인데 때리지 않았다고 맹세하였으니 내가 믿는 것이다."

그러나 사헌부에서 계속 처벌을 주장했다. 사헌부는 보름 이상 이 사건을 재조사하고 태종에게 끈질기게 요청했다. 그러나 재조사에서도 진술이 엇갈리긴 마찬가지였다. 이간·조진·홍선 등은 때리지 않았다고 증언했고, 박자청의 구사丘史(관노) 박진朴眞과 지원池元 등은 때렸다고 증언했다. 증언이 엇갈리자 사헌부에서는 박자청을 직접 심문하겠다고 요청했다. 그러자 태종은 장무지평掌務持平 이하李賀를 불러서 물었다.

"박자청이 항복하지 않으니, 만일 초사招辭(진술서)를 받고자 하면 반드시 매질을 하여야 하겠는데, 작은 일로 대신을 매질하는 것이 옳겠느냐《태종실록》 12년 6월 1일)?"

이하가 대답하였다.

"일이 비록 작으나 교지敎旨를 받들고 묻는데, 사실대로 대답하지 않으니 매질을 한들 무엇이 해로울 것이 있습니까?"

태종은 화가 났다.

"너희들은 공의公義로 죄를 청하는데 과인은 사정私情으로 결단하는구나? …… 내가 들으니, 너희 서헌부에서 의정부의 사주로 굳게 청한다는데 사실이냐?"

태종도 나름의 경로로 이 사건의 배경을 조사해보았던 것이다. 일개 구타 사건을 사헌부에서 끈질기게 물고 늘어지는 데는 배후가 있다고 여긴 것이다. 태종은 "나라 사람들이 박자청을 미워하는 것은 토목역사 때문이다"라면서 그가 수행했거나 현재 맡고 있는 토목공사 명칭을 열거했다.

"송도松都(개경)의 경덕궁敬德宮과 신도新都(서울)의 창덕궁昌德宮은 내가 거처하는 곳이요, 모화루慕華樓와 경회루慶會樓는 사신을 위한 곳이요, 개경사開慶寺와 연경사衍慶寺는 고비考妣(세상을 떠난 어머니)를 위한 곳이다. 성균관成均館을 짓고 행랑行廊을 세우는 것 또한 국가에서 그만둘 수 있는 일이겠느냐?"

태종은 "박자청이 부지런하고 삼가서 게을리 하지 않았는데, 도리어 남에게 미움을 받으니 불가한 일이 아니겠느냐?"라고 개탄하면서 외견상 한 발 물러났다. 다른 재상을 임명해서 이런 역사들을 계속하려 하니 의정부에 다른 사람을 조성제조造成提調로 택해서 보고하라고 명령한 것이다. 태종은 박자청 탄핵의 배후로 지목한 의정부에게 새로운 조성제조 추천을 명령했다. 이 사건의 배후로 의심 받는 의정부는 "박자청이 일을 잘 알고 또 부지런하니 갈 수 없습니다"라고 물러설 수밖에 없었다. 다른 재상 중에 박자청만큼 이런 역사를 수행할 인물이 없다는 사실은 의정부도 잘 알고 있었다. 박자청 대신 다른 사람을 추천했다가 역사가 순조롭게 진행되지 못하면 의정부가 책임을 져야 하기 때문이었다.

태종이 박자청이 토목과 건축 역사를 맡고 있기 때문에 미움을 받는다고 한 말은 이유가 있었다. 대신들이 건축공사에 동원되는 백성들의 처지가 가여워서 이런 주장을 하는 것이 아니었다. 역사에 자신들의 노비가 동원되기 때문이었다.

■
우직한 충심과 성실함의 소유자

물론 가장 중요한 배경은 천민 출신의 장관을 낙마시켜 다시는 이런 일이 없게 방지하기 위한 것이었다. 태종이 박자청에 대해서 '외로운 발자취'에 지나지 않는다고 말한 것처럼 신분제 사회 조선에서 그에게는 태종 이외에 우익이 없었다. 신분제에 물든 사대부들은 집요하게 박자청 죽이기에 나섰던 것이다. 박자청에 대해《세종실록》5년(1423) 11월 9일자〈박자청 졸기〉는 "황희석黃希碩의 가인家人으로 내시內侍로 출신했다가 낭장郎將에 제수되었다"고 설명하고 있다. 내시로 출신했다는 말은 환관이란 뜻이 아니라 임금의 호위무사 출신이란 뜻이다. 박자청이 중군도총제中軍都摠制로 제수 받은 태종 7년(1407)의 사관은 "박자청은 황희석의 보종步從(수행원) 출신이다"라고 기록하고 있다.

박자청의 주인이었던 황희석은 고려 우왕 때 판전농시사判典農寺事를 역임했는데, 한때는 출가해서 승려가 되었던 이력의 소유자다. 황희석은 우왕 14년(1388) 우왕과 최영이 요동정벌군을 발진시킬 때 청주상만호靑州上萬戶로서 우군도통사 이성계의 휘하로 참전했다. 그는 이성계의 위화도 회군에 찬성해 말머리를 돌림으로써 동지밀직사사同知密直司事로 승진하고, 공양왕 1년(1389)에는 회군공신에 책봉되었다.

이런 배경으로 보아 박자청은 황희석을 따라서 이성계의 막하에 종군했던 것으로 보인다. 박자청은 1392년 조선이 개창되자 중랑장中郎將으로 승진했다. 이 무렵 박자청의 성격을 말해주는 일화가 있다.

조선 개국 이듬해인 태조 2년(1393) 박자청이 입직군사로 궁문을 지키고 있었는데, 이성계의 이복동생인 의안대군義安大君 이화李和가 입궐하려 했다. 박자청은 태조의 소명召命이 없다는 이유로 굳게 거절하고 들여보내지 않았다. 이화는 자신이 태조의 동생이라고 말했지만 박자청은 꿈쩍하지 않았다. 화가 난 이화는 발로 안면을 차서 상처를 입혔지만 박자청은 끝까지 이화의 입궐을 저지했다. 이성계는 이 사실을 알고 이화를 불러서 꾸짖었다.

"옛날에 주아부周亞夫의 세류영細柳營에서는 다만 장군의 명령만 듣고 천자의 조서詔書도 통하지 않았다고 했는데 지금 박자청이 대군大君을 받아들이지 않은 것은 진실로 옳은 일이고, 너의 소위는 잘한 것이 못 된다."

주발周勃의 아들 주아부는 중국 고대 한나라의 강직한 장수였는데 이성계는 박자청을 주아부에 비유한 것이다. 이때 박자청은 이성계에게 다시 강력한 인상을 주어서 정4품 호군護軍으로 승진되었고 은대銀帶를 하사받았다. 개국 초의 태조에게는 박자청 같은 호위무사가 꼭 필요했다. 이성계는 박자청을 국왕 호위부대인 내상직內上直(훗날의 내금위)에 임명해 유악帷幄(궁중의 기름 천막) 밖에서 숙직하면서 호위하게 했다.

박자청은 초저녁부터 새벽까지 잠자리에도 들지 않고 계속 순찰을 돌면서 임무를 수행했고, 태조는 이 사실을 알고 박자청을 더욱 신임했다. 고려 500년 왕업을 목적牧笛에 부치고 조선을 개국했지만 고려 지지 세력이 각지에 산재해 있던 상황이었다. 이들이 이성계를 암살하고 고려왕조를 재건하려고 할 것임은 불문가지였다. 이런 상황에서 이성계의 이복동생까지도 소명이 없다고 들여보내지 않는 박자청 같은 인물이 이성계에게는 꼭 필요했던 것이다.

이렇게 박자청은 한미한 데서 태어나 태조 이성계에 대한 우직한 충심으로 일어섰다. 그런데 그에게는 우직한 충심 이외의 기술이 하나 더 있었다. 《세종실록》의 〈박자청 졸기〉는 "(박자청이) 갑술년(태조 3년, 1394) 선공소감繕工少監으로 옮겼다"고 기록하고 있는데, 선공감繕工監은 건축이나 토목공사를 수행하는 부서였다. 궁중에 땔감 등을 제공하는 역할도 하는데 박자청이 맡았던 소감은 종4품관이고, 그 아래 종6품인 승丞이 있었다. 태종 14년(1414) 소감은 부정副正, 승은 판관判官으로 명칭이 바뀌는데 《경국대전經國大典》에는 "판관 이상 1명은 장기 근무한다"고 규정하고 있다. 토목이나 건축은 전문 기술이기에 장기 근무를 해야만 했다. 그만큼 박자청은 토목건축 분야의 전문성을 인정받고 있었다는 뜻이었다.

박자청은 태조 4년(1395) 원종공신의 녹권을 받았다. 개국 정공신正功臣 반열에는 이르지 못했지만 개국을 도운 원종공신 반열에는 올랐으니 위화도 회군과 조선 개국에 일정한 역할을 했을 것이다.

이성계는 태조 5년(1396) 박자청을 호익사대장군虎翼司大將軍(종3품)으로 승진시켜 동북면선위사東北面宣慰使로 삼았는데 여진족 우두머리 동맹가첩목아童猛哥帖木兒를 투항하게 하는 공을 세웠다.

그런데 박자청에게 토목건축 분야에 특출한 재능이 있음을 알고 중용한 인물은 태종이었다. 박자청은 태종 6년(1406) 중군총제와 선공감사를 겸임하는데, 〈박자청 졸기〉는 "이때부터 항상 영선營繕(건축과 수리) 관계를 관장했다"고 기록하고 있다. 이후 박자청은 군사 관계와 토목건축 방면의 관직에 근무하는데, 조선 초기에 그처럼 확실한 전공 분야가 따로 있었던 경우는 드물었다.

조선의 마스터플랜을 현실로 만들다

조선의 수도 서울의 마스터플랜master plan을 짠 인물을 정도전이라고 한다면, 그 마스터플랜을 현실로 만든 인물은 박자청이라고 해도 과언이 아닐 정도로 서울 곳곳에는 그의 손길이 묻어 있다. 500년 도읍지를 새로 옮긴다는 것은 쉬운 일이 아니었다.《증보문헌비고增補文獻備考》〈호구고戶口考〉에 따르면 세종 8년(1426) 때의 경성京城 5부의 인구가 1만 6,921호에 인구는 10만 3,328명이고, 성저城底 10리의 호수는 1,601호에 인구는 6,044명으로 도합 10만 9,372명이었다. 그런데《증보문헌비고》는 이수광이 말하기를, "세상에 전하기를 '개성부 성내의 민호民戶가 전조前朝 (고려) 때는 13만 호였는데, (한양으로) 한성에 천도한 뒤에는 (개성의 호수가) 겨우 8천여 호였다'고 한다"고 전하고 있다. 그러면서 이수광은 "지금 한양의 평시에 민호가 8만 호로 개경의 전성기 때에 미치지 못한다"고 덧붙였다. 이수광이 살던 조선 중·후기 한양이 고려 때 개경보다 못했다는 이야기다. 상업도시의 성격이 더해졌던 개경이 농업도시 한양보다 더 큰 도시였다는 말이다. 그만큼 새 도읍지 건설이 어려움을 말해주는 사례이기도 하다.

　신 도읍 건설사업의 설계도는 정도전이 작성했지만, 건설 총감독은 박자청이 맡았다. 이런 박자청의 도성 건설사업에 대해 사관들은 칭찬보다는 비난 일색이었다.《태종실록》사관은 "박자청은 성질이 엄격하고 급해서 매양 역사役事를 감독할 때 빨리 완공하기 위해서 밤낮을 가리지 않고 인부들을 재촉하기 때문에 이르는 곳마다 사람들이 모두 괴롭게 여겼다(《태종실록》 7년 10월 8일)"고 비판하고 있다. 박자청은 역사를 할 때 공기工期 조기달성을 목표로 삼아서 인부들을 닦달했다는 뜻이다.

물론 이 때문에 문제가 생긴 경우도 없지 않았다. 태종 7년(1407) 10월 사헌부 집의 허조許稠가 그를 비판하고 나선 것이 이를 말해준 다. 허조는 구체적으로 역사의 문제점을 거론했다.

"우선 신의 이목耳目이 미친 것으로 말씀드리면, 지난번 문묘文廟(성균관) 역사 때 신의 조카 허성許誠의 종이 죽었고, 근일近日 관사館舍 의 역사에 호군護軍 백원봉白元奉의 종이 죽었습니다. 이 두 가지 역 사를 보면, 나머지를 모두 미루어 알 수 있습니다."

그런데 허조는 이때 책임자 이름을 거명하지는 않았다. 대신 앞으 로 인부가 죽으면 "그 두목사령頭目使令과 감역관監役官의 죄를 논하 고 숨기거나 보고하지 않은 자는 함께 죄를 주게 하소서"라고 청했다. 태종은 박자청의 출신을 문제 삼아서 내쫓으려고 하는 정치공세를 싫어한 임금이지 정당한 문제제기까지 무조건 거부한 임금이 아니었 다. 태종은 즉각 허조의 문제제기를 받아들였다.

"나의 충신은 허조뿐이다. 내가 만약 이를 알았다면, 어찌 이 역사 를 일으켰겠는가! 인명人命이 매우 소중하니, 어찌 소홀하겠는가《태 종실록》7년 10월 8일)!"

태종은 역사를 파하고 감독총제監督摠制 박자청을 소환했다. 그 책 임자가 박자청이었던 것이다. 태종은 도성 건설에 따르는 이런 문제 제기는 즉각 수용했다. 다만 박자청 개인에게 혐의를 씌우는 행위에 대해서는 시종 박자청을 보호했던 것이다.

박자청이 감독하는 역사는 사헌부를 비롯한 여러 기관들의 주시대 상이었다. 태종 8년(1408) 5월 박자청이 선공소감繕工少監 홍이洪理 등 과 함께 명나라 대신들을 접대하던 모화루慕華樓 남쪽 연못[南池] 역

■ 살곶이 다리 박자청은 도성 내외의 여러 궁궐, 성균관, 종로의 긴 행랑, 동대문 밖의 마장, 살곶이 다리 등 개국 초 서울의 건축물 대부분을 설계 · 감독했다.

사를 감독했다. 그런데 겨우 열흘쯤 지났을 때 물이 나오지 않는다는 이유로 사헌부에서 비밀리에 조사에 나섰다. 사헌부 집의執義 권우權遇 등은 박자청을 탄핵하기 위해 먼저 사헌부의 서리書吏 김사진金思進 등을 보내서 조사시켰다. 사헌부 서리들은 몰래 연못의 깊이와 넓이, 그리고 수맥水脈이 있는지 여부를 조사했다. 그런데 선공소감 홍이가 이들이 찾아온 이유를 짐작하고 먼저 정보를 제공했다.

"모화루에서 연못까지는 150여 보步, 길이는 380척, 넓이는 300척, 깊이는 두세 길丈[한 장은 약 3미터]인데, 수맥이 있는지 없는지는 그대들이 본 바대로다."

여기서 "수맥이 있는지 없는지는 그대들이 본 바대로"라는 것은 아직 물이 나오지 않았다는 뜻이다. 홍이는 비밀리에 박자청에게 사헌부 서리가 조사하고 있다고 보고했다. 박자청은 또다시 '박자청 죽이기가 시작되었다고 생각하고 서리를 잡아다가 매를 치려고 하다가 주위에서 말려서 그만두었다. 그는 사헌부에서 반드시 자신을 탄핵할 것이라는 판단에서 미리 말을 타고 먼저 대궐로 달려가서 아뢰었다.

"사헌부에서 서리들을 시켜서 신 등이 감독하는 형상을 엿보고 있습니다."

과연 잠시 후 사헌부에서 탄핵하는 문서가 도착했다.

"박자청은 연못을 파기 시작한지 여러 날이 지났는데도 물을 얻지 못하고 오히려 토목의 역사를 즐겁게 여겨서……."

태종은 탄핵 문서를 보고 분노했고, 사헌부의 담당자인 지평持平 최자해崔自海를 불러서 힐난했다.

"연못을 파는 역사는 내가 명한 것인데 박자청과 홍이가 무슨 죄가 있느냐?"

박자청은 이런 선제 대응으로 겨우 파직을 면하고 임무를 계속 수행하게 되었다. 연못을 팠을 때 물이 나올지 안 나올지 미리 알기는 쉽지 않다. 이를 감독자의 책임으로 돌리는 것은 무리라고 태종은 느꼈던 것이다. 《태종실록》에서 이때 "못을 더 깊게 파니 그제야 물이 나왔다"고 전하는 것처럼 연못을 더 파면 나올 수도 있는 문제였다. 하지만 유독 박자청이 하는 일에 대해서는 형조나 대간들이 까다롭게 나왔다는 뜻이다. 불과 열흘 동안의 역사로 물이 나오지 않았다고 서리를 보내서 조사하는 것은 그가 사대부 출신이 아니기 때문이었음은 물론이다.

태종 11년(1411) 10월, 사간원에서 또 박자청을 탄핵했다.

"토목의 일에 종묘와 궁궐의 수리는 폐할 수 없지만 대지臺池(루각이나 연못) 같은 것은 천천히 해도 되는 것으로 급하게 할 것이 없습니다.

지금 공조판서 박자청은 본래 재주나 덕이 없는데 성명聖明(성스런 임금의 밝음)을 만나서 좋은 벼슬에 높게 처했습니다."

태종이 볼 때 이러한 주장 역시 억지였다.

"박자청이 배우지는 못했지만 오직 부지런하고 곧다. 종묘·사직의 수리는 모두 내가 명하여 역사를 감독한 것이다. 어찌 한 몸의 계책을 위해서 이 일을 하였겠느냐? …… 내가 박자청을 파직시키더라도 대신 맡은 자가 앉아서 보기만 하고 백성은 한 사람도 역사시키지 않겠는가? 경 등은 다시 말하지 말라."

태종은 박자청을 매번 옹호했다. 그의 출신이 미천하기 때문에 사대부 출신들이 집단적으로 시비를 거는 것으로 보았기 때문이다.

태종과 세종 때 조선이 역동적이었던 것은 박자청처럼 한미한 출신이 전문지식 하나로 장관까지 오르고, 장영실처럼 관노 출신이 종3품 대호군大護軍까지 이르는 등 능력이 있으면 출세할 수 있는 사회였기 때문이다. 양반 사대부라는 카르텔이 아니라 신분은 미천하더라도 능력이 있으면 출세할 수 있었던 역동성이 태종·세종시대의 조선 르네상스를 만든 원동력이었다.

창의적인 방법으로 임무를 수행하다

실제 박자청은 개국 초 서울의 거의 모든 건축물을 지었다고 해도 과언이 아니다. 그중 유명한 건축물만 예로 들어보면 수강궁과 풍양 이궁離宮, 연희궁 등 도성 내외의 여러 궁궐과 성균관, 종로의 긴 행랑行廊들, 동대문 밖의 마장馬場, 살곶이 다리 등이 모두 그의 설계와 감독으로 만들어진 것이다. 이중 종로 행랑은 경복궁 남쪽부터 종묘

앞까지 좌우로 지은 것인데 모두 881간間이었다. 또한 종묘 남쪽 길에 층루層樓 5간을 세웠다. 현재 국보 제224호인 경회루도 태종 12년(1412) 박자청이 건설한 것이다. 영의정부사를 역임한 하륜이 지은 〈경회루기慶會樓記〉에는 건축 과정이 자세하게 전해지고 있다. 태종 13년 뒷 대궐 서루西樓가 기울어져서 위태롭다는 보고를 들은 태종이 "우리 선고先考(태조 이성계)께서 창업하셔서 처음 세우신 것인데 벌써 그렇게 되었단 말이냐"라면서 공조판서 박자청에게 "농사 때가 가까웠으니, 아무쪼록 놀고먹는 자들을 시켜서 빨리 수리하라"고 명한 것이 시작이었다. 태종은 수리를 명한 것인데 박자청은 거의 재건축 수준으로 다시 지었다. 박자청은 지표면을 헤아려서 서쪽으로 조금 당기고 그 터를 보고 조금 더 크게 새로 지었던 것이다. 그리고 그 땅이 습한 것을 염려해서 루 주위에 연못을 둘렀다. 공사를 마치자 태종이 거둥해서는 그 규모가 큰 것에 놀라 이렇게 말했다.

"나는 옛 건물을 수리만 하려 한 것인데, 옛것보다 너무 과하지 않느냐?"

그러자 박자청 등은 땅에 엎드려서 답했다.

"신 등은 훗날 또다시 기울어지고 위태롭게 될 것이 두려워서 이렇게 했사옵니다."

태종이 과연 재건축 수준으로 짓는 것을 몰라서 이렇게 말했는지는 알 수 없지만, 박자청의 설명을 듣고 난 후에는 〈경회루기〉에서 "(태종이) 종친·훈신·원로들을 불러들여 루의 이름을 경회루라고 하셨다"고 전하는 것처럼 잔치를 베풀어 이를 축하했다. 하륜은 이 글에서 "신이 일찍이 들으니, 공자께서 노나라 애공哀公의 질문에 '정치라는 것은 사람에게 있습니다'라고 하셨는데, 대개 임금의 정치는 사람을 얻는 것이 근본입니다. 사람을 얻은 뒤에라야 '경회(기쁘게 모이다)'라 이를 수 있을 것입니다'라고도 썼다. 임금이 정치를 잘하면 사람들이 서로 기쁘게 조정에 서려고 한다는 뜻이다.

그러나 사실 경회루에 연못을 만드는 역사는 쉽지 않았다. 모화루 남쪽 연못처럼 못을 팔 때 물이 나오기는 나왔는데 어디로 빠지는지 못에 물이 가득 차지 않았다. 이때 박자청이 물을 가득 차게 하는 공법을 고안했다.

"못의 곁을 터서 물을 모두 흘려보낸 다음에 물이 새어나오는 곳을 검은 진흙으로 채우면 물이 고일 것입니다."

태종이 박자청의 말대로 했더니 과연 물이 가득 찼다는 것이었다. 박자청은 방수제가 없던 시절 검은 진흙을 방수제로 사용해 연못에 물을 채운 것이었다. 이것은 박자청에게 유독 비판적이었던 실록이 기록한 특이한 사례였다. 박자청은 이 기록보다 훨씬 더 많은 창의적인 발상으로 임무를 완수했을 것이다. 이런 창의적이고 전문적인 능력 없이 그저 아랫사람과 역부들을 독촉만 하는 방식이라면 공사를 제대로 마칠 수도, 그 자리까지 올라갈 수도 없었을 것이다.

태종은 공사가 끝나면 인부들에게도 상을 내렸는데 경회루 못을 파던 인부들에게는 저화楮貨 1천 장을 내려주었다. 저화란 종이로 만든 화폐인데 태종은 저화의 유통이 경제발전에 대단히 중요하다고 생각했던 임금이었다. 그래서 한때는 세금도 저화로만 납부 받으라는 명을 내릴 정도였는데,《태종실록》에 따르면 태종 2년(1402) 저화 한 장은 쌀 2말 값이라고 설명하고 있다. 경회루의 못을 판 인부들에게 쌀 2천 말을 내린 격이니 적은 금액은 아니었다. 인부들은 저화나 쌀을 짊어지고 노래를 부르며 집으로 돌아갔을 것이다.

■ 경회루 현재의 경회루는 뒷 대궐 서루가 기울어져서 위태롭다는 보고를 들은 태종이 박자청에게 명해 재건축한 것이다.

그러나 박자청에 대한 시비는 끊이지 않았다. 경회루 공사를 마친 후인 태종 13년(1413) 5월 단오 때도 박자청은 사헌부의 탄핵을 받았다. 이 무렵 5월 5일, 즉 단오날에 여러 마을에서는 척석희擲石戲라 불리는 투석전을 했다. 마을끼리 편을 갈라 돌팔매로 승부를 내는 놀이로 석전石戰, 돌팔매 놀이라고도 한다. 문헌상으로는《수서隋書》〈고려(고구려) 조〉에 처음 등장하니 늦어도 고구려 때부터 있었던 풍속이다.

(고구려)는 매년 초에 패수浿水 가에 모여서 놀이를 하는데, 국왕은 요여腰輿(작은 가마)를 타고 나가 깃발과 의장을 나열해놓고 이를 구경한다. 놀이가 끝나면 국왕은 옷을 물에 던지는데, 군중들은 좌우 두 부部로 나뉘

어 물과 돌을 서로에게 던지고 소리치면서 쫓고 쫓기기를 두세 번하고 그만둔다.

-《수서》〈고려 조〉

척석희는 고구려 때는 국왕도 참석했던 큰 행사였다. 일종의 집단 방어놀이였기 때문일 것인데, 이런 전통이 조선까지 계승되었던 것이다. 태조 때는 임금이 직접 참관하기도 했고, 척석군이라는 군대도 있었다.

태종 13년(1413) 단옷날 군중들이 광통가廣通街(청계천 부근)에 모여서 척석희를 하는데, 군기소감 최해산崔海山이 별군別軍 30여 명을 거느리고 곁에서 돌출해서 승기를 타고 추격했다. 그러자 박자청이 대장隊長·대부隊副를 거느리고 투석전 장소로 뛰어들었는데, 말이 놀라서 뛰어오르는 바람에 대장 한 사람이 날아든 돌에 맞아 사망했다. 《태종실록》 사관은 "사람들이 모두 비루鄙陋하게 여기면서, '판서 자리가 아깝다'고 하자 사헌부에서 탄핵했다"고 전해주고 있다. 사헌부의 탄핵을 받으면 혐의가 사실이든 아니든 무조건 사임하는 것이 이 시기의 관례였다. 대간臺諫의 탄핵은 고위 관리들의 전횡을 막는 제도적 장치라는 장점이 있지만 이처럼 낮은 신분에서 자수성가한 관료의 앞길을 막는 부작용도 있었다. 이때도 태종이 박자청에게 판서 자리에 다시 나오라고 명해서 수습되었다.

세종도 즉위 후 박자청을 중용했다. 세종은 장영실을 비롯해 태종이 중용했던 사람들은 대부분 그대로 사용했는데 박자청도 마찬가지였다. 부왕 태종에 대한 존중의 의미도 있었지만 박자청의 전문 토목 건축 기술이 꼭 필요했기 때문이기도 했다. 세종 2년(1420) 7월 태종

■ 헌릉 박자청은 헌릉으로 가는 마전에 부교만 만든 것이 아니라 헌릉 전체를 조성했다. 그 덕분에 세종은 국상을 수월하게 치러냈다.

의 부인 원경왕후元敬王后 민씨가 세상을 떠났을 때도 박자청의 창의적인 건축 능력이 발휘되었다. 능을 한강 남쪽의 헌릉獻陵(서울 서초구 내곡동)으로 정했으므로 재궁梓宮(임금이나 왕후의 시신을 담은 관)이 한강을 건너야 했다. 마전도麻田渡(서울 송파구 삼전동)에서 한강을 건너야 했는데, 재궁을 싣고 한강을 건너는 것은 쉬운 일이 아니었다. 이때 박자청이 상왕 태종에게 부교浮橋를 만들자고 청했다. 부교란 배다리를 뜻하는데, 모든 사람들이 "안 될 겁니다"라고 반대했다. 재궁뿐 아니라 임금의 대가大駕를 비롯해서 수많은 대소 신료들과 군사들이 건너가야 하는 다리였다. 자칫 흔들려서 재궁이나 대가가 강물에 빠지면 돌이킬 수 없는 사태가 발생할 것이었다.

박자청의 능력을 믿은 태종은 이런 위험에도 만들라고 허락했고, 《세종실록》은 "재궁이 마전도의 부교를 건너는데 평지를 밟는 것 같았다. …… 온 나라가 칭찬하며 감탄했다'라고 기록하고 있다.

박자청은 이때 헌릉으로 가는 부교만 만든 것이 아니라 헌릉 전체를 조성했다. 이런 역사는 명목상의 총 책임자로 정승들이 맡는 도제조都提調가 있었고, 실질적인 책임자인 제조提調가 있었다. 원경왕후 국장 때 좌의정 박은朴誾, 우의정 이원李原이 국장도감國葬都監 도제조를 맡은 것은 이례적인 임명이었다. 청평부원군 이백강李伯剛이 산릉도감山陵都監 도제조를 맡은 것도 그가 영의정 이거이李居易의 아들이자 태조 이성계의 장녀 경신공주慶愼公主와 혼인한 부마 이저李佇의 동생이었기 때문이다. 또한 그 자신도 태종의 장녀 정순공주貞順公主의 남편인 청평위淸平尉였으니 그의 산릉도감 도제조 자리 역시 이례적인 자리였다. 《세종실록》은 "판좌군도총제부사 박자청, 전 부윤 서선徐選을 산릉도감 제조로 삼아 상사喪事를 감독하고 다스리게 하였다"라고 전하고 있는데 이들이 실질적인 책임자라는 뜻이다. 그렇게 박자청은 헌릉 조성 작업을 하면서 마전에 부교까지 만들어 국상을 수월하게 치러냈다.

미천한 신분을 뛰어넘게 한 기술력

박자청 말년의 중요한 대역사는 도성 수축修築이었다. 세종 3년(1421) 10월 도성이 허물어지게 되었다는 보고를 들은 태종은 자신도 모르는 사이에 눈물을 흘리며 이렇게 말했다.

"도성을 수축하지 않을 수 없는데, 큰 역사를 일으키면 사람들이 원망할 것이다. 그러나 잠시의 수고로움이 없이 오래도록 편안할 수는 없다. 내가 마땅히 그 수고로움을 맡아서 주상主上(세종)에게 편안한 것을 남겨주는 것이 좋지 않겠는가?"

-《세종실록》 3년 10월 13일

태종은 바로 도성수축도감都監을 만들어 영의정 유정현, 우의정 이원, 평양부원군 김승주 등을 도제조로 삼고 박자청·전흥田興·이명덕李明德 등을 제조로 삼았다. 그런데 이때 박자청은 자신감이 넘친 나머지 독주하는 잘못을 저질렀다. 토목과 건축에는 나라 안에서 자신만한 사람이 없다고 자만한 것이다. 《세종실록》은 "박자청은 자기가 공역에 익숙하다고 여겨서 여러 사람들과 의논하지 않고 자기 마음대로 처리했다"고 비판하고 있다. 박자청의 이런 행사에 불만을 품은 사람들 중에는 좌의정 이원과 우의정 정탁鄭擢도 있었다. 두 정승이 박자청을 꾸짖었다.

"제조는 판부사判府事(박자청) 혼자가 아닌데 왜 여러 사람들과 의논하지 않고 마음대로 일을 처리하는가?"

두 정승의 힐난을 들은 박자청은 얼굴빛이 달라지더니 말없이 나가버렸다. 두 정승은 도감부사都監副使 배환裵桓을 시켜 상왕 태종에게 보고하게 했다. 태종이 세종에게 알리게 했는데, 세종은 태종과 달리 박자청을 끝까지 보호하지 않았다.

"정승은 내가 존경하고 무겁게 여기는데 자청이 어찌 감히 이렇게 무례한가? 비록 자청이 없다고 도성을 수축하지 못하겠는가?"

세종은 박자청에게 집으로 돌아가라고 명했다. 세종 4년(1422) 1월 14일의 일이었다. 그래서 박자청은 도성수축을 완성하지 못한 채 중도에 손을 떼야 했다. 재능 있는 사람들의 몰락이 단점 때문이 아니라 그 장점 때문이라는 교훈이 그에게도 적용되었던 것이다. 그러나 이렇게 집으로 쫓겨간 박자청은 넉 달 후 다시 등용된다. 그해 5월 10일 태상왕 태종이 세상을 떠나자 세종이 박자청을 산릉도감 제조로 임명했던 것이다. 이것이 박자청의 마지막 역사였다.

이해에는 기근이 심했는데, 태종의 헌릉도 크게 만들지 않을 수 없어서 세종의 근심이 컸다. 그해 7월 박자청은 세종에게 "장정 1만 명을 징발해야 일을 마칠 수 있습니다"라고 보고했다. 세종이 대언代言(승지)들에게 논의하게 하자 승지들은 경기도 수군 1천 명과 도성 내 각 관청의 노예들과 부자 동네의 역부들도 1천 명 정도는 얻을 수 있다고 보고했다. 도합 2천 명밖에 동원할 수 없다는 말이었다. 대신 수레꾼의 품삯을 후하게 쳐주면 소 몇 백 마리는 얻을 수 있는데, 소 한 마리는 사람 열 명의 일을 할 수 있다는 계산이었다. 박자청도 승지들의 의견에 동의해서 가까운 도의 장정들 2천 명을 동원하는데 열흘씩 교대로 일하게 해서 헌릉을 성공적으로 조성할 수 있었다. 세종은 이듬해(1423) 1월 25일 박자청을 좌군도총제左軍都摠制로 삼았는데, 그는 그해 11월 9일 사망했다. 《세종실록》은 사망 때의 관직을 판우군도총제부사判右軍都摠制府事라고 적고 있다.

《세종실록》〈박자청 졸기〉는 마지막까지 좋은 이야기를 쓰지 않고 있다.

(박자청은) 무술년(태종 18년, 1418)에 의정부 참찬 판우군도총제부사로 승진했다. 박자청의 사람됨은 엄격하고 각박해서 은혜가 적었으며 남을 시기猜忌하고 이기는 것을 좋아했다. 다른 특이한 재능은 없이 다만 토목의 공역을 관장한 공으로 행오行伍(사졸)에서 나와서 1품의 지위에 이르렀다

가 이때 졸하니 나이가 예순 일곱이다.

-《세종실록》 5년 11월 9일

세종은 부음을 듣고 3일간 정사를 폐했으며 종이 100권을 내리고 장례를 관에서 주관하게 했다. 박자청은 미천한 신분에서 임금에 대한 충성심과 군사와 토목건축 방면의 전문 기술로 1품의 지위까지 올랐다. 조선은 비록 신분제 사회였지만 초기만 해도 미천한 신분에서 1품의 지위까지 오를 수 있었던 역동적인 사회였다.

현재 우리 사회도 점점 개천에서 용 나기 어려운 상황이 되고 있다는 우려가 많다. 앞으로 우리는 박자청·장영실 등이 배출되었던 역동적인 조선 초기를 지향할 것인가, 전 세계적인 흐름과는 달리 신분제를 강화하는 방향으로 나아가다 끝내 나라가 망했던 인조반정 이후의 조선 후기를 지향할 것인가. 지금까지 서울에 남아 있는 박자청의 손때가 묻은 전각들은 이렇게 묻고 있다.

10

맹목

목적 잃은
권력을 탐하다

인수대비

임금이 되는 것을 천명天命을 받았다고 한다. 그래서 하늘로부터 명을 받았다는 수명어천受命於天이라는 말이 나왔다. 임금의 정사는 천공天工이라고 한다. 하늘이 할 일을 대신한다는 뜻이다. 왕조 국가의 임금은 백성들의 생사여탈권生死與奪權을 갖고 있기에 임금이 되는 것이나 임금의 정사는 하늘도 납득할 수 있는 공공성을 가져야 하며, 그만큼 국가권력을 사적 이익의 실현 수단으로 삼으면 안 된다는 강력한 경계가 담겨 있다. 인수대비는 어려서부터 권력을 제일가치로 삼는 집안에서 자라나 평생 권력을 추구했다. 그녀는 왕비의 꿈은 좌절되었지만 둘째 아들을 왕으로 만드는 데 성공하면서 역전극을 이뤄냈다. 그러나 권력의 잣대로 세상과 사람을 평가한 결과는 비극적이었다.

명나라에 누이를 팔아 명예를 산 한확

문종 즉위년(1450), 만 13세의 한씨 소녀는 수양대군의 맏아들과 혼
례를 올렸다. 수양의 맏아들 이숭李崇(훗날의 이장)은 세종 27년(1445)
1월 도원군桃源君에 봉해졌으므로 이로써 그녀도 도원군부인이 되었
다. 시아버지 수양대군은 국왕의 바로 아래동생이었는데, 한씨 소녀
는 시아버지가 자신을 며느리로 선택한 것 자체가 자신의 집안 때문
이란 사실을 알고 있었다. 소녀의 친정아버지는 정2품 판중추원사 한
확韓確이었다. 수양대군은 국왕의 자리에 대한 사전 포석의 하나로
한씨 소녀를 맏며느리로 선택한 것이었다. 한확의 집안이 조선에서
가장 강력한 명나라 통이기 때문이었다. 그 계기는 집안의 여자들을
명나라에 공녀貢女로 보낸 것이었다. 한확의 이름이 실록에 처음 등
장하는 것은 태종 17년(1417) 8월 6일이다.

(명나라) 사신 황엄黃儼과 해수海壽가 한씨와 황씨를 데리고 돌아가는데, 한씨의 오빠 부사정副司正 한확과 황씨의 형부 녹사錄事 김덕장金德章, 그리고 근수根隨(시종하는 사람)하는 시녀 각 6인, 화자火者(환관) 각 2인이 따랐다. 길 옆에서 보는 자가 눈물을 흘리지 않는 이가 없었다.

-《태종실록》 17년 8월 6일

명나라 성조成祖 영락제永樂帝가 사신을 보내 조선 여인을 공녀貢女로 요구했는데, "길 옆에서 보는 자가 눈물을 흘렸다"는 기사처럼 자진해서 가려는 사람이 없었다. 이때 한확은 누이를 보내기로 결심했다. 지순창군사知淳昌郡事를 지냈던 아버지 한영정韓永矴은 이미 세상을 떠났기 때문에 출세를 위해서는 무언가 승부수가 필요했다.

명나라에서 조선 여인들을 요구한 것은 이번이 처음이 아니었다. 9년 전인 태종 재위 8년(1408) 명나라 성조成祖의 요구에 따라 5명의 반가班家 여인들을 북경으로 보냈다. 이때 명나라로 간 여인들은 명나라 현비賢妃, 순비順妃 등이 되었고 나머지도 모두 후궁이 되었다. 이역만리 타향의 후궁생활을 좋아할 여자가 있을 리 없었다. 그것도 반가班家 집안은 말할 나위도 없었기에 대부분의 반가는 딸들을 보내지 않기 위해 온갖 수를 썼다.

그러나 한확은 달랐다. 그는 이것이 기회가 될 수도 있다고 판단했다. 간택 결과 황씨와 한씨 두 소녀가 뽑힌 것이 이를 말해준다. 《태종실록》은 "황씨는 용모가 미려美麗하고 한씨는 선연嬋娟하다"라고 묘사했다. '선연嬋'과 '연연娟' 자는 모두 아름답다는 뜻을 갖고 있지만 선연은 기품이 있는 아름다움이다. 그러나 여인들의 미모를 이용해 신분 상승을 꾀하는 것은 집안 남자들의 생각이었고, 정작 당사자들의 생각은 달랐다.

명나라 사신 황엄이 황씨 소녀 집을 방문했을 때 병을 앓고 있던 황씨는 얼굴에 화장을 하지 않는 것은 물론 눈물 자국까지 있었다. 황엄은 화를 냈고, 태종은 어의御醫에게 황씨를 치료하게 하고 내관內官을 사신에게 보내 화를 풀게 했다. 한확의 누이도 크게 다를 것은 없었다. 이때 한확은 종칠품 무관직 부사정副司正을 맡고 있었는데, 음보蔭補라는 설도 있지만 누이 한씨를 호송하기 때문에 내린 관직일 가능성이 더 크다. 태종 3년(1400. 1403년생이란 설도 있음) 생인 한확은 불과 만 14세에 불과했기 때문이다. 한확은 누이를 명나라 조정에 공녀로 들여보내는 것으로 인생 역전을 꿈꾸었다. 자신뿐만 아니라 집안의 역전까지 꿈꾸었다. 이때 명나라 수도는 지금의 남경南京이었고, 성조 19년(1421) 정월에야 북경으로 천도한다.

명나라는 여인을 호위하고 따라온 가족 한 명에게 홍려경鴻臚卿이나 광록소경光祿少卿 같은 벼슬을 주었는데, 머나먼 남경까지 호송한 한확도 광록소경 벼슬을 받았다. 광록소경에 대해 4품이라는 기록도 있고, 5품이라는 기록도 있는데,《태종실록》은 광록소경이 명나라 정5품으로서 조선의 정3품에 해당하는데, 1등을 낮춰서 종3품으로 녹과祿科했다고 전하고 있다. 열다섯 살짜리 소년이 종3품으로 녹과되었으니 대국에 누이를 판 대가는 커다란 보상으로 돌아왔다. 게다가 태종은 한확에게 월봉月俸을 지급하라고 명했으니 경제적 이득도 컸다. 한확은 황제의 인척인 황친皇親이 되었고 태종은 한확에게 녹봉을 주고 있다는 사실을 명 성조에게 보고하도록 조치했다.

한확은 누이를 공녀로 바친 대가로 명나라 성조로부터 한 재산을 받아왔다. 말 6필, 말 안장 1개와 금 50냥, 백은白銀 600냥과 수백 필에 달하는 비단과 각종 귀중품 등이었다. 물론 한확은 황제의 하사품을 혼자 챙겨서는 안 된다는 사실을 알고 있었다. 그는 황금 중 절반인 25냥과 백은 100냥, 비단 일부 등은 태종에게 바치고, 왕비 민씨에게도 백은 100냥과 비단 일부를 바쳤다. 태종은 금 전부와 백은 50냥은 도로 돌려주고 형식적으로 비단 일부만 받았다.

한확은 세종 즉위년(1418) 사신을 따라 다시 중국에 갔다. 이때 "황제의 명"이라고 기록하고 있는데 아마도 누이의 청이 있었을 것이다. 한확의 누이는 성조의 후궁인 여비麗妃로 책봉되었고 한려비韓麗妃로 불렸다. 명나라 후궁을 누이로 둔 것은 큰 세도였다. 심지어 명나라 환관만 되어도 유세 떨기 일쑤였다. 세종 때 조선 농민 출신으로 명나라에 화자火者로 끌려갔다가 명나라 환관이 된 윤봉尹鳳이 그런 경우였다. 윤봉은 세종 12년 명나라 사신으로 왔을 때 세종이 뇌물을 주지 않았다는 이유로 횡포를 부리기도 했는데 세종은 할 수 없이 그의 아우 윤중부尹重富에게 총제라는 당상관 벼슬을 주어 위로하기도 했다. 일개 농민 출신 환관이 이런 세도를 부리는 판국이니 황제의 후궁을 누이로 둔 한확의 세도가 어느 정도였는지는 쉽게 짐작할 수 있다.

한확의 조선 내 지위는 급상승했다. 그의 나이 16세 때인 1418년 태종이 세종에게 양위했을 때 그는 승습사承襲使로 파견되었는데, 명 성조 영락제는 그를 다시 명나라의 책봉사冊封使로 임명해서 세종에게 고명誥命(황제의 임명장)을 주는 임무를 맡겼다. 더구나 성조 영락제는 명나라 역사상 가장 뛰어나고도 잔인한 황제였다.

성조는 조선의 태종과 비슷한 인물이었다. 명 태조 주원장의 4남이었던 영락제 주체朱棣는 조카인 혜제惠帝를 축출하기 위해 1399년 군사를 일으켰다. 양측이 수십 만 군사를 동원하는 내전이 3년간 벌어졌다. 연왕 주체는 1402년 내전에서 승리하고 즉위한 인물이었다. 그는 정화鄭和에게 62척의 대선단과 2만 7800여 명의 대군을 주어 대항해를 시키고, 세 차례나 몽골을 직접 정벌했는데, "적 1천 명을 죽이고, 아군 800명을 잃었다"는 격렬한 전투였다.

조선을 경악시킨 것은 안남安南(베트남) 정벌이었다. 안남에서는 1400년 호 꾸이 리胡季犛가 진조陳朝의 마지막 황제 트란 안陳炲을 내쫓고 호조胡朝를 개창했다. 그러자 영락제는 1406년 정이장군征夷將軍 주능朱能에게 80만 대군으로 안남을 공격하게 해서 호 꾸이 리 부자를 북경으로 납치했다. 영락제는 당초 "진씨 자손 중에서 현자를 세우겠다"고 말했으나 막상 승전하자 "여씨가 진씨를 모조리 죽여서 계승할 사람이 없다"는 핑계로 직할지로 삼아버렸다.

신생 조선에게 안남의 사례는 큰 공포였다. 태종은 안남 사태를 논의하면서 이렇게 말했다.

> 나는 한편으로는 지성으로 섬기고, 한편으로는 성을 튼튼히 하고 군량을 저축하는 것이 급선무라고 생각한다.
>
> ―《태종실록》 7년 4월 8일

침략의 명분을 주지 않는 한편 만약에 대비해 방어준비도 철저히 하겠다는 뜻이었다. 이런 성조 영락제의 후궁으로 조선 여인이 들어갔으니 한확 집안이 조선 제일의 명문가로 발돋움하지 않을 수 없었다. 심지어 명나라 성조가 한확에게 태자(인종)의 딸을 부인으로 주려고 했다는 말이 있을 정도였다. 그럴 경우 명나라에서 살아야 했던 한확은 고향에 노모가 있다는 명분으로 명 황실의 외척자리를 사양했지만, 그만큼 성조의 신임을 받는다는 증거였으니 조선에서 그의 위치가 급상승했던 것은 당연했다.

■ 황친의 지위를 탐한 대가

그러나 여비의 명 황실 생활은 불행했다. 먼저 성조에게는 여인이 너무 많았다. 성조는 황후 외에도 알려진 것만 25명의 후궁이 있었다. 그는 조선 여인들을 좋아했는지 조선 출신 후궁만 5명이었다. 뿐만 아니라 후궁들 사이에 다툼도 자주 벌어졌다.

명 성제 19년(1421, 조선 세종 3년) '여어呂魚의 난', 또는 '여어지안呂魚之案'으로 불리는 궁중 사건이 발생했다. 조선 출신 현인비顯仁妃 권씨가 황후가 죽은 후 후궁 전체를 관장하는 일을 맡았다가 독살당하는 사건이 발생했던 것이 계기였다. 그런데 독살한 장본인이 또 다른 조선 출신 후궁 여미인呂美人과 측근들의 소행으로 알려지면서 조선의 태종이 관련자 몇 명을 사형시켰던 것이다. 이 사건은 진상이 명확하지 않은데 일설에는 조선 출신 여미인의 소행이 아니라 중국 상인의 딸 여씨呂氏 소행이란 말도 있다. 여씨가 궁중에 들어와서 여미인과 동성연애를 요구하다가 거절당하자 현인비 권씨를 여미인이 독살한 것이라고 무고했다는 이야기다. 명나라는 실록이 자세하지 않기 때문에 정확한 진상을 알기가 쉽지 않다.

이 사건의 여파는 여비麗妃에게도 미쳐서 그녀는 거의 유폐된 상태에서 며칠 동안 식사 공급도 중지되었다. 비녀婢女들은 모두 죽었지만 수문태감守門太監이 불쌍하게 여겨서 몰래 음식물을 제공하는 바람에 여비는 굶어죽지 않았다고 전해진다. 그러나 이는 약과였다. 성

■ 인수대비릉(경기도 고양시 소재) 인수대비는 한확의 계획에 따라 수양대군의 맏아들 도원군과 정략 혼례를 치렀다. 그러나 한확의 죽음 이후 아들의 왕위 계승 문제로 권력 다툼의 소용돌이에 휘말리게 된다.

조 영락제가 세종 6년(1424) 7월 18일 죽으면서 여비 한씨의 더 큰 비극이 발생했다. 명나라는 초기까지 황제가 죽으면 산 사람을 순장殉葬하는 제도가 있었다. 이때 30여 명이 순장되는데, 한씨도 이 명단에 들었다. 그녀는 성조의 후사인 인종仁宗에게 땅에 꿇어 엎드려서 조선으로 돌아가 노모를 봉양하게 해달라고 간절하게 부탁했지만 거절당했다. 결국 한씨는 16명의 여인들과 함께 목을 졸려 죽고 말았다. 명나라는 멀쩡한 사람을 살해하고는 강혜장숙康惠莊淑이란 시호를 내렸다. 조선에는 자진해서 죽은 것으로 전해졌지만 알 만한 사람은 진상을 다 알고 있었다.

누이가 비참하게 죽음으로써 한확과 명나라 황실과의 관계는 단절되었다. 그러나 그는 황친皇親의 지위를 버릴 생각이 없었다. 1424년 8월 즉위한 명나라 인종은 생사람을 순장한 데 대한 대가라도 치르

듯이 불과 1년도 안 되어 1425년 5월 죽고, 이어서 선종宣宗이 즉위했다.

그런데 《세종실록》 9년(1427) 5월 1일자는 "(명나라 사신) 창성昌盛과 윤봉尹鳳이 한영정韓永矴의 막내딸이 아름답다고 아뢰어서 뽑아가게 되었다"고 전하고 있다. 한영정은 바로 한확의 부친이고, 창성과 윤봉은 조선 출신으로 명나라 환관이 된 인물들이었다. "창성과 윤봉이 한영정의 막내딸이 아름답다고 아뢰어서 뽑아가게 되었다"는 말은 그 전처럼 간택 절차를 거친 것이 아니라 한영정의 막내딸을 특정해 공녀로 지정했다는 뜻이다. 이미 한영정의 막내딸이 아름답다는 사실을 알고 있었다는 뜻이니 한확으로부터 들었다는 이야기다. 한확은 누이가 억울하게 죽임을 당했음에도 아랑곳하지 않고 다시 여동생을 공녀로 보내기로 한 것이다. 그러나 이는 한확의 생각일 뿐이었고, 정작 당사자는 언니처럼 명나라에 공녀貢女로 가게 되었다는 소식을 듣고 병이 났다. 그리고 한확에게 강력하게 반발했다.

급기야 병이 나서 그 오라비 한확이 약을 주자 한씨는 먹지 않으면서 말했다.

"한 누이를 팔아서 부귀가 이미 극에 달했는데, 약은 무엇 때문에 쓰려고 하시오?"

칼로 자신의 침석寢席을 찢고 모아 두었던 재물을 모두 친척들에게 다 나누어 주었다. 침석은 장차 시집갈 때를 대비해서 준비해 두었던 것이다

-《세종실록》 세종 9년 5월 1일

한확의 막내는 한계란韓桂蘭이란 이름까지 전하는데, 한계란의 힐

난대로 권력에 눈이 먼 한확이 여동생까지 다시 팔아먹은 것이었다. 원치 않는 길을 끌려간 한씨 소녀는 명나라 선종의 후궁 공신부인恭慎夫人이 되었다. 그러나 선종의 수명도 길지 못해서 1435년(조선 세종 17) 정월 만 34세의 나이로 죽고 말았다. 그러나 이때는 성조 때와 달리 조선 출신 후궁들에게 조선으로 돌아가도 좋다고 허용했다. 한계란은 귀국을 선택하지 않고 명나라에 잔류했다. 아마도 한확이 돌아오지 말라고 종용했을 것인데, 조선으로 돌아와봐야 이미 시집가기는 틀린 몸이어서 남았을 것이다.

정략결혼을 이용해 권력을 장악하다

한확은 장군절제사로 있던 세종 7년(1425) 9월, 전감무前監務 김성정金成鼎 첩의 딸 고미古未와 간통했다가 사헌부의 탄핵을 받았다. 이 여성은 시녀侍女로 궐내에 있다가 어머니 집에 돌려보냈는데, 한확이 간통한 것을 그 어머니가 사헌부에 고소한 것이었다. 이 시절 벼슬아치와 천인의 사통이란 대부분 강간이었다. 세종은 사헌부의 처벌 요청을 거절했다.

"이 사람은 내가 죄를 줄 수 없는 사람이다."

이처럼 한확은 치외법권 지대에 있었다. 그러나 누이와 여동생을 팔아서 출세한 그에 대한 세간의 비평은 좋지 않았다. 유학정신이 정상적으로 살아 있던 조선 초기만 하더라도 선비 집안에서는 왕비를 내는 것 자체를 영광이라기보다는 수치로 여겼다. 왕의 외척이 되는 것 자체를 선비의 절조에 흠이 가는 것으로 생각했던 것이다. 세종이나 문종이 한확의 딸들을 적자嫡子(대군)들의 배필로는 생각하지 않은 이유도 아마 여기 있을 것이다. 또한 명나라에 기반을 갖고 있는 한확을 사돈으로 들였다가는 제어하기 힘들 것이란 우려도 있었을 것이다. 그러나 한확에게 벼슬까지 주지 않을 수는 없었으므로, 그는 세종 28년(1446) 종1품 판중추원사判中樞院事에 올랐다.

그러나 한확은 여기에 만족할 수 없었다. 그래서 문종의 동생 수양대군과 손잡은 것이었고, 그것이 바로 한확의 딸과 수양대군의 맏아들 도원군桃源君의 혼례였다. 이 혼인은 전형적인 정략혼인이었다. 수양대군은 왕위에 야심이 있었다. 한확은 자신의 딸을 세종의 서자인 계양군桂陽君에게 시집보냈으나 적자가 아니었기에 왕실의 적자를 사위로 삼아 사돈을 맺고 싶었고, 사세일변하면 국구國舅(왕의 장인)가 되고 싶었다. 한확의 여섯째 딸인 한씨 소녀도 자신의 혼인이 정략적 결합이란 사실을 잘 알고 있었다.

드디어 문종文宗이 재위 2년 4개월만인 1452년 5월 14일 강녕전康寧殿에서 세상을 떠나면서 수양대군에게 기회가 생겼다. 그해 10월 수양은 어린 임금 단종에게 자신이 명나라 사신으로 가겠다고 자청했다. 명나라 조정에 자신을 차기 임금으로 각인시키기 위한 것이었다. 막상 쿠데타를 일으켰는데 명나라에서 책봉을 거부하면 사대부들이 동요할 수 있었다. 그러나 명나라 통 한확이 그의 사돈이었다. 수양대군은 단종 1년(1453) 10월 10일 계유정난이라 스스로 자칭한 쿠데타를 일으켜 단종 정권을 지탱하던 김종서를 필두로 황보인皇甫仁·이양李穰·조극관趙克寬·민신閔伸·윤처공尹處恭·조번趙蕃·이명민李命敏·원구 등을 모두 죽이고 정권을 장악했다. 그다음 날 실록의 기록은 쿠데타에 대한 한확의 태도를 적나라하게 보여준다.

박종우朴從愚·정인지鄭麟趾·한확·허후許詡 등이 의논해서 계품했다.

"혹시 간당奸黨의 여얼餘孽이 틈을 타서 수양대군을 해칠까 염려되니 군사로 하여금 호위하기를 청합니다."

－《단종실록端宗實錄》1년 10월 11일

한확이 정인지 등과 수양대군의 경호를 강화하자고 청한 것인데, 이에 따라 병조에서 군사를 보내 수양대군을 주야로 호위하는 조치가 뒤따랐다. 계유정난 이후 한확은 승승장구했다. 단종 때 정1품 우의정으로 승진해 극품極品까지 올랐다. 수양이 단종을 쫓아내고 즉위하자마자 좌의정으로 승진했다. 그리고 여섯째 딸 한씨는 세자빈에 책봉되었다. 이제 한확은 국구가 된 것이나 마찬가지였다. 세조는 1년(1455) 7월 26일 자신의 아들 이장을 왕세자(의경세자)로 삼고, 한씨를 세자빈으로 삼았다. 세조가 한씨를 세자빈으로 봉하는 교서는 그의 집안의 배경을 잘 보여준다.

세자는 나라의 근본이므로 마땅히 어진 배필이 있어서 함께 종사의 중책을 계승해야 할 것이다. 아! 너 한씨는 원훈元勳(공신의 으뜸)의 번성한 세족世族이며, 예의禮義로 이름난 가문으로서 일찍 총사冢嗣(맏아들)의 배필이 되어 유순하고 온혜溫惠하였다. 이에 춘궁春宮(세자)을 세우면서 마땅히 너의 위호位號(자리와 명칭)도 바르게 하여야 할 것이므로 왕세자빈으로 명하니 그 은총의 명을 영광되게 받고, 더욱 아름다운 경륜經綸에 힘써야 할 것이니 공경하라.

－《세조실록》1년 7월 26일

20여 일 후인 세조 1년 8월 16일, 세조는 쿠데타를 지지한 양녕·효령·영응대군 같은 종친들과 4공신을 불러 모아 잔치를 베풀었다. 개국공신, 1차 왕자의 난 직후 책봉한 정사定社공신, 태종 즉위 직후 책봉한 좌명佐命공신, 수양대군의 쿠데타 직후 책봉한 정난靖難공신이었다. 좌의정 한확은 영의정 정인지 바로 다음 가는 서열이었다. 약 20여 일 후인 9월 5일에는 개국 이후 다섯 번째로 대규모 공신이 책봉되었는데 수양 즉위에 공을 세운 44명의 좌익佐翼공신이 그들이었다. 한확은 세종의 서자인 계양군桂陽君(이증), 익현군翼峴君(이관) 두 왕자와 윤사로尹師路·권람權擥·신숙주申叔舟·한명회韓明澮와 함께 1등 공신에 책봉되었다. 영의정 정인지가 2등 공신에 머물렀으므로 한확의 이름이 신하들 중에서는 가장 먼저 올랐고, 서원부원군西原府院君에 책봉되었다.

그런데 계양군 이증의 부인도 한확의 딸이었으므로 좌익공신은 한확과 한명회 두 한씨 가문을 위한 것이었다고 해도 과언이 아니었다. 한확의 여동생은 명나라 황실의 후궁이었고, 딸은 조선의 세자빈이었으며 또 다른 딸은 세종의 며느리였다. 한확은 이때 전지田地 200결과 노비 25명, 구사丘史(관노비) 7명, 반당伴倘(호위별) 10명을 하사받는 등 막대한 재산도 챙겼다. 그야말로 인신人臣으로는 더 이상 올라갈 데가 없을 만큼 올라갔다. 두 누이를 명나라에 판 계산이 적중했던 것이다.

세자빈 한씨의 위기

세조 2년(1456) 4월 23일, 세자빈 한씨는 의경세자와 함께 친정으로 향했다. 세자와 세자빈의 친정나들이는 장안의 큰 구경거리였다. 한확의 집에서는 큰 잔치가 벌어졌다. 세조가 이례적으로 세자빈의 근친觀親(친정나들이)을 허락해준 이유는 한확이 명나라에 사은사謝恩使로 가기 때문이었다. 명나라에서 세조를 인정한 데 대한 답례사였다.

한확은 이 행차를 내심 반겼다. 사위 이장을 조선 세자로 책봉해달라는 요청도 함께 할 예정이었기 때문이다. 이때 이장은 만 18세, 소혜왕후 한씨는 한 살 많은 만 19세였다. "장자長子를 입적立嫡(후사로 세움)하는 것은 나라의 떳떳한 일입니다"라는 주문奏文이 거부될 리는 없었다. 한확은 명나라로 떠나면서 압록강 건너 여진족들의 정세가 심상치 않다면서 평안도의 날랜 갑사甲士, 별시위別侍衛, 화포花砲를 다루는 총통군銃筒軍을 붙여달라고 해서 허락받았다. 혹시라도 사신 행렬이 야인들의 습격을 받으면 큰일이었다.

그러나 근친 직후 세조는 한씨의 마음을 쓸쓸하게 하는 조치를 취했다. 5월 5일 예조에서 14~20세 이하의 여성들의 혼사를 금지시켰던 것이다. 세자의 잉첩媵妾을 뽑는다는 명목이었다. 한씨가 이미 2년 전(1454) 맏아들 월산군을 낳았는데, 굳이 세자의 첩을 들이는 까닭을 알 수 없었지만 따질 수는 없었다. 그렇게 뽑힌 여인들이 소훈昭訓 신씨, 권씨, 윤씨였는데, 모두가 어엿한 사대부가 출신들이었다. 이는 세조 나름의 한확 견제책인 셈이었다.

한확이 북경에서 세조의 즉위를 인정해준 것을 사례하고 더불어 자신의 사위를 세자로 책봉해 달라고 요청하고 있던 세조 2년(1456) 6월 2일 조선에서는 대사건이 발생했다. 사육신 사건이라고 불리는 상왕 복위기도 사건이 발각되었던 것이다. 그러자 세조는 명나라까지 한확의 집 가동家僮을 보내서 한확에게 막대한 선물을 주게 했다. 행여 한확이 세조 반대쪽에 붙으면 큰일이란 생각 때문이었다.

■한확 신도비문 인수대비가 부친의 묘비가 없음을 슬퍼하자, 1494년 4월 성종이 우참찬 어세겸魚世謙에게 명하여 비문을 지었다. 한확의 셋째아들 한치례韓致禮가 건립을 맡아 이듬해 세워졌다.

　세조는 한확이 귀로에 오른 9월 7일, 사육신의 부녀자들을 신하들에게 나누어 줄 때 한확도 빼놓지 않았다. 단종 복위를 기도하다 사형당한 경기우도 점마별감點馬別監 조청로趙淸老의 어미 덕경德敬과 아내 노비老非, 세종 때의 고산현감高山縣監 최득지崔得沚의 아내 막덕莫德과 전 집현전 부교리副校理 이현로李賢老의 첩의 딸 이생李生을 부상으로 준 것이다. 한확은 사건이 미리 발각된 것에 가슴을 쓸어내리고 새로운 노리개가 생긴 것을 흡족해하면서 귀국길을 재촉했는데 모두가 경악하는 사건이 발생했다. 나흘 후 한확이 만주에서 급사한 것이었다. 《세조실록》 2년(1456) 9월 11일자에는 그 죽음의 경위가 기록되어 있다.

（한환은) 고명 사은사로 명나라 조정에 갔다가 돌아오는 길에 칠가령七
家嶺에 이르러 병을 얻어 가사에 대하여 한마디 말도 하지 않고 사하포沙
河鋪에서 죽었다. 부음이 들리자 임금이 놀라고 슬퍼하여 예관을 보내어
압록강 위에서 널(板)을 맞고, 도승지 한명회에게 명하여 장사葬事를 호송
하게 하였다.

–《세조실록》 2년 9월 11일

칠가령은 조양朝陽과 천교天橋 사이에 있고, 사하포는 현재 요녕성
遼寧省 심양瀋陽시 소가둔구蘇家屯區 동남쪽에 있는 사하포진沙河鋪鎭
을 뜻한다. 세조가 도승지 한명회를 보내 장사를 호송하게 한 것은 파
격적인 배려였다.

세자빈 한씨로서는 청천벽력이 아닐 수 없었다. 십대 소년 시절부
터 명나라를 들락거렸던 한확이 이번 행차에서 죽으리라고는 생각도
할 수 없었다. 한확의 죽음은 세조에게도 큰 손실이었다. 정통성이 부
족한 정권일수록 대국에게 저자세로 매달리게 되는데 세조는 전형적
이어서 한확이 죽자 세자를 직접 명나라로 보내는 '세자입조世子入朝'
까지 하려고 했다. 그래서 황해도, 평안도가 명나라로 가는 세자를
맞는다고 시끄러웠다.

세자는 그해 12월 13일 사정전에서 세조 부부에게 인사를 드리고
북방으로 떠나려고 했다. 추운 겨울에 세자를 떠나보낼 정도로 세조
는 절박했다. 거세지는 국내의 반발을 명나라의 위세로 억누르려는
의도였다. 세조는 이틀 후 한확 집안에 노비 아홉 명과 말 한 필을 다
시 주었다. 이장을 세자로 봉하는 칙서를 받아왔다는 이유였다. 이미
명나라에서 칙서를 받았기 때문에 세자를 보낼 이유가 없었지만 정

통성의 부족함이 무리수를 두게 한 것이다. 이때 명나라는 요동도지휘사를 통해 "세자가 관關에 이르렀으면 엄하게 호송하되 아직 관에 이르지 않았으면 '반드시 내조할 것은 없다'"고 통보했다. 그래서 세자는 추운 북방길을 가지 않아도 되었지만 세조에게 한확의 공백은 그만큼 컸다는 사실을 말해주는 것이었다.

그러나 한확의 죽음은 예고편에 불과했다. 세자가 세조 3년(1475) 7월경부터 시름시름 앓기 시작한 것이었다. 당황한 세조는 불교의 밀교密敎에서 병마를 덜고 오래 살게 해달라고 비는 공작재孔雀齋까지 열었다. 이런 노력 덕분인지 8월 초에는 조금 차도를 보이는 듯했지만 다시 악화되었다가 9월 2일 죽고 말았다.

한씨에게 더 견딜 수 없었던 것은 집안의 흉사를 두고 떠도는 소문들이었다. 세간에서 부친 한확의 객사를 고소해한 것은 물론이었다. 남편 의경세자의 죽음에 대해서는 낮잠을 자다가 가위에 눌려 죽었는데, 단종의 모후 현덕왕후顯德王后가 저주했기 때문이라는 소문이 파다했다. 현덕왕후가 세조의 꿈에 나타나 "네가 내 아들을 죽였으니 나도 네 아들을 죽이겠다"고 저주한 지 한 달 만에 죽었다는 소문이었다. 실제로는 의경세자가 단종보다 한 달 먼저 죽었음에도 이런 소문이 떠돈 것은 이 나라 사대부와 백성들이 마음속으로 단종을 깊게 애도하기 때문이었다.

그런데 세자가 병석에서 지필紙筆을 찾아 썼다는 시가 세자빈 한씨의 마음을 더 괴롭게 했다.

비바람 무정하니 모란꽃은 떨어지고
섬돌에 나부끼는 붉은 작약芍藥, 붉은 난간에 가득하네

명황明皇(당 현종)이 촉蜀 땅에 갔다가 양귀비楊貴妃가 죽었는데

설령 빈장嬪嬙(후궁)들이 있다 해도 사랑스럽게 보지 않았네

　병석의 사람이 '사死' 자가 들어가는 시를 짓는 자체가 상서롭지 못한 것이었다. 한씨는 의경세자가 왜 이런 시를 썼는지 알 수 없었다. 양귀비는 현종의 후궁이었다. 세자에게 양귀비는 누구이며 또 사랑스럽게 보지 않겠다는 후궁들은 누구란 말인가? 이따위 시구야 어쨌든 좋다고 치더라도 가장 허탈한 것은 세자의 죽음으로 왕비의 꿈도 물건너갔다는 점이었다.

예종의 개혁정치 단행

한씨는 글자 그대로 만 20세에 청상과수靑孀寡守가 되었다. 이해할 수 없는 것은 시아버지 세조의 태도였다. 의경세자의 뒤를 자신의 장남 월산군이 아니라 의경세자의 동생 해양대군海陽大君 이황李晄에게 뒤를 잇게 했던 것이다. 뿐만 아니라 의경세자의 장례도 채 끝나지 않은 11월 10일 이조판서 한명회를 명나라로 보내서 이황을 세자로 책봉해달라고 요청했다. 그래서 한명회가 명나라로 간 사이 세자의 장례를 치러야 했다.

　세조 3년(1475) 11월 18일, 3고鼓(밤 11시~새벽 1시)에 세자의 운구는 궁을 떠나 경릉敬陵(경기도 고양시 서오릉)으로 향했다. 사흘 후인 20일 한씨는 세자의 후궁들인 소훈 신씨, 권씨, 윤씨와 함께 묘소에 머물다 나흘 후인 24일 서울로 돌아왔다. 《연려실기술》에는 "(의경세자의) 병이 다시 발작하여 9월 초하룻날에 크게 더하니 세조가 울었다"라

고 적고 있지만 세자 사후 세조의 이해할 수 없는 행동은 계속되었다. 세조와 의경세자의 두 후궁인 권씨와 윤씨 사이에 추문이 일었고, 연산군 때 사관 김일손金馹孫 등이 이 내용을 사초에 실었다가 무오사화戊午士禍의 한 원인이 되었던 것이다.

세조 3년(1457) 12월 15일 세조는 정식으로 이황을 왕세자로 책봉했다. 세자빈 한씨의 꿈은 모두 사라진 것이었다. 부친 한확이 죽자마자 달라진 대우에 한씨는 절망했다. 세조의 나이 겨우 만 40세였다. 시동생 이황은 만 7세였고, 장남 월산군은 만 3세로 불과 네 살 차이였다. 조선은 형제 상속 국가가 아니어서 장남이 먼저 죽으면 장손이 뒤를 잇게 되어 있었다. 그러나 세조는 그렇게 하지 않았고, 한씨는 왕실의 방계로 전락했다. 남편은 죽고 아들은 왕위 경쟁에서 탈락했다. 미래는 새 세자 이황과 그 아들의 것이었다.

세조는 재위 13년만인 1468년 9월에 죽고, 세자 이황이 재위에 올랐으니 그가 바로 예종睿宗이었다. 즉위 당시 예종은 만 18세 청년으로서 이미 아들 제안대군齊安大君이 있었다. 이로써 한씨의 모든 꿈은 사라졌다.

그런데 예종이 즉위하자마자 공신세력을 약화시키는 개혁정치를 펼치면서 상황이 달라졌다. 세조의 왕권은 사실상 쿠데타 공신들과 공동 소유였다. 그래서 세조는 공신들의 특권을 보장하는 여러 장치를 만들었다. 정치적으로는 관직을 매매하는 분경奔競이 있었고, 사회적으로는 어떠한 죄를 지어도 처벌 받지 않는 면죄免罪 특권을 주었다. 경제적으로는 대대로 세습할 수 있는 공신전功臣田을 주고 세금 납부를 대행하는 대납권代納權을 주었다. 이들은 일반 백성들은 물론 일반 사대부들 위에 있는 특권계급이었다.

예종은 공신들의 특권을 보장하는 이런 제도적 장치들 때문에 왕권이 위축되었다고 판단하고 이런 특권에 손을 댔다. 즉위하자마자 공신들의 집에 벼슬을 청탁하는 분경을 강하게 금지시켰다. 예종은 즉위년(1468) 10월 19일 신숙주, 김질金礩 등 공신들의 집에 드나들며 청탁하는 분경자들을 대거 체포했던 것이다. 예종은 공신들의 대납권代納權에도 손을 댔다. 대납이란 세금을 대신 선납해준 후 백성들에게 징수하는 것인데, 그 수수료가 적은 경우 배징倍徵, 곧 두 배였고 보통 서너 배였다. 그것도 개개인의 세금을 대납하는 것이 아니라 한 고을의 세금을 모두 대납하는 것이니 백성들에게는 엄청난 피해였지만 공신들에게는 큰 특권이었다. 예종은 즉위년 10월 16일, "대납은 백성들에게 심하게 해로우니, 이제부터 대납하는 자는 공신·종친·재추를 물론하고 곧 극형極刑에 처하고, 가산은 관에 몰수한다. 공사公私 모두 대납을 금한다"라고 선언했다.

공신들은 천문학적인 돈이 들어오는 대납을 포기할 생각이 전혀 없었다. 그래서 대납이 계속 성행하자 예종은 "대납을 금했는데도 수령이 전과 같이 수렴收斂(받아들임)한다면 더욱 가혹한 것으로서 능지凌遲(사지를 찢어죽임)함이 가하다"라고 선포했다. 수령이 전처럼 대납을 허용하면 사지를 찢어죽이겠다는 것이었다.

예종의 개혁정치에 백성들은 환호했지만 공신들은 큰 불만을 가졌다. 문제는 예종에게 개혁을 성공시킬 수 있는 정치적 식견이 부족했다는 점이다. 예종은 유자광柳子光의 사주를 받아 자신의 우익으로 삼아야 할 남이南怡를 제거했다. 남이 같은 무장들을 우익으로 삼은 후 공신 집단 해체에 나서야 했지만 한편으로는 공신들의 분경과 대납을 금지시키면서 한편으로는 남이세력도 숙청했던 것이다. 남이 등을 제거하고 책봉한 익대翊戴 1등 공신 다섯 명이 환관 신운을 제외하면 유자광·신숙주·한명회·한계순韓繼純 등 공신 일색이었던 데서 알 수 있듯이 남이세력의 제거는 구공신들의 신진세력 소탕작전이었다.

그런데 예종의 개혁정치에 반발하는 세력은 공신집단만이 아니었다. 어떻게 보면 공신세력의 중추는 모후 정희왕후貞熹王后라고 볼 수 있었다. 수양대군이 김종서 등을 제거하는 계유정난癸酉靖難 때 내부에서도 반대 의견이 들끓었는데, 《단종실록》은 "자성왕비慈聖王妃(정희왕후)가 (수양에게) 갑옷을 끌어 입혔다"고 전해주고 있다. 단순한 방관자가 아니라 자신이 직접 나서서 거사를 종용한 인물이었다. 그래서 정희왕후는 공신들과 한 집안 사람이란 동지의식을 갖고 있었다. 정희왕후나 공신집단에게 백성들의 삶 같은 것은 애초부터 고려 대상이 아니었기에 온갖 불법을 저질렀다. 그러니 예종의 개혁정책에 정희왕후의 친척들이 걸리지 않을 수가 없었다.

예종 1년 7월 평양부平壤府의 관비官婢 대비大非가 평양 부윤 이덕량李德良을 사헌부에 고소한 사건이 발생했다. 평양부윤 이덕량의 반인伴人(수종인) 박종직朴從直이 소서시笑西施란 관비를 강간하려 했지만 소서시가 강하게 거부하는 바람에 미수에 그쳤다. 이 말을 들은 이덕량은 소서시와 그 형제들인 관노 막달莫達·말동末同과 그 어머니 내은이內隱伊에게 심한 곤장을 때려 그 어머니를 죽이고 형제들을 중태에 빠뜨렸다. 그런데 이런 불법행위의 당사자 이덕량은 정희왕후의 조카사위여서 아무도 고소장을 써주지 않았다.

소서시의 자매인 대비는 천신만고 끝에 사헌부에 고소했고, 의금부는 "이덕량의 죄는 참형斬刑에 해당한다"고 보고했다. 예종이 이덕

량에 대해 "척속戚屬(외척)이고 공신이므로 특별히 용서한다"면서 고
신告身(벼슬임명장)만을 거두자 사헌부에서 "율문대로 처단"해야 한다
고 다시 주청했다. 예종은 이렇게 답했다.

"내가 법에 따라 이덕량의 죄를 결단하고자 하지만 대비께서 족친
이라면서 특별히 용서하여 면제하라고 하시니, 내가 어찌 감히 따르
지 않겠는가?"

자신은 이덕량을 법에 따라 목을 베고 싶지만 정희왕후의 청이 있
어 어쩔 수 없이 고신만 거둔다는 것이었다. 정희왕후로서는 아녀자
가 정사에 간여한다는 비난이었다. 그것도 불법을 저지른 수하를 위
해서 죄 없는 피해자의 모친까지 때려죽인 패륜범을 옹호한다는 비
난이었다. 재위 1년 윤2월에는 검률檢律 이중량李仲良이 사형에 해당
하는 범죄가 드러났으나 예종은 "이중령의 죄는 죽여야 마땅하나, 태
비太妃께서 죽이지 말도록 명하였다"면서 가볍게 처벌했다. 이런 일이
벌어질 때마다 예종은 꼬박꼬박 정희왕후의 청이 있었음을 신하들에
게 밝혔다. 대비로서는 부당하게 정사에 관여한다는 비난을 피할 수
없었다. 인수대비 못지않게 권력욕이 강했던 정희왕후는 아들 예종에
게 분노하지 않을 수 없었다.

아들을 통해 꿈을 이루다

세자빈 한씨 집안도 이런 사건에 관련되었다. 예종 1년(1469) 8월 전 경
상도도사 김초金軺가 한씨 집안을 비판하는 발언을 한 것이다. 그는
경상도도사 시절 안수의安修義의 첩의 딸을 첩으로 삼았는데, 그가
벼슬이 갈린 틈을 타서 안동부사 한치의韓致義가 자신의 첩을 빼앗

았다. 분개한 김초는 행상호군行上護軍 이철견李鐵堅에게 한치의를 비판했다.

"나는 과거 급제 출신으로서 다른 길로 벼슬하지 않았지만 한치의는 그 누이를 팔아서 재상宰相 자리에까지 올랐으니 누가 어질고 누가 어질지 않은가?"

한치희의 부친은 한확이었고, "팔았다"는 누이는 세자빈 한씨였다. 한치의는 음보蔭補 출신임에도 예종 1년 30세의 젊은 나이에 종2품 경상좌도절도사까지 역임했으니 "누이를 팔았다"는 말이 틀린 것은 아니었다. 김초는 이철견에게 "발설할 수 없는 일이 있다"고도 말했는데, 이철견이 거듭 묻자 김초는 이렇게 말했다.

"우리 집안은 부조父祖 이래로 누이를 팔아서 관직 하나라도 얻은 사람이 없다."

그런데 김초가 이철견에게 불만을 토로한 자체가 실수였다. 이철견의 모친 윤씨가 세조비 정희왕후의 동생으로서 그 역시 한치의와 마찬가지로 음보蔭補로 벼슬에 나온 처지였다. 이철견이 한치의의 발언이 불공不恭한데 관계된다고 고발하면서 옥사가 시작되었다. 예종은 왕실을 능멸한 사건으로 처리해 김초를 능지처사, 아들은 교수형에 처한다고 판결했다. 김초는 형장에 도착해서 좌우에 늘어선 재상들에게 "나는 죄가 없다"고 외쳤다. 사실 그의 잘못은 첩을 빼앗긴 분노로 인한 말실수일 뿐이었다. 예종이 좀더 정치력이 있는 임금이었다면 김초를 죽이는 대신 유배형 정도로 처리하고 공신 집안의 전횡에 대한 이런 불만을 왕권강화의 우익으로 삼았을 것이다. 그러나 그는 공신 집단도 공격하고, 공신들의 전횡을 공격하는 세력도 공격하면서 고립무원의 처지가 되었다.

예종의 개혁정치로 백성들은 환호했지만, 공신들은 불만을 가졌다. 게다가 예종은 자신의 우익이 될 수 있는 남이·김초 같은 인물들까지 모두 죽였다. 공신, 비공신을 불문하고 칼을 휘두르던 예종의 운명은 그리 길지 못했다. 재위 1년(1469) 11월 28일자 실록은 예종의 와병 기사를 전한다.

"임금의 병이 위급하므로, 좌부승지 한계순과 우부승지 정효상丁孝常을 내불당內佛堂에 보내서 기도하게 하였다."

이 날짜 《예종실록》을 보면 숨가쁜 후속 조치가 이어졌다. 승지 및 전·현직 정승과 의정부·육조의 당상관이 문안했고, 죄인을 방면하고 여러 도의 명산대천에 기도했다. 그런데 이런 조치가 아무 효험 없이 예종은 그날 진시辰時(오전 7시~9시)에 자미당에서 죽고 말았다. 만 19세의 청년 임금이 재위 1년 2개월 만에 갑자기 죽은 것이었다.

당연히 조정은 경악에 빠져야 했지만 실제는 그렇지 않았다. 마치 이런 일을 예견했다는 듯이 후속조치가 착착 이어졌다. 무엇보다 신숙주·한명회·구치관具致寬·최항·조석문曹錫文과 영의정 홍윤성洪允成, 좌의정 윤자운尹子雲, 우의정 김국광金國光 등이 승정원에 따로 모여 정희왕후와 수습책을 논의했다. 이들 공신집단들과 정희왕후 윤씨 사이의 연락은 세조의 딸 의숙공주懿淑公主와 혼인한 정인지의 아들 정현조鄭顯祖가 맡았다. 이들은 예종이 이렇게 급사할 줄 알았다는 듯이 준비된 일정을 진행했다. 위사衛士를 풀어 궁성의 모든 문을 지키게 했다. 무엇보다도 신숙주는 도승지 권감權瑊에게 이렇게 못 박았다.

"국가의 큰일이 이에 이르렀으니, 주상主喪은 불가불 일찍 결정해야 한다."

국상의 주상은 차기 임금이었다. 잠시 후 정희왕후 윤씨와 공신들이 강녕전 동북쪽[便房]에서 만났다. 신숙주가 정희왕후에게, "신등은 밖에서 다만 성상의 옥체가 미령未寧하다고 들었을 뿐이고, 이에 이를 줄은 생각도 못했습니다"라고 말했다. 정희왕후는 이렇게 답했다.

"주상이 앓을 때에도 매일 내게 조근朝覲하였으므로, 내가 '병이 중하면 어찌 이렇게 하겠느냐?'라고 생각하며 크게 염려하지 않았는데, 이제 이에 이르렀으니, 장차 어떻게 하겠느냐?"

자신에게 매일 문안하므로 예종의 병이 심하지 않은 줄 알았는데 갑자기 세상을 떠났다는 말이었다. 아들이 급서했으면 어머니는 혼절하는 척이라도 해야 하는데 정희왕후는 너무 침착했다. 그녀는 곧바로 사위 정현조와 도승지 권감權減을 시켜 여러 재상에게 두루 물었다.

"누가 주상자主喪者로서 좋겠느냐?"

이미 졸지에 죽은 아들에 대한 슬픔은 가신 듯한 말이었다. 또한 사전 조정 작업이 있지 않고서야 신하들에게 물을 질문도 아니었다.

"신 등이 감히 의논하거나 비교할 바가 아니니, 원컨대 전교를 듣고자 합니다."

정상적인 경우라면 대상자는 두 명이었다. 한 명은 예종의 장자인 제안대군이었다. 그러나 그는 불과 4세였다. 나이 때문에 제안대군이 될 수 없다면 의경세자의 장남이자 세조의 장손인 월산군 이정李婷이 되어야 했다. 단종 2년(1454)에 태어난 월산군은 이때 16세 성년이었다. 그러나 정희왕후는 망설이는 기색도 없이 두 대상 인물을 모두 배제한 제3의 인물을 입에 올렸다.

"이제 원자元子(제안대군)가 바야흐로 어리고, 또 월산군은 어려서부터 병에 걸렸으며, 자을산군者乙山君(자산군)이 비록 어리기는 하나 세조께서 일찍이 그 기국과 도량을 칭찬하여 태조에 비했으니 그를 주상으로 삼는 것이 어떠한가?"

이는 월산군의 동생 자을산군을 임금으로 선택하겠다는 뜻이었다. 세조 3년(1457) 생인 자을산군은 13세였다. 16세 장손을 제치고 13세 차손次孫을 차기 국왕으로 선정하겠다는 말인데, 사전에 짜지 않았다면 여기저기에서 '월산대군' 이야기가 나와야 했지만 모두가 그럴 줄 알았다는 듯 한결같이 대답했다.

"진실로 마땅합니다."

더 이상한 것은 신숙주의 태도였다. 자을산군을 후사로 결정한 정희왕후가 슬피 울자 "슬픔을 조금 억누르시라"고 권하더니 의외의 주청을 한다.

"외간外間은 보고 듣는 것이 번거로우니, 사정전 뒤뜰로 나가서 일을 의논하고자 합니다."

이 자리에서 보고 들을 사람은 사관史官밖에 없었다. 사관의 눈과 귀를 피해 후속조치를 논의하겠다는 뜻이었다. 후속조치는 기록으로 남으면 안 되는 내용이었다. 월산군이 아프다는 이야기나 세조가 월산군보다 자을산군을 더 사랑했다는 이야기는 모두 정희왕후 윤씨의 일방적인 주장에 불과했다.

월산군을 배제하고 자을산군을 선택한 것은 공신집단들의 뜻이었다. 여기에 정희왕후와 한확의 딸 한씨가 가세한 것이었다. 월산군의 장인 박중선朴仲善은 세조 13년(1467) 발생했던 이시애李施愛의 난을 진압한 공으로 적개공신 1등에 올랐던 인물이었다. 한명회·신숙주 등이 계유정난과 세조 즉위 등을 밀어붙인 구공신이라면 박중선은 신공신이었다. 반면 자을산군의 장인은 구공신의 핵심인 한명회였다. 정희왕후가 자을산군을 주상으로 지명한 후 구공신들이 사관의 눈과 귀를 피해 사정전 뒤뜰로 나간 이유가 여기에 있었다. 예종의 적자도 아니고, 세조의 장손도 아닌 예종의 둘째 조카이자 세조의 차손을 왕으로 삼는 것은 명분이 없었다. 그래서 실록에 기록이 남으면 안 되는 것이었다.

그런데 《성종실록成宗實錄》은 이들 원상들이 "위사衛士를 보내서 자산군을 맞이하려고 했는데, 미처 아뢰기 전에 자산군이 이미 부름을 받고서 대궐 안에 들어왔다"고 전하고 있다. 공식 통보가 가기도 전에 성종은 자신이 왕으로 결정되었다는 사실을 알고 입궐해 있었다. 이 과정에 한씨가 결정적인 역할을 했을 것임은 불문가지다.

한씨는 굳이 맏아들 월산군을 주상으로 세우길 고집하지 않았다. 공신들과 정희왕후가 원하는 인물은 장남 월산군이 아니라 한명회의 사위인 둘째 자을산군이었다. 한확과 한명회는 9촌간이기도 했다.

한씨는 첫째를 버리고 둘째를 선택했다. 공신집단과 합의하지 않으면 국왕은 아무런 의미가 없다는 사실을 예종의 급서로 충분히 깨우쳤던 것이다. 첫째냐 둘째냐가 중요한 것이 아니라 구공신의 사위가 차기 국왕이 되어야 했다. 그래야 예종처럼 개혁 운운하면서 공신집단의 특권에 손을 대지 않을 것이었다. 그래서 한씨는 공신집단들과 자신의 둘째 아들을 왕으로 만들기로 합의했다. 그를 통해 자신의 못 이룬 꿈을 이루기 위해서였다. 그 대가로 의경세자를 왕으로 추숭하고 자신은 왕비로 책봉되면서 동시에 대비가 되는 것이었다.

성종 1년(1470) 1월 18일 의경세자는 의경왕懿敬王으로 추숭되었다.

한씨도 이에 따라 인수왕비仁粹王妃가 되었다. 성종 6년(1475) 1월 6일 의경왕이 다시 의경대왕懿敬大王으로 추존하면서 한씨도 인수대비에서 인수왕대비仁粹王大妃로 더 높여졌다. 대비와 왕대비는 모두 전 임금의 비妃이자 임금의 어머니를 뜻하는 칭호지만 왕대비는 대비보다 한 작위 더 상위였다. 세자빈 한씨는 드디어 왕비이자 대비가 되었다가 왕대비가 되었다.

권력의 시각으로 쓴《내훈》의 이면

한씨는 성종 6년(1475)《내훈內訓》을 펴냈다.《내훈》서문에서 보듯 한씨는 조선 여성들이 "맑은 거울처럼 밝게 비춰 경계하기 바라는" 뜻에서 이 책을 썼다. 그는 "나는 일찍이 책을 읽다가 달기妲己(은나라 주왕紂王의 비)의 웃음과 포사褒姒(주나라 유왕幽王의 총희)의 아양 …… 에 이르러서는 책을 덮어버리지 않을 수 없었다"고 나라를 망하게 한 중국 여인들에 대해 비판하고, "이것으로 볼 때 나라의 치란治亂, 흥망興亡이 비록 남자의 밝고 어두움에 달려 있지만 부인의 착하고 그렇지 않음에도 연결되어 있으니 부인도 가르치지 않을 수 없는 것이다"라고 했다.

한씨의 이 말에는 세조가 의경세자에게 잉첩을 들였을 때 자신이 교태로써 경쟁하지 않고 수긍했던 과거의 경험이 담겨 있었다. 한씨가 "여성도 배워야 한다"고 주장한 것은 나름대로 진취적인 생각이었다. 그러나 며느리에게는 다른 처신을 요구했다. 한씨는《내훈》〈부부〉장에서 한씨는 "아내가 비록 남편과 똑같다고 하지만 남편은 아내의 하늘이다. 예로써 마땅히 공경하고 섬기되 그 아버지를 대하듯 할 것이다. …… 비록 남편이 때리거나 꾸짖는 일이 있어도 당연히 받들어야 할 뿐 어찌 감히 원망하거나 한탄할 수 있겠는가? 남편이란 자리는 당연히 존귀하고 아내는 낮은 것이다'라고 말했던 것이다.

그런데 한씨가 《내훈》에서 단주丹朱와 상균商均을 거론한 것은 의미심장한 의미가 담겨 있었다. 단주는 요 임금의 장남이지만 요 임금은 왕위를 순舜에게 물려주었으며, 순임금 또한 아들인 상균商均을 배제하고 우禹 임금에게 천하를 물려주었던 것이다. 한씨에게 단주와 상균은 예종과 월산군을 뜻하는 것이었다. 즉 정희왕후와 공신들, 그리고 자신의 선택에 대한 합리화가 담겨 있었다.

한씨가 "남편이 때리거나 꾸짖어도 받들라"는 처신을 요구한 대상은 며느리들이었다. 혼인 5년 만에 남편을 사별한 자신에게 해당되는 내용은 별로 많지 않았다. 그러나 한명회의 딸인 공혜왕후恭惠王后 한씨에게는 함부로 대할 수 없었다. 공혜왕후가 성종 5년(1474) 16세 나이로 사망하고, 후궁으로 있던 윤기견尹起畎의 딸 윤씨가 왕비가 되자 사정이 달라졌다. 윤씨는 왕비로 책봉되던 해에 원자, 즉 연산군을 낳았다. 한씨는 세자빈 시절 의경세자가 후궁 셋을 들여도 맞서지 않았다. 그것이 부도婦道이자 정치의 영역이라고 생각했기 때문이다. 그러나 새 왕비 윤씨는 달랐다. 성종은 호문好文의 군주이자 호색好色의 군주였다. 한씨는 《내훈》에서 남편에게 "오직 순종할 뿐 감히 거슬리는 일이 없도록 해야 한다"고 말했지만 윤씨는 성종의 호색에 이의를 제기했다. 야사에는 그가 성종의 얼굴에 손톱자국을 냈다고 전하고 있으나 《성종실록》에는 오히려 성종이 그녀의 뺨을 때렸다고 전하고 있다. 왕비 윤씨는 성종이 총애하는 후궁의 방에 뛰어들었다가 성종에게 뺨을 맞았던 것이다. 이런 시앗다툼에서 한씨가 며느리보다도

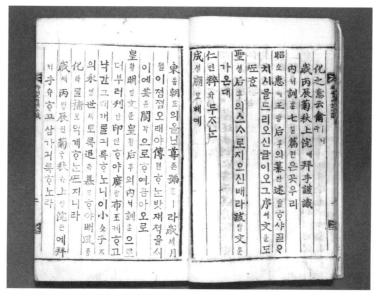

■《내훈》의 본문 이 책에서 인수대비가 "남편이 때리거나 꾸짖어도 받들라"는 처신을 요구한 대상은 며느리들이었다. 혼인 5년 만에 남편을 사별한 자신에게 해당되는 내용은 거의 없었다.

아들 편을 든 것은 당연했다. 그녀가《내훈》에서 때리거나 꾸짖더라도 받들라고 한 대상이 바로 성종이기 때문이다. 이는 한확의 집안에서 형성된 가치관의 내력이기도 했다.

한확의 집안은 세력을 추종했다. 누이가 명나라 후궁으로 갔다가 목 졸려 죽임을 당했지만 어린 여동생을 또 후궁으로 보냈을 정도였다. 한씨 집안에서는 권력이 모든 가치관의 기준이었다.

성종은 왕비 윤씨가 후궁의 처소에 뛰어들자 폐위하기로 결심했다. 새 왕비에 대한 명나라의 고명 문제는 인수대비가 처리할 것이었다. 인수대비는 폐비 문제 논의를 적극 환영하면서 이렇게 말했다.

"내가 일찍이 화禍가 주상에게 미칠까 두려워하여 하루도 안심하지 못해서 가슴앓이가 생겼는데, (그 말을 들으니) 이제는 점점 나아진다."

대부분의 신하들이 반대한 것은 미래의 후과 때문이었다. 그러나 현재의 권력에 도취된 인수대비와 성종 모자는 미래 문제를 고민하지 않았다. 대비와 국왕이 모두 동의하는 판국에 왕비 윤씨가 기댈 곳은 없어서 곧 폐출되고 말았다. 인수대비는 사촌 한한韓儧을 명나라에 사신으로 보내 왕비폐출을 승인받았다. 인수대비의 고모 한씨가 선제의 후궁이었으니 그리 어려운 일은 아니었다.

왕비의 자리에서 쫓아냈음에도 인수대비의 분노는 풀리지 않았다. 그는 신하들이 폐비를 별궁에 두자는 요청을 거부했다. 폐출 3년 후인 성종 13년(1482), 권경우權景祐가 경연에서 윤씨의 집에 도둑이 들었다며 폐비를 특별한 처소에 두자고 요청했고, 대사헌 채수蔡壽도 이에 동의했다. 그러나 성종은 이런 주장들에 대해 "원자(연산군)에게 잘 보여 훗날을 기약하려는 것"이라며 화를 냈다. 성종과 한씨는 윤씨에 대한 동정론이 확산되자 윤씨를 죽여 화근을 뿌리 뽑기로 하고 윤씨에게 사약을 내렸다.

권력의 관점에서 사물을 바라보니 윤씨의 목숨을 끊은 이 사건의 후과가 성종과 한씨에게는 보이지 않았다. 특히 한씨에게는 어머니의 시각, 여성의 시각이 사라졌다. 연산군의 생모 윤씨를 사사할 무렵 한씨와 대조되는 두 여인이 있다. 한 여인은 사헌부 감찰을 지낸 신영석申永錫의 부인 허씨였다. 그녀는 문신 허종許琮과 허침許琛의 누이였다. 성종과 인수대비 한씨가 윤씨를 죽이려 할 때 허종이 지의금부사, 아우 허침이 형방승지로서 사약을 전달해야 했다. 이 소식을 들은 허씨 부인은 급히 사람을 보내 입궐 중인 허씨 형제에게 입궐하지 말라고 타일렀다. 입궐하다가 일부러 다리에서 떨어지라고 방법까지 일러주었는데, 이 충고에 따라 두 형제는 석교石橋를 지나다가 일부러 떨어져 입궐하지 않았다. 대신 이 임무를 맡은 인물이 승지 이세좌李世佐였다. 그날 밤 이세좌가 집에 돌아오자 부인은 "조정에서 폐비의 죄를 논한다더니 어떻게 되었소?"라고 물었고, 이세좌가 "내가 부득이 사약을 전달하는 사명을 맡아 전달했소"라고 답했다. 이세좌의 부인은 깜짝 놀라 일어나 앉으며 이렇게 통곡했다.

"슬프다. 우리 집안에 종자가 남아나지 않겠구나. 어머니가 죄없이 죽음을 당했는데 그 아들이 어찌 보복하지 않겠는가?"

부인의 예언대로 이세좌는 연산군의 갑자사화甲子史禍 때 아들 이수정李守貞과 함께 죽음을 당했다. 반면 허씨 형제는 누이의 충고 덕분에 화를 면했다(현재 서울 광화문 정부종합청사 부근에 종교가 있는데, 허씨 형제가 일부러 떨어진 다리를 종침교琮琛橋라고 부르는 데서 유래한 지명이다). 두 여인은 어머니의 시각, 여성의 시각, 어머니를 잃은 아들의 시각으로 사물을 바라보았지만 한씨는 권력의 시각으로 바라보면서 오히려 중요한 부분을 놓친 것이다.

연산군은 드디어 재위 10년(1504) 갑사사화를 일으켜 어머니의 죽음에 대한 대대적인 복수에 나서는데, 그 칼날은 인수대비도 예외가 아니었다. 연산군은 인수대비가 귀여워했던 정귀인의 아들 안양군安陽君과 봉안군安陽君의 머리털을 잡고 인수대비의 침전으로 끌고 가 "대비의 사랑하는 손자가 드리는 술잔이니 한 번 맛보시오"라며 강제로 술잔을 주게 했다. 연산군이 "사랑하는 손자에게 하사하는 것이 없습니까?"라고 조롱하자 놀란 인수대비가 베 두 필을 가져다 안양군과 봉안군에게 주어야 했다.

《연산군일기燕山君日記》는 이때 연산군이 인수대비에게 "대비는 어찌하여 우리 어머니를 죽였습니까?"라고 불손한 말을 했다는 사실과 인수대비가 이런 모욕을 견디지 못하고, "마침내 근심과 두려움으로 병이 나서 죽었다"고 적고 있다. 연산군은 삼년상으로 치러야 할 대왕대비의 국상을 한 달을 하루로 치는 역월제易月制로 치르고 25일 만에 마쳤다.

한씨가 평생 추구했던 권력의 길은, 둘째 아들을 왕으로 만드는 데는 성공했지만 그 손자에 의해 부정당했다. 한씨는 권력을 잡는 것에만 몰두했지 그 권력으로 무엇을 할 것인가에 대한 비전이 부족했다. 인간에게 권력이 필요한 이유는 옳다고 믿는 가치를 실현할 수 있기 때문이라는 사실을 몰랐다. 권력을 집안과 자신을 위한 사적 도구로 생각했던 한 여인과 한 집안의 비극이자 그 시대의 비극이었다. 권력 이전에 인간이, 증오 이전에 사랑이 중요하다는 평범한 사실을 몰랐던 한 권력의 화신에게 되돌아온 것은 손자의 증오였다.

11

역린

참모는 참모일 뿐, 선을 넘지 않는다

홍국영

군주와 참모의 관계처럼 어려운 것도 없다. 참모가 아무리 왕을 만들었어도 참모는 참모일 뿐이다. 천명을 받은 것은 군주다. 또한 경중輕重의 차이는 있겠지만 적장자 세습이 아니라면 한 군주의 탄생에는 많은 사람들의 조력이 필수다. 그런데 어떤 참모는 자신의 역할을 과대평가한 나머지 군신관계를 뛰어넘기도 한다. 이 경우 대부분 참모가 제거되는 것으로 끝나고 말지만, 그럼에도 이런 사례가 반복되는 것은 인간의 마음속에 권력을 향한 끝없는 상승 욕구가 있기 때문일 것이다. 특히 불리한 환경을 극복하고 군주를 즉위시킨 경우 이런 사례가 많이 나타나는데, 조선에서는 정조와 홍국영의 관계에서 찾아볼 수 있다.

세손의 대리청정을 허하다

영조英祖 51년(1775) 11월 30일. 이날은 세손世孫(정조)이 절체절명의 위기에 빠진 날이었다. 영조는 집경당에 나가 대신들을 불렀다. 세손도 배석한 이 자리에서 영조가 대신들에게 물었다.

"어린 세손이 노론·소론·남인·소북을 알겠는가? 국사國事와 조사朝事를 알겠는가? 병조판서와 이조판서를 누가 할 만한지 알겠는가? 나는 어린 세손에게 그것들을 알게 하고 싶으며, 그것을 보고 싶다."

"세손에게 국사를 알게 하고 싶다"는 말은 세손이 그것을 안다면 왕위를 물려주겠다는 뜻이었다. 영조의 춘추 만 81세로서 당장 오늘밤을 장담할 수 없는 나이였다. 그런데 좌의정 홍인한洪麟漢이 강한 어조로 영조의 말을 반박했다.

"동궁은 노론이나 소론을 알 필요가 없고, 이조판서나 병조판서를 누가 할 수 있는지 알 필요가 없으며, 국사나 조사는 더욱 알 필요가 없습니다."

노론 영수 홍인한은 세손의 모친 혜경궁의 숙부이니 세손의 외숙조부였다. 이때 세손의 나이 만 23세로 성종이 즉위했을 때보다 열세 살이 많고, 영조의 부친 숙종이 즉위했을 때보다 아홉 살이나 많았다. 또한 사도세자가 대리청정했을 때보다도 열 살이나 많았다. 이런 세손이 세 가지 국사를 알 필요가 없다는 말은 세손은 국왕이 될 수 없다는 공개 선포나 다름없었다.

일단 대신들을 물리친 영조는 잠시 숨을 고른 후 다시 대신들을 불러서 "나의 사업을 손자에게 전할 수 없다는 말인가?"라고 토로했다. 아마 13년 전 사도세자를 뒤주 속에 가두어 죽이던 때의 일이 떠올랐을지도 모른다.

열흘 후인 11월 30일 아침. 영조는 다시 집경당에 나가 신하들을 만났다. 입자笠子를 쓴 영조는 세손에게 기대어 앉아 세손에게 의지한다는 의사를 표시했다. 노창臚唱(의식절차를 복창하는 것)이 끝나기도 전에 영조는 침상에 누워서 입을 열었다.

"조사니 국사이니 하는 것들이 다 하찮은 말이 되었다. 경 등이 보기에 내 기운이 한 가지 일이나 알 수 있겠는가?"

영조는 더욱 목소리를 높였다.

"지금 이후에도 대신들은 오히려 다투겠는가? 나의 기력이 이와 같으니, 수응酬應하기가 더욱 어렵다. 자고로 전례가 있던 일을 나는 지금 생각하고 있다."

"전례가 있던 일"이란 대리청정이었다. 그러자 영의정 한익모韓翼謩와 좌의정 홍봉한洪鳳漢이 "뜻을 받들 수 없다"고 반대했다. 이를 미리 예상한 영조는 더욱 몰아붙였다.

"긴요하지 않은 공사公事는 동궁에게 들여보내되, 상소에 대한 비답과 공사 중에 긴급한 것은 내가 왕세손과 상의하여 결정하겠다. 수일 동안 기다려 그 일 처리하는 솜씨가 익숙하게 되는 것을 보아가며 마땅히 추가하는 하교가 있을 것이다."

"추가하는 하교"란 전위傳位를 뜻하는 것이다. 그러자 홍인한이 앞으로 나와 엎드려 말했다.

"이 어찌 신자들이 받들 수 있는 하교입니까? 차라리 도끼에 베어져 죽는 한이 있더라도 결코 받들어 행할 수 없습니다."

영조는 승지 이명빈李命彬을 불렀다.

"대리청정 전교를 쓰라."

그런데 홍인한이 승지 앞을 가로막고 앉아서 전교를 쓰지 못하게 방해했다. 문헌 근거를 남기지 않으려는 속셈이었다. 이 광경을 지켜보는 세손의 가슴이 뛰었다. 이 위기를 극복하지 못하면 13년간의 노력이 물거품이 되는 것이었다. 또한 목숨도 부지할 수 없었다. 세손은 분노를 억누르며 홍인한에게 제의했다.

"내가 마땅히 상소해서 사양하려 하는데 문적文跡(문서로 된 글)이 있어야 상소할 수 있으니 두서너 글자라도 전교를 받아 내가 상소할 수 있는 길을 열어주오."

영조의 하교를 문서로 남기지 않으려는 홍인한의 속셈을 읽은 것이다. 홍인한을 비롯한 노론 벽파는 영조가 세상을 떠나면 세손을 제치고 다른 종친을 내세워 추대하려는 속셈이었다. 사도세자의 아들은 결코 왕이 될 수 없다는 것이 노론 벽파의 당론이었다. 그러나 사도세자를 죽일 때와는 상황이 달라졌다. 그때는 영조와 노론 벽파가 한 몸이었지만 지금은 아니었다. 영조는 노론 벽파의 당론과 달리 세손에게 전위하기로 생각을 굳힌 것이다. 영조는 대신들을 물리쳤다. 그리고 대신들이 경악할 만한 명을 내렸다.

"순감군巡監軍은 동궁에서 수점受點하고 이비吏批와 병비兵批는 중관中官이 내게 먼저 품달한 후에 동궁에서 수점하라(《영조실록》 51년 11월 30일)."

영조는 궁중 호위군사의 지휘권을 세손에게 준 것이다. 또한 문관 임용자 명단인 이비와 무관 임용자 명단인 병비도 내관이 먼저 영조에게 보고한 후에는 동궁에서 수점하라고 명한 것이다. 이는 궁중의 군사 지휘권과 문·무관 인사권까지 준 것이다. 대신들이 반대하자 영조는 임금의 경호부대인 상군廂軍과 협련군挾輦軍을 불러들여 지휘권을 더해주었다. 이제 비로소 세손은 노론의 조직적 방해에 맞설 수 있는 무력을 갖게 된 셈이었다.

그러나 이것으로 끝이 아니었다. 노론은 인조반정 이래 150여 년을 집권한 당이었다. 상황은 세손이 불리했다. 사도세자를 뒤주에 가두어 죽인 후 노론이 전 조정을 거의 장악했기 때문이다. 세손을 지지하는 세력은 거의 없었다. 이때 목숨을 걸고 세손을 옹위하고 나선 인물이 세손궁의 사서司書 홍국영이었고, 정민시鄭民始 등 극소수만이 세손을 지지했다. 홍국영은 소론 출신의 행부사직 서명선徐命善에게 홍인한 반박상소를 올리게 했다. 사흘 후인 영조 51년(1775) 12월 3일, 서명선은 드디어 반박상소를 올렸다.

"신이 듣건대, 지난달 20일 좌의정 홍인한이 감히 '동궁은 알 필요가 없다'라는 말을 함부로 진달하였다고 합니다. 저군儲君(세자)이 알지 못한다면 어떤 사람이 알아야 하겠습니까? 그 무엄하고 방자함이 아주 심한 것이었습니다."

　서명선으로서는 목숨을 건 상소였다. 그 배후였던 홍국영도 마찬 가지였다. 이때 영조가 서명선을 꾸짖으면 상황은 끝이었다. 서명선은 물론 홍국영과 세손도 끝나는 것이었다. 그러나 영조는 서명선의 손 을 들어주었다. 영조는 재위 51년 12월 8일 왕세손의 대리청정 절목節 目을 마련해 세손의 대리청정을 강행했다. 그러나 노론 대신들은 세손 이 수행하는 대리청정 조참朝參에 한 명도 참석하지 않는 것으로 대 리청정을 거부했다.

　이런 상황에서 영조는 병석에 누웠고, 재위 52년 3월 3일 "전교한 다. 대보大寶(옥쇄)를 왕세손에게 전하라"라는 마지막 유교遺敎를 남기 고 세상을 떠났다. 만약 영조가 순감군의 지휘권을 세손에게 넘기지 않았다면, 대리청정을 명하지 않고 세상을 떠났다면 세손은 즉위할 수 없었을 것이다. 영조가 순감군의 지휘권을 넘기고, 대리청정까지 명했기에 노론은 일단 세손의 즉위를 용인할 수밖에 없었다.

　이렇게 파란 많았던 한 시대가 가고 새로운 시대가 열렸다. 11세 때 아버지의 죽음을 목도한 소년이 새로운 시대의 주연으로 등장한 것이 었다. 그리고 그 곁에는 이 시대를 연 1등 공신 홍국영이 있었다.

정조에게 정치적 미래를 걸다

3년 전인 영조 48년(1771, 임진년) 9월 26일은 홍국영이 세손을 처음 만난 날이었다. 이해 치러진 정시문과에서 병과丙科로 급제한 홍국영 은 승문원 부정자副正字를 거쳐 세자시강원 설서設書로 임명받고 처 음 세손을 만났다. 종9품 부정자에서 몇 달 만에 정7품 설서로 승진했으니 빠른 승진이었다. 세손이 만 19세였고, 홍국영이 그보다 세 살 많은 만 23세였다. 이것이 세손과 홍국영의 첫 만남이었다.

이 만남 이후 홍국영은 세손에게 자신의 정치적 미래를 걸었다. 비록 세손이지만 이때만 해도 그가 영조의 뒤를 이을 것이라고 믿는 대신들은 그리 많지 않았다. 세손의 즉위를 크게 반대하지 않는 노론 시파의 영수는 세손의 외조부인 홍봉한이었지만, 세손의 즉위를 목숨 걸고 반대하는 노론 벽파의 영수는 그의 동생 홍인한이었다. 홍봉한은 또한 사위 사도세자를 제거하는 데 가장 앞장 선 인물이기도 했다. 홍봉한은 노론 시파 영수이고 동생은 벽파 영수였으니 과연 형제의 속내는 무엇인가에 대해서 설왕설래도 많았다. 홍봉한의 속내가 세손 제거에 있다는 말들이 많은 것은 당연했다.

홍국영이 이런 세손에게 미래를 건 것은 큰 모험이었다. 홍국영의 7대조는 선조와 인목왕후 사이에서 난 정명貞明공주의 남편 영안위永安尉 홍주원洪柱元이었다. 광해군 때 비명에 죽은 영창대군의 자형姉兄이었다. 홍국영 집안은 이 무렵에도 왕실의 먼 외척이었다. 홍봉한·인한 형제가 홍국영의 10촌 할아버지였고, 영조의 계비繼妃 정순왕후 김씨의 8촌 형제인 김면주金勉柱의 어머니가 홍국영의 5촌 당고모堂姑母였다. 정순왕후의 총애를 받는 김관주金觀柱와는 4촌이었다. 김관주의 부친이 정순왕후의 부친 김한구金漢耉의 사촌동생 김한록金漢祿이었으니, 홍국영은 혜경궁과 정순왕후라는 두 외척과 모두 인척인 셈이었다. 세손과도 촌수를 따지면 12촌 형제가 되는 셈이었다. 혜경궁 홍씨가《한중록閑中錄》에서 영조가 홍국영을 보고 "내 손자로다"라고 칭찬했다는 것은 이런 연유였다. 이런 홍국영의 당색은 물론 노론이었다.

■ 정조 영조의 세손이었지만 그가 영조의 뒤를 이을 것이라고 믿는 대신들은 그리 많지 않았다. 그런 상황에서 홍국영이 정조에게 미래를 건 것은 큰 모험이었다.

그러나 홍국영이 예상을 뒤엎고 세손을 선택하면서 세손은 큰 원군을 얻었다. 영조는 언제 세상을 떠날지 알 수 없는 노인이었다. 영조가 세상을 떠나고 세손이 즉위한다면 홍국영은 단숨에 훈신勳臣의 지위에 오를 것이었다.

야사野史에서는 홍국영이 세손의 신임을 받게 된 계기를 재미있게 전하고 있다. 하루는 세손이 영조에게 문안을 갔는데, 영조가 물었다.

"요즘 무슨 책을 읽느냐?"

"《통감강목通鑑綱目》넷째 권을 읽고 있사옵니다."

대답해놓고 세손은 아차 싶었다. 《통감강목》넷째 권에는 한漢 문제文帝가 "짐은 고황제高皇帝의 측실소생側室之子이다"라고 말하는 대목이 나오기 때문이다. 후궁 소생인 영조는 첩이나 서자라는 말만 나오면 불쾌해졌다. 낯색이 변한 영조가 엄한 음성으로 되물었다.

"강목 넷째 권에는 이 할아비가 가장 싫어하는 구절이 있는데도 읽었단 말이냐?"

"그 대목은 가려놓고 보지 않았습니다."

세손이 엉겁결에 대답하자 영조는 내관에게 명을 내렸다.

"지금 동궁으로 가서 세손이 읽던《통감강목》넷째 권을 가져오너라."

내시가 동궁에 들이닥쳐《통감강목》넷째 권을 찾자 홍국영이 물었다.

"《통감강목》은 왜 찾소?"

홍국영은 내시들과도 가깝게 지냈다. 내시가 사연을 말해주자 홍국영은 자신이 찾아주겠다면서 '측실소생'이란 부분을 종이로 붙여 가리고 내주었다. 이를 본 영조는 흡족해했다.

"과연 내 손자로다."

엉겁결에 위기를 모면하려 답했다가 거짓말했다는 죄까지 받을 뻔했던 세손은 어찌된 영문인지 모르다가 나중에 홍국영의 임기응변이었음을 알고 그의 손을 잡았다.

"내 그대의 재생지은再生之恩(다시 살아난 은혜)을 꼭 갚겠다."

이 사건으로 세손은 홍국영을 철저하게 신임하게 되었다는 것이다.

야사는 과장되었을 가능성이 있지만 3년 전인 영조 51년(1775) 11월 홍인한이 "세손은 세 가지 국사를 알 필요가 없다"고 주장했을 때 홍국영이 행부사직 서명선에게 반박 상소를 올리게 해서 정국의 물꼬를 바꾼 것은 사실이었다. 영조가 서명선의 손을 들어주면서 세손은 겨우 위기를 극복했고, 대리청정을 거쳐 즉위할 수 있었던 것이다.

1776년 3월 10일, 경희궁 숭정문崇政門에서 즉위한 정조는 3일 후 홍국영을 승정원 동부승지로 삼았다.《정조실록》이 "특별히 발탁했다"라고 적고 있듯이 이례적인 발탁이었지만 이는 시작에 불과했다.

넉 달 후에는 비서실장격인 도승지로 승진시켰으며, 9월에는 규장각奎章閣을 만들면서 규장각 직제학을 겸임시켰다. 뿐만 아니라 즉위년 11월, 홍국영을 종2품 수어사守禦使로 임명해 수어청守禦廳의 군권까지 주었다. 홍국영이 장수까지 겸임할 수 없다며 사양했지만 정조는 받아들이지 않았다.

"내가 지신사知申事(도승지)의 품질을 올려 장수의 임무를 맡기려 한 지 오래되었다. …… 지금의 국세로는 맡길 수 있는 심복 신하에게 위호衛護 (호위)하는 직임을 맡기지 않는다면 어떻게 위태롭고 의심스러운 것을 진 정시키고 왕실을 돕게 할 수 있겠는가?"

–《정조실록》즉위년 11월 19일

이듬해(1777) 5월에는 홍국영을 총융사로 삼았다가 다시 금위대장 禁衛大將으로 삼았다. 금장禁將이라고도 하는 금위대장은 국왕 경호 책임자로서 종친이나 외척들이 맡아오던 자리였다. 금장까지 겸임함 으로써 홍국영은 국왕의 비서실장격인 도승지와 경호실장격인 금위 대장을 한 손아귀에 장악한 조선 최초의 인물이 되었다. 도승지는 정 3품, 금위대장은 종2품으로 극품極品(정1품)은 아니었지만 실권을 한 손에 쥔 것이었다. 사실상 정조와 홍국영의 공동정권이었는데, 이때 홍국영의 나이 불과 만 29세였다.

세손 때 여러 차례 암살 위협을 느꼈던 정조는 자신의 신변을 노리 는 세력이 많다는 사실을 잘 알고 있었다. 그래서 믿을 수 있는 홍국 영에게 도승지와 금위대장을 겸임시킨 것이었다. 정조의 판단이 그른 것은 아니었다. 정조 1년(1777) 7월 28일 밤늦게 책을 보던 경희궁 존

■ 정민시(왼쪽)와 홍봉한(오른쪽) 정민시는 홍국영과 보조를 맞추며 세손 시절 정조를 도운 공신이다. 홍봉한은 사도세자를 제거한 노론 시파의 영수였으나 세손의 즉위에는 크게 반대하지 않았다.

현각尊賢閣에 자객이 들었던 것이다. 이는 개국 이래 임금을 죽이겠다고 대궐에 잠입한 최초의 사건이었다. 이 사건으로 계엄이 펼쳐진 상황에서 그해 8월 11일 자객이 다시 대궐로 잠입하다가 경추문 수포군守鋪軍 김춘득金春得·김세징金世徵 등에게 체포되었다.

정조는 이 사건을 계기로 국왕 경호부대인 숙위소宿衛所를 건양문建陽門 동쪽에 설치하고, 금위대장 홍국영에게 숙위대장도 겸임시켰다. 임금을 죽이겠다고 궐내에 자객이 들어온 것도 처음이지만 한 사람이 도승지와 금위대장, 숙위대장까지 장악한 것도 개국 이래 초유의 사건이었다.

정조와 홍국영의 동상이몽

홍국영이 이 막강한 권력으로 조선을 새로운 나라로 만드는 데 기여했다면 자신도 살고 정조도 살고 나라도 살았을 것이다. 그러나 홍국영과 정조는 추구하는 목표가 달랐다. 정조 즉위 초 홍국영은 두 가지 목표를 갖고 있었다. 하나는 풍산 홍씨와 경주 김씨라는 두 외척을 제거하는 것이었고, 또 하나는 정조에게서 소론과 남인을 떼어놓는 것이었다. 홍국영은 집권 초, 정조 즉위 방해사건을 구실로 홍봉한의 풍산 홍씨 가문을 축출했다. 또한 김귀주가 혜경궁 병환 때 문안하지 않았다는 구실로 경주 김씨 가문도 축출했다. 그간 조선 정계에 많은 악영향을 미쳤다는 점에서 두 외척의 축출은 정조의 뜻과도 부합하는 것이었다.

그러나 정조와 소론·남인을 떼어놓는 것은 달랐다. 정조는 사도세자의 죽음을 노론에서 자행한 정치적 타살로 여기는 소론·남인을 우익으로 삼아야 했기 때문이다. 정조가 즉위 일성一聲으로 "과인은 사도세자의 아들이다"라고 선언하자 소론과 남인은 고무되었다.

정조 즉위년 4월 1일, 사도세자 문제에 대해 첫 포문을 연 인물은 시골 유생 이일화李一和였다. 《정조실록》은 이일화에게 상소를 올리도록 사주한 인물이 조재한趙載翰이라고 전하고 있다. 영조 때 승지와 대사간을 역임한 조재한은 소론 명가 출신이었다. 그의 부친 조현명趙顯命은 영조 시절 소론 영수로서 사도세자를 보호하려 애썼던 인물이었다. 또한 뒤주에 갇히던 날 위기를 직감한 사도세자가 다급하게 불렀던 조재호趙載浩의 종형제이기도 했다. 우의정을 역임했던 소론 영수 조재호는 사도세자가 죽은 직후 "한쪽 사람들은 세자를 핍박했지만 자신은 세자를 보호했다"고 말했다가 혜경궁 홍씨와 그 부친 홍봉한의 정보망에 걸려서 사형당한 인물이었다.

이일화의 상소에 이어 전 승지 이덕사李德師의 상소가 올라오고, 전 사간원 정언 유한신柳翰申의 상소가 또 올라왔다. 노론에서 편찬한 《정조실록》은 "상소의 말이 똑같았다"라면서, "임오년의 의리를 가장했다"라고 비판하는 데서 그 내용을 짐작할 수 있다. 사도세자 사건의 재조사를 주장했던 것이다. 상소에는 정조가 "이미 임오년의 일을 잊었다己忘壬年"라는 네 글자가 담겨 있었다. 정조가 사도세자의 비참한 죽음을 잊은 것이 아니냐는 비난이었다. 비참하게 죽은 사도세자의 한을 되새겨 노론 치죄에 나서라는 요구였다.

소론의 연속 상소에 대한 정조의 반응은 뜻밖이었다. 크게 화를 내면서 선대왕先大王(영조)을 모함하는 대역大逆이라고 국청 설치를 명령했던 것이다. 정조는 국청에 끌려온 이덕사를 국문하면서 이렇게 말했다.

> 선대왕께서 하교하시기를, "임오년에 관계된 일은 혹 의리에 있어 충분히 옳은 것 같다 하더라도 이는 곧 나를 모함하는 것으로서, 단지 나에게만 충성스럽지 못한 것이 아니라 또한 너(정조)에게도 충성스럽지 못한 것이다……"라고 말씀하셨다.
>
> -《정조실록》즉위년 4월 1일

영조는 사망하기 직전 세손에게 사도세자 문제를 거론하는 자는 자신과 세손 모두의 역적이란 유훈을 남겼다. 세손도 대리청정 때 이 문제를 먼저 정리할 필요가 있다고 생각했다. 사도세자 문제를 잘못

정리하면 차후 어떤 문제가 발생할지 몰랐기 때문이다. 그래서 즉위한 달 전인 영조 52년(1776) 2월 사도세자의 묘인 수은묘垂恩廟를 배알하고 영조에게 상소를 올렸다.

> 임오년 처분에 대해 신(정조)은 사시四時처럼 믿고 금석같이 지킬 것입니다. 귀신같이 못된 무리들이 감히 넘보는 마음을 먹고 추숭의 논의를 내놓을 때 신이 만약 그들의 종용을 받아 의리를 바꾼다면 천하의 죄인이 되는 것은 물론 장차 종묘사직의 죄인이 될 것이며 동시에 만고의 죄인이 될 것입니다.
>
> ─《영조실록》52년 2월 4일

세손은 사도세자 문제에 대한 영조의 의구심을 풀어줄 필요가 있었다. 그 부분이 흔들리면 영조의 마음도 흔들릴 수 있었다. 영조의 마음이 흔들리면 노론에서 파고들 것이었다. 그래서 세손은 영조의 처분이 정당한 것이었다고 천명하는 것으로 영조의 신임을 샀던 것이다. "의리를 바꾼다면" "천하·종묘사직·만고의 죄인"이 된다고까지 말한 것은 영조를 안심시키는 한편 노론에게도 메시지를 준 것이었다. 자신이 즉위해도 사도세자 문제를 재조사하지 않을 것이란 메시지였다.

그러나 일단 즉위한 이상 사도세자 문제를 재론하는 것이 영조의 역적이 될지는 몰라도 정조의 역적일 수는 없었다. 정조는 이 문제 때문에 숱한 어려움을 겪었지만 그 차이를 구분하지 못했다. 사도세자를 죽인 정점에 영조가 있었기 때문이다. 사도세자의 원한을 풀려면 영조의 처분이 잘못이란 전제가 필요했다. 이는 정조가 신하로서 모

■ 영조가 정조에게 준 훈사 〈어제도훈〉의 일부 영조는 사망하기 직전 세손인 정조에게 사도세자 문제를 거론하는 자는 자신과 세손 모두의 역적이란 유훈을 남겼다.

셨던 선왕을 거부하는 것으로 노론의 쿠데타 명분이 될 수 있었다. 그러나 이는 정조 자신이 직접 거론하지 않으면 되는 문제였다. 소론과 남인에서 사도세자 살해사건을 거론하는 것은 정조로서는 노론을 압박하는 수단이 될 수 있었다. 소론과 남인의 재조사 요구를 수용하지는 않아도 거론되는 자체로 노론에게는 큰 부담이었다.

갓 즉위한 정조에게 사도세자 문제는 양날의 칼이었다. 한쪽 날은 정조가 잡고, 다른 날은 사도세자를 죽인 노론이 잡고 있는 형국이었다. 정조는 모순의 인물이었다. 사도세자가 억울하게 죽었다고 판정하면 영조가 그릇된 임금이 되고, 영조가 올바른 처분을 했다고 하면 사도세자의 죽음이 정당한 것이 되었다. 그런데 이때 정조는 영조의 처분이 옳았다는 데 방점을 두고 박상로朴相老와 전승지 이덕사, 시골유생 이일화·조재한까지 사형시켰다. 이는 정조의 실책이었다.

노론의 시선을 의식한다 해도 유배 정도만 보내면 되었을 사건에 불과했다.

즉위 일성으로 "오호라! 과인은 사도세자의 아들이다"라고 선언했던 정조는 왜 이런 거조를 했을까? 노론 전체를 적으로 돌리지 않기 위한 정치적 행보일 수도 있지만 그 배경에는 홍국영이 있었다. 이 대목이 홍국영과 정조의 정치적 지향점이 갈리는 부분이었다. 이들을 사형시킨 것은 정조의 실책이었으나, 홍국영으로서는 치적이었다. 정조는 즉위 초 홍국영을 정치적 지주로 높이 평가했다.

> "척리戚里(임금의 외척)와 근습近習(임금의 총애를 받는 신하)들이 모두
> 딴 마음을 먹고 있어 국가(정조)가 고립되어 위태롭게 되었을 때 국가를
> 보호한 것은 유독 홍국영 한 사람이 있을 뿐이었다."
>
> −《정조실록》즉위년 6월 23일

홍국영은 정조의 이런 막강한 신임을 이용해 두 외척 집안을 제거하고 연속 상소를 올린 소론까지 제거한 것이었다. 홍국영은 사도세자를 지지했던 소론이 정권을 잡는 것을 막아야 했다. 정권은 노론이 계속 잡고 있어야 했다. 다만 노론 정권의 영수는 홍봉한, 홍인한 등이 아니라 자신이 되어야 했다. 즉위 초 정조는 홍국영의 이런 책모에 넘어가 자신의 우익을 처벌하는 실책을 거듭했다.

왕의 신임으로 권력을 장악하다

즉위년 4월 18일에는 유생儒生 이명휘李明徽가 상소를 올려 노론의

정신적 지주인 송시열을 비판하고 나섰다. 송시열이 분수에 넘게 두 황제의 사당을 설치했다고 비난하는 상소였다.

"고 상신 송시열이 효종대왕의 세상에 없는 예우를 받으며 토복討復(청나라를 토벌하여 복수함)의 공을 세우겠다고 자임했으나 이루어진 일이 아무것도 없자 여한이 남아 죽을 때 그의 문도들에게, 만력萬曆과 숭정崇禎 두 황제의 사당을 세워 제사하라고 부탁했습니다."

송시열이 청나라를 무너뜨리고 명나라를 다시 세우겠다는 북벌을 자임했으나 아무런 공을 세우지 못하자 문도들에게 명나라 두 황제의 사당을 세워 제사하라고 부탁했다는 것이다. 만력은 임란 때 군사를 파견한 신종神宗 주익균朱翊鈞이고, 숭정은 명나라 마지막 황제인 의종毅宗 주유검朱由檢을 뜻한다.

"송시열은 문도들에게 '당초에는 효묘孝廟(효종)를 배향하고 싶었지만 세상 사람들이 대죄로 여기게 될 것이기에 감히 마음먹지 못했다'라고 말했습니다. 그 뒤에 문도들이 두 천자의 사당을 그가 살던 곳에다 만들었으니, 오늘날 장보章甫(유생)들이 화양동 만동묘萬東廟라고 부르는 것이 그것입니다. …… 아! 종묘에서 제사하고 계승하는 일에 있어서 신하된 사람이 사사로이 제사해서 막중한 오묘五廟와 칠묘七廟의 일을 나누어 놓았습니다. 고금 천하에 어찌 이런 일이 있겠습니까? …… 오늘날 송시열이 신하된 위치에 있으면서 임금도 감히 할 수 없는 예를 행하였습니다."

명 신종과 의종의 사당에 효종을 신하의 자격으로 배향하고 싶었으나 세상 사람들이 대죄로 여길까 두려워 그렇게 하지 못했다는 뜻이다. 배향이란 공이 있는 신하를 그 왕에게 덧붙여 제사하는 것을 뜻하는데, 효종을 신종과 의종의 신하로 배향하게 하고 싶었다는 뜻이다. 그러면 조선은 완전한 신하의 나라, 제후의 나라로 전락하는 것이었다. 《예기禮記》〈왕제王制 편〉에는 천자天子(황제)는 칠묘七廟를 제사하고, 제후는 오묘五廟를 제사한다고 되어 있다. 칠묘에 제사하는 주체는 천자이고, 오묘는 제후여야 하는데, 개인 송시열이 감히 천자를 제사하는, 제후도 할 수 없는 월권을 저질렀다는 비난이기도 했다.

이명휘의 상소에 노론은 발칵 뒤집혔다. 노론의 정신적 지주인 송시열을 표적으로 삼았기 때문이었다. 대신과 승지들이 국청 설치를 요청하자 정조는 받아들였다.

"지금 국시가 크게 정해진 뒤에 와서 선정先正(송시열)을 핍박하는 말을 하는 것은 곧 효묘孝廟(효종)를 무함하는 것이고 천자를 무함하는 것이다. 하물며 이 상소는 지면에 흉언이 가득하여 차마 바로 볼 수 없다. 이명휘를 마땅히 친국하겠다."

정조는 이명휘에게 송시열이 명나라 두 황제의 사당을 세워 제사를 지낼 자격이 없다고 생각하는 이유를 물었다.

"한 칸의 띳집에서 초楚나라 소왕昭王에게 제사했던 일이 옛적에도 있었는데, 어찌 감히 배신陪臣(송시열)으로서 황제에게 제사하는 것을 그르게 여기는가?"

"초나라 소왕은 의성현宜城縣에 머무른 적이 있었기 때문에 의성현 백성들이 옛날의 덕을 사모하여 제사한 것입니다. 우리나라의 화양동은 황제의 영향이 당초부터 전혀 없었던 곳이니, 고 상신이 배신으로서 천자에게 제사 지낸 것은 그른 일입니다."

전국시대 초나라 소왕은 현재의 호북성湖北省 의성현에 머문 적이 있었으므로 의성현 사람들이 그 덕을 사모해서 제사를 지냈지만, 화양동은 명나라 황제들과는 전혀 관계없는 지역이란 뜻이었다. 그러나 이명휘는 노론으로 가득 찬 조정에서 선정을 모함했다는 혐의로 심한 형벌을 받고 추자도楸子島로 귀양 가는 도중 사망하고 말았다.

《정조실록》은 이명휘의 사망 소식을 실으며 "이명휘는 효행이 있었고, 고궁固窮하며 독서하여 특이한 의논을 하기 좋아했는데, 일찍이 호송변互訟辨을 지어 회덕懷德과 이산尼山을 모두 비난했다고 한다"라고 적고 있다. 회덕은 송시열을 뜻하고 이산은 소론 영수 윤증尹拯을 뜻하는데 둘을 모두 비난했다는 말은 특정 당파에 속한 사람은 아니었다는 뜻이다.

노론에서는 이명휘의 사망에도 만족하지 않고 효수梟首(목을 베어 매닮)해야 한다고 주장했다. 노론은 이명휘가 송시열을 공격한 것이 소론의 정신적 지주인 윤선거尹宣擧·윤증 부자의 관작을 삭탈하지 않았기 때문이라며 윤씨 부자의 삭탈 관작을 요구했다. 정조는 이 주장을 받아들이지 않았다. 그러나 한 달 후쯤인 5월 22일 갑자기 방향을 선회해 윤선거·윤증 부자의 관작을 추탈하라고 명했다. 뿐만 아니라 그들의 문집도 훼손시키고 사액祠額도 철거하라고 명했다.

정조는 왜 뒤늦게 이런 주장을 받아들였을까? 그 배경에도 바로 홍국영이 있었다.

"며칠 전에 승선承宣(승지)이 아뢴 말이 바로 내가 평소에 생각하고 있던 바와 맞기에 뜻을 결단하여 시행하려 했다. 윤선거 부자의 일을 처분했다."

《정조실록》은 "승선은 곧 홍국영이었다"라고 덧붙여 이 처분의 배후가 홍국영임을 밝히고 있다. 윤선거·윤증 부자는 사도세자를 보호하려 했던 소론 영수였기 때문에 노론에게 부친을 잃은 정조로서는 관작 추탈은커녕 더 높여야 할 판국이었다. 그러나 정조는 거꾸로 윤선거·윤증 부자의 관작을 추탈하고 사액을 철거하는 정반대의 행보를 보인 것이다.

나아가 정조는 재위 2년(1777) 5월 2일, "왕은 말하노라. …… 경(송시열)은 천하의 대로大老이고 해동海東의 진유眞儒였다"라면서 송시열을 효종의 묘정廟庭에 배향했다. 정조가 잇달아 송시열을 높이는 배경에는 노론을 끌어들여 정국의 안정을 꾀하려는 의도도 있었지만 홍국영의 사욕도 작용했다. 홍국영은 풍산 홍씨와 경주 김씨 같은 노론 외척 명가들을 제거하고, 자신이 노론의 영수로 나서기 위해서는 노론의 정신적 지주인 송시열을 업어야 한다고 생각했다. 국가 차원에서 송시열 추숭을 주도함으로써 자신이 노론의 새로운 영수임을 나타내려 한 것이다. 그 결정판이 송시열의 효종 묘정 배향이었다. 소론은 송시열이 효종의 충신이 아니라 효종을 핍박했던 강신强臣에 지나지 않는다고 보고 있었다. 황제(명나라 임금)를 빙자해 제후(조선 임금)를 압박했던 인물이 송시열이라는 시각이었다. 이는 윤증이 송시열과 관계를 끊는 편지에서 직접 쓴 내용이기도 했다.

그러나 홍국영은 송시열의 효종 묘정 배향을 성사시킴으로써 송시열을 국가의 스승으로 높이고 그의 이론을 국가의 이념으로 삼아 노론 영구 집권의 정당성을 설파하려 했다. 자신은 그런 노론 영수가 되어 정국을 주도하려는 속셈이었는데 정조가 넘어간 셈이었다.

정조에게 이는 두고두고 부담으로 작용했다. 노론은 '성학도통론聖學道統論'이란 명분론을 갖고 있었다. 유학, 성리학의 도통道統이 '공자-주자-송자宋子(송시열)'로 이어진다는 사상이었다. 조선 임금 정조는 송시열이 황제를 빙자해 제후(조선 임금)를 압박했다는 윤증의 시각으로 정국을 운용해야 군주권을 강화할 수 있었다. 그러나 정조는 송시열을 효종의 묘정에 배향함으로써 노론의 명분에 손을 들어주었다.

노론은 하·은·주의 세 왕조를 뜻하는 삼대三代 때는 군주가 곧 스승이었지만 삼대 이후에는 군주가 아니라 재야 학자들에 의해 유학의 도통이 계승되고 있다고 주장하고 있었다. 즉 군주는 임금일 뿐 스승은 아니라는 견해였다. 정조는 훗날 임금이 곧 스승이라는 군사론君師論의 자리에서 정국을 이끌어나가려 했으나 자신이 송시열을 효종의 묘정에 배향한 것이 발목을 잡게 되었다. 즉위 초 정조의 그릇된 처분의 배경에는 대부분 홍국영이 있었다.

후사를 둘러싼 계략과 실패

정권을 장악한 홍국영은 더 큰 목표를 세웠다. 자신의 조카에게 왕위를 잇게 하려는 계략이었다. 홍국영은 여동생을 정조의 후궁으로 들였다. 정조 2년(1778) 6월 21일, 정조의 후궁으로 결정된 홍국영의 동생에게는 처음부터 내명부 정1품 원빈元嬪이 내려졌다. 빈은 주로 왕자를 낳은 후궁들에게 내려지는 벼슬이었다. 6월 27일 치러진 원빈의 가례嘉禮는 국혼國婚처럼 성대하게 치러졌다. 원빈과 홍국영의 부친 호조참의 홍낙춘洪樂春은 종2품 품계인 가선대부嘉善大夫로 승진했다. 유례를 찾기 힘들 정도로 성대하게 치러진 이 가례는 조선 왕실을 장기적으로 장악하려는 홍국영의 작품이었다.

정조의 비 효의왕후孝懿王后 김씨가 아이를 낳지 못해 비어 있는 세자 자리를 둔 승부수였다. 세자 자리를 자신의 조카에게 잇게 하기 위한 계책이 이 가례였다. 혜경궁 홍씨가 홍국영을 보고 "얼굴도 예쁘고 슬기롭고 민첩하다"라고 말한 것처럼 그의 동생 역시 미모가 있었다.

정조는 홍국영의 동생에게 만족했고, 계획은 착착 진행되는 듯했다. 그러나 홍국영의 이 계획은 뜻대로 되지 않았다. 가례를 올린 지 1년이 채 못 된 정조 3년(1779) 5월, 원빈 홍씨가 세상을 떠났기 때문이다.

원빈의 장례 또한 여느 후궁들과 달랐다. 정조는 직접 창덕궁 희정당에서 거애擧哀했다. 거애란 상사 때 초혼을 하고 나서 머리를 풀고 울면서 초상이 난 것을 알리는 의식을 뜻한다. 백관들은 선화문宣化門 밖에서 조애助哀했고, 5일 동안 조시朝市를 정지했다. 인숙仁淑이란 시호까지 내렸는데, 《정조실록》은 "이때 홍국영의 방자함이 날로 극심했지만 온 조정이 감히 그의 뜻을 거스르지 못했기 때문에 홍씨의 장례 절차에 예관이 모두 참람한 예를 원용했다"라고 비판하고 있다.

정조는 즉위 초 송시열의 4대 후손 송덕상宋德相을 여러 번 부른 끝에 성균 좨주祭酒 겸 경역관京譯官으로 임명한 적이 있었다. 송덕상을 출사하게 한 것도 홍국영으로, 《정조실록》은 "송덕상이 일체의 출입과 말하고 침묵하는 것을 모두 홍국영의 지시에 따랐다"고 말하고 있는데, 그는 원빈이 죽자 마땅히 공제公除가 있어야 한다고 주장했다. 공제란 임금이나 왕비가 죽은 뒤 정사를 중지하고 26일 동안 조의弔意를 표하는 것을 뜻하는데, 후궁의 죽음, 그것도 왕자를 낳지 못한 후궁의 죽음에 공제를 실시한 예는 없었다. 송덕상의 주장은 시행되지 않았지만 이는 홍국영의 권력이 얼마나 강대했는지를 말해주는 것이었다.

원빈의 죽음은 홍국영에게 큰 충격이었다. 홍국영은 원빈이 낳은 왕자에게 정조의 뒤를 잇게 하려던 계획이 무산되자 거의 이성을 상실했다. 혜경궁 홍씨는 《한중록》에서 "제 누이 홀연히 죽으매 국영이 독살스러운 분을 이기지 못하고 제 누이가 죽은 것을 감히 곤전坤殿

(왕비)에게 의심해 선왕(정조)을 충동하고, 내전 나인 여럿을 잡아다 칼을 빼들고 무수히 치며 혹독한 고문을 하였다"라고 전하고 있다.

이는 홍국영의 무리수였다. 효의왕후 김씨는 비록 아이는 낳지 못했지만 조야朝野의 폭넓은 신망을 받고 있었다. 사도세자가 비명에 죽기 넉 달 전인 영조 38년(1762) 2월, 10세의 나이로 11세였던 세손과 가례를 올린 효의왕후 김씨는 왕비가 된 후에도 외척 때문에 고심하던 정조의 뜻에 순응해 일체 정사에 개입하지 않았다. 그녀의 부친은 현종顯宗의 장인이었던 김우명金佑明의 후손 김시묵金時默으로서 집안으로 따지나 외척 서열로 따지나 혜경궁의 풍산 홍씨나 정순왕후의 경주 김씨보다 결코 뒤지지 않았다. 그러나 효의왕후는 친정 식구들을 궁중에 들이거나 재물을 내주지도 않았고, 혜경궁 홍씨도 극진하게 모셔 칭송을 샀던 것이다.

홍국영이 이런 왕비를 물증도 없이 핍박한 것에 많은 반발이 일었다. 이중에는 혜경궁 홍씨와 정순왕후 김씨도 있었다. 두 집안 모두 정조 즉위 후 친정이 몰락한 배경에 홍국영이 있다고 원망하고 있던 차에 홍국영이 왕비를 압박하자 이를 빌미로 거세게 반발했던 것이다. 혜경궁 홍씨는《한중록》에서 이렇게 말하고 있다.

"호를 원빈이라 하고 궁호를 숙창이라 하니, 원元 자 뜻부터 흉하더라. 곤전이 계신데 어디서 비빈을 원 자로 일컫는 도리가 있으랴. …… 천도가 선명하고 제 죄악이 찰대로 차서 기해년(정조 3년)에 제 누이가 홀연히 죽었다."

이런 반발에도 차기 국왕을 자신의 의중의 인물로 만들려는 홍국영의 야망은 꺾이지 않았다. 홍국영의 야망에 선봉장 노릇을 한 인물이 송시열의 후손인 이조참판 송덕상宋德相이었다. 정조 3년(1779)

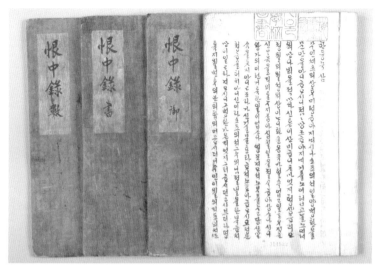

■《한중록》표지와 본문 일부 혜경궁 홍씨는 이 책에서 원빈의 죽음에 충격을 받은 홍국영이 분을 이기지 못하고 효의왕후 김씨가 독살한 것으로 의심하는 등 도를 넘은 홍국영의 야심을 비판하고 있다.

6월 18일 이조참판 송덕상이 상소를 올렸다.

> 다행히 지난 여름 자애스런 성지를 내려 현명한 가문의 숙녀를 간택했으므로 신민이 크게 축하하면서 오직 종사螽斯의 경사가 있기만을 기대했습니다.
>
> —《정조실록》 3년 6월 18일

홍국영의 여동생을 간택했으므로 '종사의 경사'가 있기를 기대했다는 말이다. '종사'란 《시경詩經》 〈주남周南 편〉에 나오는 말로서 여치과의 곤충을 뜻하는데, 한꺼번에 99개의 알을 낳는다고 알려져 있다. 자손의 번성을 기원할 때 쓰는 말이다. 송덕상은 원빈이 불행하게 죽었다면서 그 후의 대책에 대해서 말했는데 표현이 묘했다.

"우리 전하께서는 춘추가 한창이신데 후사를 잇는 일(嗣續)이 점점 더뎌지고 있습니다. 진실로 하늘이 방가邦家(나라)를 돕는다면 즉백則百의 기쁨은 절로 그 시기가 있겠습니다만 널리 구하는 방도가 날이 갈수록 더욱 급합니다. 그러나 그 모양某樣이나 도리道理에 있어서는 아래 사람으로서 가리켜 진달할 수는 없습니다."

즉백이란 주문왕周文王의 어머니 태임太任과 주문왕의 왕비 태사太姒로서 모두 왕자를 낳는 것을 뜻하는 말이다. 그러나 이 상소의 초점은 하늘의 도움으로 왕자가 탄생하기를 바라는 데 있는 것이 아니라 "널리 구하는 방도가 날이 갈수록 더욱 급하다"는 데 있었다. 즉 '후사를 빨리 널리 구해야 한다'는 말이니 큰 문제가 있었다. 왕자가 없는 국왕에게 하늘이 왕자를 주기 전에 빨리 구하라는 말은 양자를 들이라는 뜻이기 때문이다. 이때 정조의 나이 만 27세, 효의왕후 김씨는 만 25세였다. 한창 때의 임금에게 양자를 들여 후사를 이으라는 송덕상의 권유는 '의중의 인물'이 있다는 의심을 사기에 충분했다.

역린을 건드린 야망, 화를 부르다

바로 이 대목에서 정조는 화들짝 정신이 들었다. 정조는 송덕상이 홍국영의 심복임을 알고 있었고, 이 상소 또한 홍국영의 사주를 받아 올렸다는 사실도 알고 있었다. 정조는 비로소 새로운 시각으로 홍국영을 바라보게 되었다. 그러자 충심이 가득한 홍국영이 아니라 자신의 야망으로 가득 찬 홍국영이 보였다. 이것이 전기였다.

정조는 원빈 장사 때의 일이 다시 떠올랐다. 장례 때의 여러 관직은 모두 홍국영이 선정했는데, 사도세자의 이복동생 은언군恩彦君의 아들 이담李湛을 대전관代奠官으로 삼은 것이다. 대전관은 국왕을 대신해 전奠을 올리는 직책인데, 이담을 대전관으로 삼았다는 사실은 그를 원빈의 아들로 간주한다는 뜻이었다. 아나나 다를까 홍국영은 이담을 완풍군完豊君이라고 일컬으며, "완풍군은 내 생질이다"라고까지 불렀다고 전한다. '완完'자는 완산完山, 곧 전주를 뜻하고, '풍豊'자는 홍씨의 본관인 풍산豊産을 가리킨 것이었다. 곧 완풍군은 전주 이씨의 적손이자 풍산 홍씨의 외손이란 뜻이었다. 완풍군 이담이 정조의 뒤를 이을 것이라는 뜻이기도 했는데, 그러면 전주 이씨와 풍산 홍씨의 공동 왕권이 되는 것이었다. 비로소 정조는 홍국영이 정조의 왕조가 아니라 홍씨 자신의 왕조를 꿈꾸는 인물이란 사실을 알게 되었다.

정조는 홍국영을 버리기로 결심했다. 그러나 쉽지 않은 일이었다. 홍국영에게 막대한 권력을 준 결과 조정은 정조의 것이 아니라 홍국영의 것이 되었다. 자칫 홍국영이 반발하면 큰 사단이 날 수도 있었다. 정조는 큰 물의 없이 홍국영을 처리하는 방안을 강구했다.

정조 3년(1779) 9월 26일, 매월 여섯 차례 국왕이 신하들을 만나는 차대次對였다. 정조가 입을 열기도 전에 도승지 겸 훈련대장 홍국영이 앞으로 나섰다.

"신이 구구하게 아뢸 것이 있습니다. 성심聖心도 오늘을 기억하시겠지요. 오늘은 신이 임진년(영조 48)에 성명聖明을 처음 만난 날입니다."

이날은 홍국영이 세자시강원에서 정조를 처음 만난 지 7년째가 되는 날이었다. 그 7년 동안 참으로 많은 일이 있었다.

"그날부터 전하의 신에 대한 두터운 은혜와 특별한 지우知遇는 천고에 유례를 찾을 수 없을 정도로 정으로 굵게 얽힌 것입니다. ……이승에서는 천만분의 일도 갚을 길이 없으니, 저는 진심으로 몇 번이라도 다시 태어나서 영원히 전하의 견마犬馬가 되어 조금이라도 정성을 다하기를 바랄 뿐이었습니다(《정조실록》 3년 9월 26일)."

심상치 않은 말이었다. 홍국영은 자신이 구설수에 오르게 된 것이 누이를 후궁으로 들인 데 있다는 사실을 잘 알고 있었다.

"신의 구구한 초심은 다만 명분과 의리[名義]를 자임自任하는 것이었으니, 어찌 척리가 되려 했겠습니까? 사세에 몰려서 마지못해 한 일이었습니다. 근년 이래로 왕실의 척리가 되었으나 공사公私가 다 불행하여 올해 5월의 일이 있었습니다."

홍국영은 누이를 후궁으로 들인 것이 "사세에 몰려서 마지못해 한 일"이라고 변명했다. 그러나 이는 자기변명에 불과했다. 정조 즉위 초 외척 제거를 명분으로 풍산 홍씨와 경주 김씨를 쫓아낸 인물이 바로 자신이었다. 그런데 이제 자신이 또 하나의 척리가 된 것이다.

"위에서는 차마 말씀하지 못하시고 아래에서는 차마 청하지 못합니다. 다만 신 한 사람 때문에 나라의 계책이 이 지경이 되었으니 어찌 답답하지 않겠습니까? 오늘은 신이 성명聖明을 길이 헤어지는 날입니다."

홍국영은 이날 정조를 떠나겠다고 선포했다. 만난 날 헤어진다는 의미였다. 그는 비장하다는 듯이 말했다.

"이제 부신符信(군사를 동원할 수 있는 둥근 패)을 바치고 나갈 것인데 신이 한 번 금문禁門(대궐문) 밖으로 나간 뒤 다시 세상일에 뜻을 두어 조지朝紙(조보)를 구해보고 사람을 불러 만난다면 국가를 잊은 것이니, 천신天神이 반드시 죽일 것입니다. 신이 5년 동안 나랏일을 맡아보면서 조정의 명령이 신의 손에서 많이 나갔습니다만 탐오貪汚하거나 속인 일이 별로 없었습니다. 천리는 순환하니 어찌 줄곧 이러할 리가 있겠습니까?"

자신이 정권을 잡은 동안 탐오하거나 속인 일이 별로 없었지만 나중에는 탐오하거나 속일 수도 있기 때문에 미리 그만둔다는 투였다. 이때 그의 나이 만 31세, 한창 혈기왕성할 때였다. 20대 후반에 정권을 잡은 것이니 인신으로서는 개국 이래 유례를 찾기 힘든 일이었다.

홍국영은 훈련대장의 명소패命召牌를 풀어 손수 정조 앞에 바치고 밖으로 나갔다. 명소패란 임금의 부름을 받고 비밀리에 대궐에 들어갈 때 차는 표로서 의정대신이나 병조판서, 각군의 대장 등만 찰 수 있었다. 정조 이외에는 아무도 예상하지 못했던 말과 행동이었다. 영의정 김상철金尙喆이 입을 열었다.

"오늘의 일은 신들이 참으로 그 까닭을 모르겠습니다."

정조가 말을 막았다.

"경들은 잠시 말하지 말라. 이것이 그 아름다움을 이루고, 처음부터 끝까지 보전하는 방도다. 내가 어찌 생각 없이 그랬겠는가?"

정조의 말이 대신들을 더 놀라게 했다. "내가 어찌 생각 없이 그랬겠는가"란 말은 정조의 의사가 작용했다는 뜻이기 때문이다. 홍국영의 자의가 아니라 정조의 뜻이라는 말이었다. 세손 때부터 홍국영과 보조를 맞추며 정조를 도왔던 정민시가 입을 열었다.

"오늘의 일은 막대한 일이라 하겠습니다. 위에서 어찌 생각하신 것이 없이 그러셨겠으며, 지신知申(도승지)도 어찌 생각 없이 그랬겠습니까? 지신은 남보다 한 등급 높은 인물이라고 하겠습니다."

홍국영이 스스로 물러간 것은 다른 사람보다 한 등급 높은 처신이라는 말이었다. 정조가 말을 받았다.

"이렇게 하고서야 끝내 보전할 수 있을 것이다. 이 뒤로는 마음대로 강호의 산수에서 노닐 수 있을 것인데, 조보와 사람을 보지 않겠다는 말에서 또한 그 마음을 알 수 있다. 벼슬을 그만두고 물러간다고 핑계하고 오히려 다시 멀리서 조정의 권세를 잡는다면, 이것이 어찌 오늘의 뜻이겠는가? 지난 일은 그르쳤더라도 이 뒤의 일이 착하고 착하지 못한 것은 오직 집에서 어찌하느냐에 달려 있다."

신하들은 정조가 "지난 일은 그르쳤더라도"라고 말해 더욱 놀랐다. 홍국영의 '지난 일'이 잘못되었다는 인식을 갖고 있다는 뜻이었다. 드디어 정조는 홍국영이 한 일에 대한 객관적 시각을 갖게 되었던 것이다. 홍국영은 정조를 위한 것이 아니라 자신을 위해 일한 것이었다. 그래서 정조의 우익을 제거하고, 자신이 외척이 되려 했다.

정민시가 말했다.

"뜻밖에 나온 일이므로 신들이 워낙 놀라고 의혹하였습니다마는, 다시 생각해보면 위에서나 아래에서나 어찌 생각 없이 그랬겠습니까? 신과 지신은 8년 동안 한결같이 형제 같은 정을 나누었으니 오늘 일은 참으로 슬픕니다만 앞으로 신도 한가로이 노닐 날이 있을 것입니다."

홍국영과 함께 세손 시절 정조를 도왔던 정민시는 정조에게 구상이 있다고 생각했다. 그래서 "앞으로 신도 한가로이 노닐 날이 있을 것"이라고 홍국영의 퇴진을 수긍했던 것이다. 정조가 답했다.

"예전부터 임금과 신하 사이는 은혜와 의리가 처음과 같이 끝내 보전하는 것이 첫째가는 방책이다. 지신이 이 뒤로는 세속을 벗어난 선비가 되어 노래하는 미희, 춤추는 여자와 어울려 그 몸을 마칠 수 있을 것이니, 경들도 틈을 타서 가서 만나면 어찌 아름다운 일이 아니겠는가? 나도 자주 만나고 싶지 않은 것은 아니나 출입이 잦은 것도 긴치 않으니 혹 두어 달에 한 번은 서로 소식을 알릴 생각이다(《정조 홍국영은 정조의 뜻에 따라 벼슬을 내놓고 나갔다. 그러나 홍국영은 이것이 마지막이 아니라고 생각했다. 스쳐 지나가는 한 과정일 뿐이라고 생각한 것이다. 그는 정조가 자신을 다시 조정으로 부를 것이라고 확신했다. 아니, 부르지 않을 수 없게 만들 자신이 있었다.

정조는 홍국영을 봉조하奉朝賀로 봉하고 궤장几杖을 내렸다. 봉조하는 늙어서 자리에서 물러난 대신에게 내리는 것으로서 머리털 하얀 백두白頭 노인이란 말과 동의어로도 사용되었다. 그렇기에 검은 머리 청년 봉조하는 유례가 없었다. 그래서 홍국영을 가리켜 머리 검은 '흑두黑頭 봉조하'라고 불렀던 것이다. 홍국영을 봉조하로 봉한 것은 명예롭게 퇴진시키려는 정조의 배려였다.

그러나 조정은 이미 홍국영의 수하들이 장악하고 있었다. 홍국영의 퇴진에 대해서 여기저기 반발이 일었다. 정조는 홍문관 제학 유언호에게 봉조하로 봉할 때 내리는 선마문宣麻文 작성을 지시했다. 그러나 유언호는 이를 거부했다.

> 신은 도승지 홍국영의 상소문이 내려졌을 때에 근심되고 슬퍼서 못 견뎠습니다. …… 조정에서 서운하고 한탄하는 것은 말할 겨를도 없습니다만 전하께서는 장차 어떻게 진정시키시겠습니까? 신이 아름다운 색으로 훌륭하게 꾸밀 수 있는 재주가 있더라도, 신은 홍국영의 사직과 전하의 윤허가 둘 다 불가한 줄 압니다.
>
> -《정조실록》3년 9월 27일

유언호는 무려 여덟 번이나 정조의 명을 거부했다. 정조의 신하가 아니라 홍국영의 신하였다. 정조는 유언호를 이보행李普行으로 갈아치운 다음에야 선마문을 작성할 수 있었다.

이는 시작에 불과했다. 10월 6일 검토관檢討官 박우원朴祐源은 홍국영의 사직을 말리지 못했다는 이유로 옥당玉堂(홍문관) 관원들의 파직을 요청했고, 이조판서 송덕상이 홍국영의 사직이 부당하다고 가세하고 나섰다. 사간원지평 박천행朴天行은 홍국영의 사직을 말리지 못한 정승을 비난하고 나섰다.

> 홍국영이 이제 영구히 조정을 하직하고 사제私第로 물러가는 데 한 사람도 쟁집爭執하는 자가 없으니, 이것은 또 무슨 생각입니까? 이것은 전하의 조정에 성심으로 나라를 위하고 실심實心으로 나라를 꾀하는 사람이 없는 것이니, 나라의 일을 생각하면 참으로 절로 눈물이 흘러 못 견디겠습니다.
>
> 《정조실록》 3년 10월 6일

홍국영의 사직을 말리지 않았다고 나라를 위하지 않는다고 비판하는 격이었다. 박천행이 "한 사람도 쟁집하는 자가 없다"고 공격했지만 주로 겨냥한 인물은 영의정 서명선이었다. 많은 노론 인사들이 홍국영의 사직을 부당하다고 간쟁했으나 소론 영의정 서명선은 한마디도 하지 않고 침묵을 지켜왔던 것이다. 간관의 공격을 받은 영의정 서명선은 차자를 올려 스스로 인책할 수밖에 없었다. 그런데 박천행의 상소는 홍국영의 백부 좌의정 홍낙순洪樂純의 사주를 받고 올린 것이었다. 서명선마저 인책하고 나서자 정조는 고립되었다. 홍국영의 계획대로 조정이 움직이고 있는 것이었다.

정조는 놀랐다. 이 정도 세력일 줄은 몰랐던 것이다. 자신의 조정이 아니라 홍국영의 조정이었고 임금의 나라가 아니라 홍국영의 나라였다. 정조는 비로소 즉위 초 사도세자 문제를 거론하는 소론 인사들을 사형시킨 것을 후회했다. 이들이 있었다면 자신을 비판하는 신하들을 '전하의 신하가 아니라 홍국영의 신하'라고 논박하고 나섰을 것이다. 정조는 비로소 자신이 홍국영에게 놀아난 꼭두각시였음을 느꼈고, 반전의 계기가 필요하다고 판단했다. 자칫하면 조정이 이 문제로 마비될 수 있었다.

정조의 반격, 홍국영의 퇴각

정조는 박천행을 사주한 홍국영의 백부 홍낙순을 먼저 제거해서 사령탑을 해체시켜야 한다고 생각했다. 정조는 재위 4년(1780) 1월 8일 홍낙순의 관직을 삭탈하고 문외출송門外出送했다. 홍국영을 지지하던 노론은 크게 놀랐다. 홍국영 사직 당시 홍낙순은 우의정이었다. 홍국영이 사퇴하자 홍낙순도 사직했으나 정조는 되레 좌의정으로 승진시켰다. 그러자 홍낙순은 지평 박천행에게 서명선을 탄핵하도록 사주했다. 서명선이 물러나면 자신이 영의정으로 승진할 것이기 때문이었다. 홍낙순이 영의정이 된 상황에서 홍국영이 복귀하면 조정은 홍씨 집안의 주머니 속에 있는 것이었다. 그러나 박천행의 상소로 서명선이 인책하는 것을 보고 정조는 비로소 이런 구도를 알아챘다.

위기의식 속에서 정조는 두 번째 승부수를 띄웠다. 노론 중진 김종수金鍾秀를 움직여 홍국영을 공격한 것이었다. 노론 중진 김종수가 노론 영수 홍국영을 공격하고 나서면 홍국영의 책략으로 수세에 몰린 정국을 공세로 바꿀 수 있을 것으로 예상한 것이었다.

재위 4년(1780) 2월 26일, 이조판서 김종수는 정조에게 직접 수차袖箚를 올려 홍국영을 공격하고 나섰다.

"홍국영은 본디 사나운 성질에 교활한 재주까지 대강 가졌습니다."

과연 김종수의 홍국영 공격은 노론을 충격으로 빠뜨렸다. 노론 단일 진영이 둘로 갈리자 홍국영의 정국 장악력은 급속히 사라졌다. 그런데 김종수는 왜 느닷없이 홍국영을 공격하고 나섰을까? 김종수의 수차 배경에 대해 혜경궁 홍씨는 이렇게 주장하고 있다.

> 그 후에 김종수가 차자를 올려서 홍국영을 쳤더라. 이것은 선왕(정조)이 친히 시키신 일이니 내 매양 선왕께 말했다.
>
> "김종수는 홍국영의 아들인데 제 아비를 논박하니 저럴 데가 어디 있으리오."
>
> 선왕은 내게 말씀하셨다.
>
> "제 마음이 아니요, 저도 살아나려 하니 어찌할까 보니까."
>
> "천변만화하는 구미호九尾狐인가 보오이다."
>
> 내가 또 말하면 웃으시며 말씀하셨다.
>
> "좋은 형용이라."
>
> 선왕이 어찌 제 정태情態를 모르셨으리오.
>
> -《한중록》

김종수는 홍국영보다 스무 살이 많았지만 혜경궁은 그가 홍국영의 아들 노릇을 했다고 비판했다. 그런 김종수는 정조의 계획에 따라 홍국영의 아킬레스건을 건드렸다. 홍국영이 정조의 후사 문제에 개입하려 했다는 공격이었다.

아! 전하께서 춘추가 한창이신데도 아직 종사螽斯(많은 자손을 낳음)의
경사가 없으므로 온 나라의 모든 신민이 근심하고 답답하게 여기는 것은
모두가 같은 심정입니다. ……지난해 5월(원빈 사망) 이후 여러 신하들은
명문名門에서 급하게 다시 간택하기를 희망했으나 유독 그만이 국가의 중
대함을 생각하지 않고 혹 권병權柄(권력)을 잃을까 염려해서 사람들에게
"이 일을 결코 다시 거행할 수 없다" 하였습니다.

−《정조실록》 4년 2월 26일

원빈이 죽은 후 여러 신하들이 빨리 후궁을 다시 간택해야 한다고
주장했지만 홍국영만 반대했다는 것이다.

"전하께서 400년 종사를 위해서 저사儲嗣(후사)를 넓힐 도리를 행하
고 싶어도 그의 안면에 얽매여서 하지 못하시는 것입니까? 정에 끌려
서 하지 않는다면 이는 전하께서 종사를 가볍게 여기시는 것이고, 세
력이 두려워하여 하지 않는다면 이는 전하께서 자유롭지 못하신 것
입니다."

정조가 홍국영의 눈치를 보고 있지 않았느냐는 말이었다.

"성상께서는 망설이지 말고 쾌히 강단을 내려 빨리 홍국영을 귀양
보내어 뭇사람의 분노를 풀게 하소서."

김종수의 차자는 홍국영의 귀양을 요구하고 있었다. 김종수의 차
자에 정조는 스스로를 꾸짖었다.

"자신을 돌아보면 부끄럽고 괴로워서 차라리 죽고 싶다. 어찌 스스
로 재촉하였다 하겠는가? 모두가 내가 착하지 못하기 때문인데 오히

려 누구를 허물하겠는가?"

그러면서 정조는 홍국영의 생명을 보존하기 위해서 전리田里로 방환放還한다고 설명했다. 고향으로 돌아가라는 뜻이었다. 조정 복귀를 노리던 홍국영은 향리로 돌아갈 수밖에 없었다. 이렇게 '흑두봉조하'는 시골로 내려가야 했다.

그러나 흑두봉조하 홍국영의 전원생활은 순탄하지 못했다. 김종수의 차자로 조정의 분위기가 완전히 뒤바뀌었기 때문이다. 이제 거꾸로 옥당玉堂은 홍국영의 귀양을 요구하고 나섰다. 양사兩司는 물론 영의정 김상철까지 삼사(홍문관·사헌부·사간원)의 요청을 받아들이라고 요구했다. 정조는 "내 허물인데 누구를 탓하겠는가?"라며 거부했다. 그러나 이미 분위기는 일변한 것이었다. 급기야 3월 9일에는 사간원 헌납 박재원朴在源이 홍국영의 처형을 요구하고 나섰다.

홍국영의 사랑방이었던 조정은 홍국영을 성토하는 최전선으로 변했다. 홍국영 공격에 동참하지 않으면 세상 흐름에 뒤지기라도 하는 듯 너도나도 공격에 나섰다. 정조가 배후에서 조종한 김종수의 수차는 이렇게 효과가 컸던 것이다. 과거 홍국영 사직을 강하게 반대했던 송덕상까지 홍국영을 공격했다.

"아! 홍국영이 지은 죄가 어찌 오늘날 상하가 미리 알았던 것이겠습니까?"

과거에는 자신도 모르고 홍국영을 옹호했다는 변명이었다. 해가 넘었지만 홍국영에 대한 공세는 계속되었다. 정조 5년(1781) 1월 21일 부제학 정지검鄭志儉이 다시 홍국영의 처벌을 요청했다. 홍국영이 전리에서 편히 지내는 것이 실형失刑이라는 것이었다.

"홍국영은 일을 떠나서 한가롭게 쉬고 있는 사람일 뿐입니다. ……

■ 홍국영의 강릉 유배지 고택 홍국영은 전리에서 횡성으로 방축되었다가 강릉으로 쫓겨났다. 야사에 따르면 그는 울분을 삭이며 낚시질로 세월을 보냈다고 전한다.

나라에 형전刑典이 없다면 그만이지만 형전이 있다면 홍국영에게 시행하지 않고 누구에게 시행하겠습니까?"

홍국영은 전리에서 횡성橫城으로 방축되었다가 다시 강릉江陵으로 쫓겨났다. 야사에 따르면 그는 울분을 삭이며 낚시질로 세월을 보냈다고 전한다.

홍국영의 충격은 컸다. 자신에게 아부하던 사람들이 모두 자신을 공격하고 있었다. 이런 세태에 대한 마음속의 울분을 끝내 이기지 못했는지 흑두봉조하 홍국영은 정조 5년(1781) 4월 5일 불과 34세의 나이로 세상을 뜨고 말았다.

정조는 경연에서 홍국영 문제는 자신의 잘못이라고 자책했다.

"일언이폐지一言以蔽之하고 이는 곧 나의 과실이다."

한 시대를 풍미했던 홍국영은 이렇게 생을 마감했다. 동시에 그의 시대도 완전히 막을 내렸다. 《정조실록》은 홍국영이 정조 즉위 후 "국변인國邊人(나라 쪽의 사람)으로 자처하고 역적을 친다는 평계로 제 뜻대로 다 했다"라고 비판하고 있다. 또한 "지신사(도승지)로서 숙위대장을 겸해서 이조와 병조의 모든 인사를 먼저 다 결정한 뒤에야 위에 올렸다"고도 비판하고 있다.

조금이라도 어기는 일이 있으면 뜻밖의 재앙이 당장 오므로, 온 세상이 두려워서 마치 조석朝夕을 보전하지 못할 듯하여 여염집에서 사사로이 말하는 자일지라도 다 지신사라 부르고 감히 그 이름을 가리켜 부르지 못했다.

　　　　　　　　　　　　　　　　　　　　　　　　－《정조실록》 3년 9월 26일

그러나 홍국영은 권력자일수록 처신을 조심해야 한다는 사실을 알기에는 너무 일찍 권력을 잡았다.

그가 숙위소에 있을 때 의녀醫女·침선비針線婢(바느질하는 여인)를 두고서 어지럽고 더러운 짓을 자행했다. 그의 거처가 임금의 거처와 담 하나가 막혔을 뿐인데 병위兵衛(호위군사)를 부르고 대답하는 것이 마치 사삿집과 같았고, 방 안에는 늘 다리가 높은 평상을 두고 맨발로 다리를 뻗고 앉았는데 경재卿宰(재상)가 다 평상 아래에 가서 절했다. 평소에 말하는 것은 다 거리의 천한 사람이 하는 상스럽고 더러운 말투이고 장로長老를 꾸짖어 욕하고 공경公卿을 능멸하여 300년 동안의 진신搢紳·사대부의 풍습이 하루아침에 땅을 쓴 듯이 없어졌다 한다.

　　　　　　　　　　　　　　　　　　　　　　　　－《정조실록》 3년 9월 26일

홍국영의 죽음은 새로운 시대가 열렸음을 뜻하는 것이었다. 이제 비로소 정조는 홍국영의 구상이 아니라 세손 시절 수없이 꿈꾸었던 자신의 구상들을 실천할 수 있게 된 것이다. 진정한 정조시대의 개막이었다.

조선 개국 이래 인신으로서 홍국영만 한 권력을 장악한 사람은 없었다. 그런 권력으로 홍국영은 자신의 세상을 꿈꾸었다. 정조의 나라가 아니라 홍국영의 나라를 꿈꾸었다. 11세때 아버지가 뒤주에서 죽어가는 것을 지켜봐야만 했던 어린 소년의 가슴을 홍국영은 이해하지 못했다. 그럼에도 부친을 죽인 당파와 함께 미래를 지향했던 그 인내도 이해하지 못했다.

그가 정조를 도와 조선을 새롭게 개조하려고 생각했다면, 이를 위해서 자신에게 부여된 모든 권력을 사용하고, 자신의 목숨까지 걸었다면 그는 역사에 길이 남는 위인이 되었을 것이다. 그의 막강한 권력으로 새로운 나라 건설의 장애물을 제거하는 역할을 했다면 그는 역사의 위인이 될 수 있었다.

그러나 홍국영은 군주를 보좌하는 것이 아니라 자신이 군주를 조종하려 했다. 그는 자신의 나라를 꿈꾸었고, 자신을 위한 정치를 했다. 그 결과 명분도 잃고 실리도 잃었다. 대의가 아니라 자신의 미래를 위해 군주의 역린을 건드리고도 형장刑杖 아래가 아니라 시골에서 고종명할 수 있었던 것만도 큰 행운이었다. 참모는 권력이 커질수록 겸손하고 매사 조심해야 한다는 교훈을 홍국영은 후손들에게 보여주고 있다.

찾아보기

왕과 나
왕을 만든 사람들, 그들을 읽는 열한 가지 코드

초판 1쇄 발행 2013년 7월 12일 **초판 4쇄 발행** 2014년 5월 30일

지은이 이덕일
사진 권태균
펴낸이 연준혁

출판 2분사 분사장 이부연
1부서 편집장 김남철
편집 신민희
디자인 하은혜
제작 이재승

펴낸곳 (주)위즈덤하우스 **출판등록** 2000년 5월 23일 제13-1071호
주소 (410-380) 경기도 고양시 일산동구 장항동 846번지 센트럴프라자 6층
전화 031)936-4000 **팩스** 031)903-3893 **홈페이지** www.wisdomhouse.co.kr
종이 월드페이퍼 **인쇄·제본** (주)현문 **후가공** 이지앤비

값 16,000원 ⓒ 이덕일, 2013 사진 ⓒ 권태균
ISBN 978-89-93119-60-2 03900

국립중앙도서관 출판시도서목록(CIP)

왕과 나 : 왕을 만든 사람들, 그들을 읽는 열한 가지 코드/
지은이: 이덕일. ― 고양 : 위즈덤하우스, 2013
p. ; cm
ISBN 978-89-93119-60-2 03900 : ₩16000

왕(국왕)[王]

911-KDC5
951.9-DDC21   CIP2013010322